■ 新时代思想政治教育理论研究丛书

思想政治教育基本理论研究

刘建军 著

中国人民大学出版社
·北京·

图书在版编目（CIP）数据

思想政治教育基本理论研究/刘建军著. -- 北京：中国人民大学出版社，2025.1. --（新时代思想政治教育理论研究丛书）. -- ISBN 978-7-300-33301-4

Ⅰ. D64

中国国家版本馆 CIP 数据核字第 2024FN3577 号

新时代思想政治教育理论研究丛书
思想政治教育基本理论研究
刘建军　著
Sixiang Zhengzhi Jiaoyu Jiben Lilun Yanjiu

出版发行	中国人民大学出版社			
社　　址	北京中关村大街 31 号	邮政编码	100080	
电　　话	010-62511242（总编室）	010-62511770（质管部）		
	010-82501766（邮购部）	010-62514148（门市部）		
	010-62511173（发行公司）	010-62515275（盗版举报）		
网　　址	http://www.crup.com.cn			
经　　销	新华书店			
印　　刷	北京昌联印刷有限公司			
开　　本	720 mm×1000 mm　1/16	版　次	2025 年 1 月第 1 版	
印　　张	16.5 插页 1	印　次	2025 年 5 月第 2 次印刷	
字　　数	261 000	定　价	88.00 元	

版权所有　　侵权必究　　印装差错　　负责调换

前言　以学术研究提升学科尊严

改革开放的历史是中国人民创造奇迹的历史。在改革开放的历史进程中，我国的经济发展和综合国力提升，展现了奇迹般的速度和成果。其中，思想政治教育学科的崛起可以说是一个不大不小的奇迹。

短短 40 多年，一个学科就建立和发展起来，是不寻常的。不论就学科平台之大、学科点分布之广、培养层次之齐全来说，还是就学术研究规模之大、进步之快以及成果之繁富而言，这种学科发展态势都是历史罕见的。而且更可贵的是，这个学科目前人气正旺，意气风发，令人振奋。

在学科创立 40 周年纪念的时候，我们当然要享受一下这种成就感，这是人之常情。同时，我们也要冷静思考未来的努力方向。思想政治教育学科还将继续发展，这是没有疑义的。那么，应该是一种什么样的发展呢？笔者认为，这种发展将不再是量的增长，而是质的提升，使学科建设更加科学化。其中，尤其要高度重视和大力推进思想政治教育的学术研究，用更高的学术品质来提升学科的尊严和声望。

从量的方面讲，思想政治教育学科规模已经相当庞大，超过了许多相对成熟的老学科。尽管从党的思想政治工作的战略地位来说，学科规模还有继续扩大的余地，但更重要的是质的提升。这当然不是说我们同意所谓思想政治教育学科"有量无质"的说法，因为任何现实事物都是质与量的统一体。事实上，思想政治教育学科也在多方面体现出一定的质量。当然也要承认，在学科量的增长和质的提升上，并没有完全同步。这也是很自然的，因为在学科诞生的初期，规模上的扩大具有决定性的意义。如果没有一定的规模，学科就建立不起来，它的存在就是成问题的。但是，在学科建立起来并经历了40多年的成长之后，在学科的存在已经成为客观事实并引起了社会关注的时候，我们就应该将工作重点从量的增长转变到质的提升上来。

量的增长的过程是轰轰烈烈的，也很容易看到成果；而质的提升，则是一个缓慢的内涵式发展的过程，是不容易立刻看到工作成果的。可以预见，思想政治教育学科的未来40年，很可能表面上看起来不再那么轰轰烈烈，而是安安静静，甚至平平淡淡。我们不应该对这种表面现象感到失望，而应该感到满意。因为这不是消极现象，更不是失败，而是一种正常现象，是从容和大气的表现。静水流深，它代表的是深刻和成熟。

量的增长确证了学科的存在，而质的提升才能赢得学科的尊严。学科的存在不等于学科的尊严，学科的规模也不意味着学科的声望。事实上，即使我们在高歌猛进的时候，也能时时感到学科尊严不足的尴尬。学科建设质的提升是一项系统工程，涉及的工作也是千头万绪的。在头绪纷繁时，就要牵牛鼻子，抓主要矛盾。那么，牛鼻子在哪里呢？我觉得就是学术研究，就是更高的学术水准。要用学术研究来提升学科质量，提升学科声望。

学科建设当然不只是学术研究，还包括学科规划、人才培养、队伍建设以及学科日常管理等方面，但是其中最关键的还是学术研究。抓住了这一关键，就能逐步带动学科建设各方面工作的进展。

首先，我们考察一下学科规划与学术研究的关系。

在思想政治教育学科产生发展的过程中，学科规划起了很重要的作用。学科规划不仅包括党和国家有关部门，特别是教育主管部门对思想政治教育学科设立与发展的规划，而且包括对学科建立起奠基作用的德高望重的老学者对学科发展的规划。这些规划在学科建立初期起到了决定性的作用，使学科从建立开始就有比较自觉的意识，沿着比较明确的方向有计划地向前推进，从而加快了学科建设的步伐，使学科设立、专业招生、科学研究以及高层次人才培养等方面得到全面发展。

看不到学科规划的重要作用是错误的，但在今天如果仍然更多地依靠学科规划来实现进一步发展，也是不行的。学科规划有其长处，也有其短处，它不是万能的。它所具有的行政色彩一度是它发挥作用的优势，正是这种优势使思想政治教育学科有了超常规的建设速度，但在学科已经建立和初步发展起来之后，它的优势作用就会逐步减弱。

在未来，思想政治教育学科自立于学科之林，并赢得学界的尊重，主要靠学科建设特别是学术研究的实效和成就。学科规划也要靠实际的学术成果来实现，否则就会落空。因此，应该把学科发展的责任更多地转移到学科的学术研究上来，用学术研究的实效来支撑起这个学科，为学科赢得荣誉和尊严。

思想政治教育学科的学者应进一步增强自己的使命感。我们已经有了很好的平台和有利的条件，就应该努力取得好的成绩，肩负起历史的责任，踏踏实实地做好教学与研究工作。

其次，我们考察一下人才培养和学术研究的关系。

人才培养无疑是十分重要的，这是学校育人的职责所在。从一定意义上说，高校的学术研究也是为人才培养服务的。因此，强调人才培养的意义，强调教学的重要性，任何时候都是正确的。但问题在于，怎样才能真正搞好教学？高等教育是专业性的，培养的是高层次的人才，特别是研究生教育，更是如此。脱离学术研究，就不可能真正有高水平的专业教学。思想政治教育专业同样也是如此。因此，仅仅从提高教学质量的角度来看，思想政治教育学科也必须重视学术研究。

高校的学术研究不仅仅服务于学校的教学，还直接服务于社会，服务于国家战略。而现实社会中，大多数学者和科学家，并不只是在专门的科研机构，而是分布在众多的大学。一些重要的研究机构，也是大学内部的设置。

总之，思想政治教育学科未来发展的瓶颈不在别处，而在于学术研究的拓展与深化。我们已经有了很丰富的学术成果，但我们决不能自我满足，要以高度的责任感，横下一条心，干它若干年，不断地把我们的学术研究提到更高的水平，不断地提高我们学科建设的水平，更好地发挥思想政治教育学科在人的全面发展和社会全面进步中的重要作用。

目 录

第一篇 思想政治教育的经典文本发掘 ………………………………… 1
 一、马克思主义经典作家论思想政治教育的意义 ……………… 1
 二、《德国民间故事书》的思想政治教育意蕴 ………………… 13
 三、《〈黑格尔法哲学批判〉导言》的思想政治教育意蕴 ……… 21
 四、《共产党宣言》的思想政治教育价值 ……………………… 32
 五、《反杜林论》中的思想政治教育论断 ……………………… 41

第二篇 思想政治教育的基本理论阐释 ………………………………… 50
 一、思想教育与思想自由的关系 ………………………………… 50
 二、思想政治教育的个人价值 …………………………………… 59
 三、思想政治教育主客体难题的哲学求解 ……………………… 66
 四、思想政治教育的真理魅力 …………………………………… 78
 五、思想政治教育的基本规律 …………………………………… 90
 六、思想政治教育的主渠道与微循环 …………………………… 100
 七、思想政治教育过程中的重复施教 …………………………… 105
 八、思想政治教育的科学化 ……………………………………… 112

第三篇 思想政治教育的知识体系建构 ………………………………… 125
 一、思想政治教育的学科独立性 ………………………………… 125
 二、思想政治教育的学科内涵及建设思路 ……………………… 136

三、思想政治教育的内容形态……………………………… 143
四、思想政治教育的理论研究方法…………………………… 151
五、选列思想政治教育的基本文献…………………………… 162
六、思想政治教育学理论基础的体系建构…………………… 166
七、思想政治教育内容体系的学理化建构…………………… 177
八、哲学思维在建构思想政治教育学原理中的运用………… 190
九、思想政治教育学自主知识体系的建构…………………… 196

第四篇 思想政治教育的时代创新发展……………………… 207
一、新时代思想政治教育的精神气质………………………… 207
二、激活思想是思想政治教育的重要功能…………………… 213
三、减压是现代思想政治教育的新职责……………………… 219
四、思想政治教育的话语转换………………………………… 223
五、改革开放以来思想政治工作的十八个转变……………… 240

主要参考文献……………………………………………………… 254
后　　记………………………………………………………… 258

第一篇　思想政治教育的经典文本发掘

　　思想政治教育学是改革开放以来产生的一门新兴学科，它作为马克思主义理论一级学科中的一个二级学科，是以马克思主义的基本原理为基础的，并在自身发展中时时从经典作家的相关论述中吸取思想的营养。要真正从理论上学懂弄通思想政治教育，就必须追根溯源，研读马克思主义经典作家的文本，掌握马克思主义的立场、观点和方法，将之运用到思想政治教育中去。从马克思、恩格斯的众多经典文本入手，挖掘其中富有鲜明思想政治教育意蕴的篇章，探析文本中的思想政治教育资源，梳理理论的发展脉络，是研究思想政治教育基本理论的前提。

一、马克思主义经典作家论思想政治教育的意义

　　马克思主义经典作家虽然没有直接使用过"思想政治教育"这一概念，但对思想政治教育有过多方面的论述。其中，关于思想政治教育的意义是他们相关论述的逻辑起点。在当时的历史条件下，他们根据社会主义革命和建设的需要，提出过许多相关的思想，论述了思想政治教育作为一种意识形态教化活动在历史上的客观存在，论述了无产阶级思想政治教育的意义、地位和作用。大体说来，这些论述包括以下几个方面的内容。

（一）统治阶级的思想在每一时代都是占统治地位的思想

马克思和恩格斯在创立马克思主义的过程中，坚持认为统治阶级的思想在任何一个时代都是占统治地位的思想。这是他们反复申述并一再强调的重要观点。这是唯物史观的重要观点，也是思想政治教育理论的重要论断，或者更确切地说是关于思想政治教育重要意义的重要论断。系统考察和分析这一论断，有助于我们把握马克思、恩格斯关于思想政治教育重要意义和地位作用的思想。

马克思和恩格斯在首次系统阐述唯物史观基本原理的《德意志意识形态》一书中提出："统治阶级的思想在每一时代都是占统治地位的思想。"[1] 在标志着马克思主义诞生的《共产党宣言》中，马克思和恩格斯再次强调："任何一个时代的统治思想始终都不过是统治阶级的思想。"[2]

占统治地位的思想总是统治阶级的思想这一论断是历史唯物主义的重要观点，具有丰富而深刻的思想内涵。首先，它深刻揭示了社会存在与社会意识的关系，特别是社会存在对社会意识的决定作用。社会生活本身是一个综合体，其中既有物质性的方面，又有精神性的方面。社会生活的物质方面，比如自然地理环境、人口、物质生产等，就是我们通常所说的"社会存在"，物质生产方式在其中具有决定性意义。而社会生活的精神方面，包含人的心理、思想、理论等，特别是表现为社会的意识形态，就是我们通常所说的"社会意识"。唯物主义历史观最基本的观点，就是社会存在决定社会意识。一定历史时代的统治阶级首先是在社会物质生产中占据统治地位，因而也就会在社会意识中占优势地位。其次，它深刻揭示了社会的物质生产与精神生产的关系，特别是物质生产对精神生产的决定作用。社会生产是人类社会生存和发展的前提与基础，而生产不仅是物质生活资料的生产，也是精神生活资料的生产。随着社会的不断发展，精神生产在社会中的地位日益重要。精神生产和精神生活的内容无疑是十分丰富的，但其中意识形态的生产具有突出的地位。一定社会的主导意识形态，是由社会上占统治地位的生产关系和政治关系所决定的，它体现着统治阶级的经济地位和政治利益。最

---

[1] 马克思，恩格斯．马克思恩格斯文集：第1卷．北京：人民出版社，2009：550.

[2] 马克思，恩格斯．马克思恩格斯文集：第2卷．北京：人民出版社，2009：51.

后，它深入揭示了统治阶级的经济统治与思想统治的关系，特别是揭示了统治阶级对被统治阶级的思想奴役。在阶级社会中，统治阶级是社会上的强势阶级和压迫者，它不仅在经济上强势，而且也因此在政治和思想上处于强势地位。它不仅在经济上和政治上，而且也在思想上对处于弱势地位的人民群众进行压迫和奴役。因此，无产阶级反抗资产阶级剥削和压迫的斗争，不仅有经济斗争和政治斗争，还有思想斗争。

马克思、恩格斯的这一观点具有重要的方法论意义，为我们分析不同历史时代和不同社会的意识形态提供了锐利的思想工具。马克思在《资本论》中曾用这种观点分析了资本主义社会中小农的思想观念。他写道："在资本主义生产占统治地位的社会状态内，非资本主义的生产者也受资本主义观念的支配。"[1] 巴尔扎克在《农民》这部小说里，就描写了一个小农为了保住高利贷者给予的"厚待"，而情愿白白地替高利贷者干各种活，并且认为，"他这样做，并没有向高利贷者献出什么东西，因为他自己的劳动不需要花费他自己的现金。这样一来，高利贷者却可以一箭双雕。他既节省了工资的现金支出，同时又使那个由于无法在自有土地上劳动而日趋没落的农民，越来越深地陷入高利贷的蜘蛛网中。"[2] 可见，在资本主义社会中，资产阶级不仅在思想上奴役工人阶级，而且奴役广大农民，而工人和农民对这种奴役又往往意识不到。这也说明这种思想奴役之深，它对于工人和农民来说已经习惯成自然了。

马克思、恩格斯的这一思想具有浓郁的思想政治教育意蕴，我们完全可以而且应该从思想政治教育视角加以分析。这一科学命题具有丰富的思想内涵，可以分解为四个前后相关联的具体表述：第一，每一个时代都有其占统治地位的思想，至少在阶级社会中是如此。这本身是一个历史事实，也是一个很重要的思想政治教育现象。这说明，每一个社会，甚至社会的每一个历史时代都有与其相适应的主流意识形态。第二，每一个时代占统治地位的意识形态，尽管表面看来是一种普遍的社会思想，似乎能代表全社会不同阶级和阶层的利益，但实质上却是占统治地位的那个阶级的思想，或者至少是以那个阶级的思想为主导的。第三，一定时代的统治阶级之所以能够让自己的思想成为全社会占统治地位的

---

[1] 马克思. 资本论：第3卷. 2版. 北京：人民出版社，2004：47.
[2] 马克思，恩格斯. 马克思恩格斯文集：第7卷. 北京：人民出版社，2009：47.

思想，根本原因是它掌控了社会的物质生产，有一定的经济条件，而经济对思想有决定性影响。第四，统治阶级的思想之所以成为统治思想，还与统治阶级有意识的政治控制和思想教化分不开，与其强有力的意识形态工作分不开。统治阶级不仅通过占有物质生产资料来实行经济统治，通过国家机器和暴力手段来维护自身的政治统治，而且用社会教化、道德约束和宗教控制等意识形态手段，来实现自身的思想统治。

值得一提的是，马克思、恩格斯的这一论述也涉及价值观问题，对于我们考察一定社会和时代的核心价值观，具有重要的启示。他们指出："在考察历史进程时，如果把统治阶级的思想和统治阶级本身分割开来，使这些思想独立化，……那就可以这样说：例如，在贵族统治时期占统治地位的概念是荣誉、忠诚，等等，而在资产阶级统治时期占统治地位的概念则是自由、平等，等等。一般说来，统治阶级总是自己为自己编造出诸如此类的幻想。"[①] 这就表明，历史上不同时代的核心价值观都有其特定的物质基础和阶级基础，只有从其背后的基础出发，才能把握其本质。因此，不能孤立地、抽象地看待历史上的价值观念，认为似乎它们与那个时代的阶级统治没有关系。事实上，封建年代的荣誉、忠诚，就像资本主义时代的自由、平等一样，表面看来是一种独立的思想和价值观，但实际上它们都有其生产关系方面的根源，都体现着各自时代的统治阶级即封建主阶级和资本家阶级的利益和意愿。社会主义社会，也必然有其核心价值观，对此要用唯物史观的基本观点加以分析。我们今天构建的社会主义核心价值观，之所以能够成为社会的主流价值观，是因为它的鲜明社会主义属性，是因为它体现着无产阶级和人民大众的利益和愿望。思想政治教育工作者在弘扬和培育社会主义核心价值观的时候，一定不能忽视这一点。

（二）工人运动必须有科学的理论指导

马克思和恩格斯在参加和领导工人运动的过程中深刻认识到，工人运动必须有科学的理论来指导，否则就不能前进，甚至会失败。他们指出："只有当工人通过组织而联合起来并获得知识的指导时，人数才能起举足轻重的作用。"[②] 在这里，马克思和恩格斯强调了工人阶级所具

---

① 马克思，恩格斯．马克思恩格斯文集：第1卷．北京：人民出版社，2009：552.
② 马克思，恩格斯．马克思恩格斯选集：第3卷．3版．北京：人民出版社，2012：10.

有的三种力量：一是他们的人数。工人总是比资本家要多得多，人数众多众多的本身就是一种天然的力量。二是他们的组织。众多的人如果是分散而没有组织的，那他们就不能形成强大的力量，甚至可能会因为内部竞争而削弱自己的力量。但如果他们能够组织起来，从一种散漫的状态进入一种自觉的阶级组织，那就能拥有极为强大的力量。三是他们的思想指导。如果缺少正确的思想引领，那么组织就会因为没有正确方向而不能发挥应有的作用。

马克思强调"知识"对工人的指导，也就是强调以科学的革命理论武装工人群众，并使之转化成强大的物质力量。马克思提出："批判的武器当然不能代替武器的批判，物质力量只能用物质力量来摧毁；但是理论一经掌握群众，也会变成物质力量。"① 这段话是马克思关于思想政治教育，特别是理论教育重要意义的集中阐述，具有深刻的内涵和重要的意义。"批判的武器"指的是以理论批判为斗争武器，即"以笔作枪"的意思，"武器的批判"指的是以武装斗争的方式为自己批判资本主义的手段，即"以枪作笔"的意思。马克思认为，理论批判工作并不能代替武装斗争，因为要想摧毁反动阶级的统治，必须用物质的力量；但是，并不能因此而轻视理论工作特别是理论教育工作的作用。因为科学的理论能够教育和武装工人群众。在这里，马克思从强调物质力量和革命实践入手，强调了精神力量和理论力量的意义，因为精神力量可以转化为物质力量。而这种转化的关键环节，是理论能够说服群众和掌握群众，而这就是思想政治教育的作用和使命所在。

列宁在领导俄国工人阶级进行革命斗争的过程中，始终强调必须有科学的革命理论为指导。他指出："没有革命的理论，就不会有革命的运动。……只要想一想现代工人运动已经有了多么巨大的成长和扩展，就会懂得，为了完成这个任务，需要有多么雄厚的理论力量和多么丰富的政治经验……只有以先进理论为指南的党，才能实现先进战士的作用。"② "没有革命理论，就不会有坚强的社会党。"③ 由此可以看到，真正的革命理论对工人斗争具有重要的指导作用：首先，革命理论能给革命者提供革命信念。信念是人行动的动力，革命信念是革命行动的动

---

① 马克思，恩格斯. 马克思恩格斯文集：第1卷. 北京：人民出版社，2009：11.
② 列宁. 列宁选集：第1卷.3版修订版. 北京：人民出版社，2012：311-312.
③ 同②274.

力。那么，革命信念从哪里来？它既从现实苦难中来，也从理论道理中来。而真正自觉的革命者，其革命信念必然会来自革命理论。其次，革命理论具有先进性，它能塑造具有先进性的无产阶级政党（初期叫"社会党""社会民主党"，后期叫"共产党"），并在工人运动和斗争中起到先锋战士的引领作用。再次，革命理论具有维系和团结革命者的纽带作用，能够通过共同的理论认同把共产党人团结起来，把有觉悟的群众团结起来，形成强大的力量。最后，革命理论具有实际的指导作用，能够帮助革命者确定斗争方法和运动方式。总之，在列宁看来，革命理论是革命运动形成和发展的必要条件，没有革命的理论则必然不会有真正的革命运动。

毋庸置疑，列宁在论及革命理论的指导作用时，并不是抽象地讲任何可能的革命理论，而是特指马克思主义这一科学的革命理论。他认为，真正的革命理论只能是马克思主义，因为"在现代知识水平上，不可能有马克思主义之外的革命理论。"[①] 可见，列宁在评价和选择革命理论的时候，是站在"现代知识水平"上的。历史上有过无数次革命斗争，有奴隶起义，也有农民起义，但是，由于他们或者缺少革命理论指导，或者以不正确的革命理论为指导，最终都以失败而告终。无产阶级革命在登上革命斗争舞台时，已经与历史上的农民起义完全不一样了，无产阶级是现代大工业的产物，是先进生产力的代表，它的斗争目的不仅是改善自己的劳动条件和物质生活，更是推翻资本主义的统治，建立共产主义新社会。这样，无产阶级的革命斗争就不仅需要革命理论的指导，而且尤其需要能站在历史规律高度的科学的革命理论的指导。而这样的理论，就是马克思主义。

那么，为何仅有马克思主义才是真正科学的革命理论？其具有何种更为优秀的品质？列宁突出强调了马克思主义理论的科学性和革命性的统一。他明确指出，这一理论的吸引力在于"它把严格的和高度的科学性（它是社会科学的最新成就）同革命性结合起来，并且不仅仅是因为学说的创始人兼有学者和革命家的品质而偶然地结合起来，而是把二者内在地和不可分割地结合在这个理论本身中。"[②] 对一个理论来说，实现科学性与革命性的统一是很困难的任务。这不仅在于一个理论必须既

---

① 列宁. 列宁选集：第1卷.3版修订版. 北京：人民出版社，2012：84.
② 同①83.

是科学的，同时也是革命的，更在于这个理论必须内在地把科学性和革命性融为一体。科学性与革命性的统一，包含着多个方面的内容和要求，它既是知识性与价值性的统一，又是理论性与实践性的统一，还是建设性与斗争性的统一。这样的统一当然不容易实现，但马克思主义完美地实现了这种统一，从而使自身具有不可遏止的吸引力和感召力。当然，马克思主义作为指导工人运动的科学理论，并非亘古不变的教条，而是实践活动的行动指南。因此，以马克思主义为指导并不是提倡教条主义地对待马克思主义。马克思主义经典作家历来强调实践比理论更重要，强调对理论问题的解决只能在实践中实现。

（三）要从外部向工人群众灌输社会主义意识

在经典作家关于思想政治教育意义的论述中，灌输理论具有突出的地位。它科学地揭示了对工人阶级进行科学社会主义意识灌输的重要性，突出地体现了思想政治教育的地位和作用。这一理论在马克思和恩格斯那里已经萌芽，最后在列宁那里发展为成熟的理论。

马克思、恩格斯曾多次谈到"灌输"。他们在许多情况下是在负面的意义上使用"灌输"一词的。比如马克思曾写道："资产者认为道德教育就是灌输资产阶级的原则"①。马克思、恩格斯曾尖锐地批判巴枯宁分子，指出这些人"将用它绝不会有任何成果的'彻底研究'的办法引出思想。'然后'由他们将它'灌输到我们的工人组织中去'。对他们说来，工人阶级是原料，是一堆杂乱的东西，要使它成形，须经他们的圣灵的吹拂。"② 恩格斯在给马克思的信中曾提到艾韦贝克，并说"必须把他千辛万苦地印入自己脑海里并且同样千辛万苦地灌输给工人们的那些空话，从他和工人的头脑中再清除出去。"③

但马克思、恩格斯也常常在正面含义上使用这一术语。马克思在著名的《哥达纲领批判》中，批评纲领的制定者"用民主主义者和法国社会主义者所惯用的、凭空想象的关于权利等等的废话，来歪曲那些花费了很大力量才灌输给党而现在已在党内扎了根的现实主义观点。"④ 恩

---

① 马克思，恩格斯．马克思恩格斯全集：第6卷．北京：人民出版社，1961：648．
② 马克思，恩格斯．马克思恩格斯全集：第18卷．北京：人民出版社，1964：45．
③ 马克思，恩格斯．马克思恩格斯全集：第47卷．2版．北京：人民出版社，2004：411．
④ 马克思，恩格斯．马克思恩格斯选集：第3卷．3版．北京：人民出版社，2012：365．

格斯谈道:"请允许我提一下优秀的德国画家许布纳尔的一幅画;从宣传社会主义这个角度来看,这幅画所起的作用要比一百本小册子大得多……当然给不少人灌输了社会的思想"①。值得注意的是,恩格斯在晚年谈到怎样更好发挥马克思主义对美国工人运动的指导作用时,批评了"硬灌输"的做法。恩格斯写道:"不要硬把别人在开始时还不能正确了解、但很快就能学会的一些东西灌输给别人"②,"我们的理论是发展着的理论,而不是必须背得烂熟并机械地加以重复的教条"③。从以上论述可以看到,恩格斯虽然批评了"硬灌输"的做法,但他的论述是以充分肯定必须用马克思主义科学理论武装美国工人阶级为基础的。他批评的不是灌输的必要性,而是生硬的灌输方式。

在马克思、恩格斯相关论述的基础上,列宁进一步论述了灌输理论。早在1894年他就谈到了社会民主党人对工人进行理论灌输的必要性。他写道:"他们应该更详细地探讨对俄国历史和现实的马克思主义观点,应该更具体地考察在俄国特别模糊而隐蔽的一切阶级斗争形式和剥削形式。他们应该进而把这个理论通俗化,把它灌输给工人,应该帮助工人领会它并制定一个最适合我国条件的组织形式,以便传播社会民主主义并把工人团结为一支政治力量。"④

列宁在1901—1902年的《怎么办?》一书中系统论述了灌输理论。他指出:"我们说,工人本来也不可能有社会民主主义的意识。这种意识只能从外面灌输进去,各国的历史都证明:工人阶级单靠自己本身的力量,只能形成工联主义的意识,即确信必须结成工会,必须同厂主斗争,必须向政府争取颁布对工人是必要的某些法律,如此等等。"⑤ 围绕这个基本思想,列宁做了多方面的阐述和论证,形成了比较完备的灌输理论。这个理论具有丰富的内涵,大体说来主要有以下几个方面的内容:

---

① 马克思,恩格斯.马克思恩格斯全集:第2卷.北京:人民出版社,1957:589-590.
② 马克思,恩格斯.马克思恩格斯选集:第4卷.3版.北京:人民出版社,2012:586-587.
③ 同②588.
④ 列宁.列宁全集:第1卷.2版增订版.北京:人民出版社,2013:290.
⑤ 列宁.列宁选集:第1卷.3版修订版.北京:人民出版社,2012:317.

首先，工人不能自发地产生社会主义意识和理论。从根本上或本质上讲，工人阶级是实现社会主义的现实力量，是社会主义事业的主要承担者，肩负着推翻资本主义、建立社会主义和实现共产主义的历史使命。然而，从现实中来看，虽然工人阶级有自发的社会主义本能，天然地倾向于社会主义，但是从工人当中却不能自发地产生出社会主义的意识，特别是形成科学的社会主义理论。这是因为，当时的工人阶级作为受剥削和压迫的阶级，从事着繁重的体力劳动，没有时间和精力从事理论思考和科学研究，而且工人由于处在社会底层而失去受教育的权利，不具备从事理论创造的必要知识和理论修养，当然更没有从事理论研究所必需的物质条件。工人所处的社会地位和生活环境，使他们受到许多限制，所以，从他们当中形成的思想意识，经常只是一种工联主义意识，并非科学社会主义意识。他们只是认识到应该提高工资和改善劳动条件等，还没有产生政治上的更高要求。这就是当时工人阶级的状态，这种情况是一种真实的存在，而不是理论的推论。因此，科学的理论应该来自这些工人群众的外部，来自社会的知识阶层。

其次，科学社会主义理论只能由转向无产阶级的知识分子创造出来。科学的革命理论，科学社会主义的学说，不能直接从体力劳动中产生，而需要通过艰苦的脑力劳动才能形成。在当时的工人阶级中，也有个别人由于某种特殊的机遇而具有某种理论研究的条件，并在一定程度上进行了理论创造。魏特林是裁缝工人，狄慈根是皮革工人，他们都凭借自己的努力和才智形成了自己的思想。魏特林形成了一种空想共产主义思想，在当时的德国工人中产生了巨大影响。狄慈根则不依赖黑格尔，甚至也不依赖马克思，独自发现了许多辩证唯物主义认识论的原理。但是，他们的理论发现都有很大的局限性，都没有达到科学系统的高度，而且在工人运动中也产生了不良影响。马克思说，如果工人脱离劳动而想成为文人，就只能制造理论混乱。既然从事体力劳动的工人和个别脱离劳动的工人都不能创立科学的理论，那么这种理论只能从马克思和恩格斯这样的知识分子的理论创造中产生。从社会地位来说，马克思和恩格斯都应该属于资产阶级知识分子范畴，他们由于家庭的支持而有机会受到良好的教育，并具备理论创造的主观条件。但是，马克思和恩格斯之所以有意愿并能够创立马克思主义，并不是因为他们是资产阶级知识分子，而是因为他们实现了阶级立场的转变，成为自觉的无产阶级知识分子了。因此，这里的问题不是资产阶级与无产阶级之间的关系，而是无产阶级的体力劳动者与脑力劳动者之间的关系。

最后，必须向工人传播科学社会主义思想和意识。既然当时的工人阶级不能自发地产生科学的革命理论，既然这种理论已经由马克思和恩格斯创立出来，那么接下来的任务，就是向工人传播马克思主义理论，特别是传播他们的科学社会主义学说。这就是列宁所说的"灌输"，其实也就是传播、宣传、教育的意思。至于这种传播、宣传、教育采取什么样的方式，是"填鸭式"硬灌，还是其他喜闻乐见的方式，那是另一个问题。列宁所说的"灌输"，意在强调这种传播的必要性。这不仅是因为工人本身不能产生科学理论但需要科学理论，并且也是由于工人假如不接受社会主义思想影响，就不可避免地会受到资本主义思想的影响。因为在资本主义社会中，社会意识形态产生了分化和对立，要么是资本主义思想体系，要么是社会主义思想体系，此外没有第三种思想体系。在这样的情况下，工人如果不能自觉地接受社会主义的影响，那么就很可能受到资本主义思想的影响和支配，因为资本主义思想作为占统治地位的思想，具有各种宣传优势和条件。因此，无产阶级政党必须向工人群众灌输科学社会主义思想。

列宁的灌输理论对于思想政治教育具有极为重要的指导意义。这一理论突出强调了对工人群众进行无产阶级思想政治教育特别是马克思主义理论教育的必要性和重要性，强调了无产阶级的知识分子在革命事业中的重要作用，他们既要从事理论创造和创新，又要进行理论宣传和教育，特别是强调了无产阶级政党承担着向自己的成员和广大人民群众传播马克思主义理论和社会主义思想的重要责任。

（四）要加强无产阶级政党的宣传工作和政治教育

重视和加强党的宣传工作和政治教育，是马克思主义经典作家的一贯思想和做法。马克思、恩格斯通过改组"正义者同盟"为"共产主义者同盟"，创立了世界上第一个无产阶级政党。"共产主义者同盟"不再是一个密谋性的团体，而成为一个宣传性组织，肩负着向社会传播革命思想的职责。根据马克思、恩格斯的思想起草并由同盟代表大会通过的《共产主义者同盟章程》明确规定，"盟员的条件"之一是"具有革命毅力和宣传热情"。① 在共产主义者同盟纲领《共产党宣言》中，他们还尤其提出："共产党一分钟也不忽略教育工人尽可能明确地意识到资产阶级和无产阶级的敌对的对立。"② 后来，恩格斯在《社会主义从空想到科学的发展》一书中，把使无产阶级认识到自己行动的性质和条件看作科学社会主义的任务。

列宁突出强调了加强党的宣传工作和政治教育的意义。他明确提出："对人民进行政治教育——这就是我们的旗帜，这就是全部哲学的意义。"③ 他还说，"最重要的是宣传社会主义思想和号召为争取完全的民主进行坚持不懈的忘我斗争。"④ 尤其值得注意的是，列宁鉴于政治教育工作往往因为"不显眼"而受到忽视，特意强调了这种工作的重要性，指出："我们善于重视社会民主党一向进行的、而且将始终进行的那种顽强的、缓慢的、往往是不显眼的政治教育工作的意义。"⑤ 在革命斗争时期，列宁十分强调政治揭露和政治鼓动工作，认为宣传鼓动是阶级斗争的重要内容。他谈到党的政论家的任务时指出："就是要加深、扩大和加强政治揭露和政治鼓动。"⑥ "主要的任务当然是要在一切人民阶层中进行宣传和鼓动。"⑦ 他指出："阶级斗争不只是＝政治斗争＋经济斗争。还要发展我们开展得不够的社会主义的宣传工作。"⑧ 他在批判工人运动中的恐怖派和经济派时指出："两者都没有充分注意发挥自己在政治鼓动和组织政治揭露方面的积极性。而这种工作，无论现在或在其他任何时候，都是不能拿别的什么东西来代替的。"⑨ 他还明确指出："我们党的任务首先是对群众进行社会主义教育，党的利益首先是开展群众性的鼓动，以便依靠无产阶级和革命资产阶级民主派（首先是革命农民）的力量来实现革命的民主主义变革。"⑩ "至于说号召群众行动起来，那么只要我们进行有力的政治鼓动和生动而鲜明的揭露，就自

---

① 马克思，恩格斯．共产党宣言．北京：人民出版社，2014：138.
② 马克思，恩格斯．马克思恩格斯选集：第1卷．3版．北京：人民出版社，2012：434.
③ 列宁．列宁全集：第13卷．2版增订版．北京：人民出版社，2017：169.
④ 列宁．列宁全集：第19卷．2版增订版．北京：人民出版社，2017：68.
⑤ 列宁．列宁全集：第10卷．2版增订版．北京：人民出版社，2017：319-320.
⑥ 列宁．列宁选集：第1卷．3版修订版．北京：人民出版社，2012：356.
⑦ 同⑥366.
⑧ 列宁．列宁全集：第59卷．2版增订版．北京：人民出版社，2017：205.
⑨ 同⑥362.
⑩ 列宁．列宁全集：第20卷．2版增订版．北京：人民出版社，2017：294-295.

然会做到的。"① 在十月革命胜利之后，列宁结合经济建设论述了政治工作的意义。他指出，"因为苏维埃共和国现在已进入紧张的经济建设时期，这就要求调动国内一切精神力量和创造力量"②。他希望通过政治宣传工作，使广大群众参与国家建设，指出："我们的革命所以远远超过其他一切革命，归根到底是因为它通过苏维埃政权发动了那些以前不关心国家建设的千百万人来积极参加这一建设。"③ 在为建设社会主义而斗争的过程中，教育工作者要特别注意帮助群众克服旧的习惯和风气，形成更加积极的精神。

斯大林也突出强调了党的政治工作的意义，指出："把党的干部、苏维埃干部和经济工作干部的政治教育和布尔什维克锻炼作为首要任务。"④ 他论述了通过加强党的路线方针政策教育，使人民群众相信其政治性的意义。他指出："事实上，从党制定正确路线到群众领会这条路线并接受它作为正确路线，中间还有一段很长的距离。为了使党能领导千百万群众，仅仅有一条正确的路线还不够，为此还必须使群众根据本身经验确信这条路线的正确性，必须使群众接受党的政策和党的口号作为自己的政策和自己的口号，并开始实行这个政策和口号。"⑤ 他以英国为例，说明如果缺少了这种工作，就不能让工人群众跟着自己走。为什么英国共产党没有能够立刻领导千百万英国工人群众跟着自己走呢？因为它来不及，并且不可能来得及在短促期间使群众相信它的路线的正确性。斯大林论述了经济工作和政治工作的关系，强调了政治工作的意义。他认为不能因为埋头于经济工作或陶醉于经济工作的胜利，而忘记了、忽视了政治工作。他写道："问题在于，我们党的同志近几年来完全埋头于经济工作，他们十分陶醉于经济上的胜利，由于陶醉于这一切事情，就忘记了其他一切事情，把其余的都丢掉了。……对于象苏联的国际环境、资本主义包围、加强党的政治工作、同暗害活动斗争等等这样一些问题，根本不注意了，认为这一切问题都是次要的，或者甚至是更次要的事情。"⑥

---

① 列宁. 列宁选集：第1卷.3版修订版. 北京：人民出版社，2012：356.
② 列宁. 列宁全集：第50卷.2版增订版. 北京：人民出版社，2017：478.
③ 列宁. 列宁全集：第40卷.2版增订版. 北京：人民出版社，2017：142-143.
④ 斯大林. 斯大林文集. 北京：人民出版社，1985：150.
⑤ 斯大林. 斯大林全集：第8卷. 北京：人民出版社，1954：180.
⑥ 同④147.

最后，值得注意的是，斯大林从规律性的高度对党员干部教育和理论武装作了集中阐述。他指出："关于党的宣传工作的极重要意义，关于对我们工作人员进行马克思列宁主义教育的极重要意义，大概已没有必要再来大谈特谈了。……在国家和党的任何一个工作部门中，工作人员的政治水平和马克思列宁主义觉悟程度愈高，工作本身的效率也愈高，工作也就愈有成效；反过来说，工作人员的政治水平和马克思列宁主义觉悟程度愈低，就愈可能在工作中遭受挫折和失败，就愈可能使工作人员本身庸俗化和堕落成为鼠目寸光的事务主义者，就愈可能使他们蜕化变质，——这要算是一个定理。"[①] 这就把政治和宣传工作的重要性提到了定理的高度，体现了对这一重要问题的规律性把握。

二、《德国民间故事书》的思想政治教育意蕴

马克思和恩格斯关于思想政治教育的丰富论述和思想，非常值得我们全面深入地研究。但是，他们的相关论述往往不是直接的、集中的，而是间接的和分散的。为了汲取他们的宝贵思想，我们需要全面细致地去发掘。为此，不仅要考察他们成熟时期的著作，而且要考察他们的早期作品。笔者认为，恩格斯早年的《德国民间故事书》就是一篇思想政治教育的重要文献。

（一）民间故事书承担着社会教化的重要使命

恩格斯生于 1820 年 11 月 28 日，从少年时代起就非常喜爱民间故事书，他从 1838 年秋天开始大力收集各种民间故事书并加以研究。他的《德国民间故事书》一文，大约写于 1839 年 10 月，发表在同年 11 月的《德意志电讯》上，署名为弗里德里希·奥斯瓦尔德，这是恩格斯年轻时代的笔名。那时，恩格斯不到 20 岁。他撰写此文的直接原因，可能是奥·马尔巴赫和卡·西姆罗克分别自 1838 年和 1839 年起筹备出版的德国民间故事书。这些书的出版，促使恩格斯以批判的眼光去考察民间故事书的价值以及出版原则。正是在对这些民间故事书的批判性考

---

① 斯大林. 斯大林文集. 北京：人民出版社，1985：272-273.

察中，恩格斯提出了一些重要的思想政治教育思想。

恩格斯提出并论述了"民间故事书的使命"问题。他写道："民间故事书的使命是使农民在一天繁重的劳动之余，傍晚疲惫地回到家里时消遣解闷，恢复精神，得到欢娱，使他忘却劳累，把他那块贫瘠的田地变成芳香馥郁的玫瑰园；它的使命是把工匠的作坊和饱受折磨的徒工的简陋阁楼变幻成诗的世界和金碧辉煌的宫殿，把他那身体粗壮的情人变成体态优美的公主；但是民间故事书还有一个使命，这就是同圣经一样使他们有明确的道德感，使他们意识到自己的力量、自己的权利和自己的自由，激发他们的勇气并唤起他们对祖国的热爱。"[1]

根据这一论述，民间故事书主要有三个使命或社会职责：

民间故事书的第一个使命，就是使劳动者在辛苦的劳作之余得到娱乐和休息，使他们忘却劳累，帮他们消遣解闷、恢复精神。恩格斯在这里首先谈到农民，是很自然的。民间故事书当然是面向民间的，农民是广大的下层群众，他们的精神生活和对他们的社会教化，无疑是社会中非常重要的方面。恩格斯接着谈到了工匠和手工业者，他们像农民一样，处于社会的低层，过着艰辛的生活。民间故事书同样也应该给予他们生活的慰藉。

民间故事书的第二个使命，是带给劳动者一种美好的向往，使他们超越日常生活的艰难和凡俗。在这里，恩格斯着意强调了民间故事书点缀和美化生活，为下层群众增添生活希望的作用。恩格斯形象地写道，民间故事书能够把农民那块贫瘠的田地变成芳香馥郁的玫瑰园，把工匠的作坊和饱受折磨的徒工的简陋的阁楼变幻成诗的世界和金碧辉煌的宫殿。

民间故事书的第三个使命，是教化大众，使没有受过多少教育的下层大众受到思想道德和政治的教育和鼓舞。这主要包括以下几个方面：首先是道德教育。民间故事书负有道德教化的使命，即培养人们的道德情操，使人们有明确的道德感。在这里，恩格斯把民间故事书提到极高的地位，认为它"同圣经一样"。可以说，民间故事书起着传统道德的传承和教化的作用。其次是培育人民的自我意识，使人们意识到自己的力量，自己的权利和自由。这里明显具有反封建的倾向，是恩格斯当时

---

[1] 马克思，恩格斯．马克思恩格斯全集：第2卷．2版．北京：人民出版社，2005：84．

受到资产阶级民主主义思想影响的表现。再次是激发人们的勇气,使人们有一种蓬勃的朝气。最后是唤起人们对祖国的热爱,即爱国主义。民间故事书的教化民众的使命,其实就是我们常说的思想政治教育作用。可以说,民间故事书是思想政治教育的重要载体,承载着思想政治教育的重要责任。恩格斯的这篇文章对思想政治教育的意义,主要就在于论述了民间故事书是思想政治教育的重要载体。

恩格斯不仅明确论述了民间故事书对于普通劳动群众的慰藉和提升作用,而且结合自己的体会谈到了它对于知识者的清醒作用。他写道:"这些古老的民间故事书虽然语言陈旧、印刷有错误、木版画粗劣,对我来说却有一种不平常的诗一般的魅力;它们把我从我们这种矫揉造作的现代'状况、迷乱和微妙的相互关系'中带到了一个更接近自然的世界里。"① 知识者的弱点是容易耽于幻想而迷失于矫揉造作的风气中,而民间故事书则用它的古老、纯朴、简单带给知识者以生活的真实。从这个意义上讲,民间故事书对于知识分子也具有一定的思想政治教育的功能。

(二)民间故事书应具备的品格

恩格斯把民间故事书看得很高,认为对民间故事书应该高标准地提出要求。"一本书能被称为民间故事书,称为德国民间故事书,这难道不是对它的高度赞扬吗?但是,正因为如此,我们就有权对这类书寄予更大的希望;也正因为如此,这类书就应当满足一切合理的要求并且在各个方面都称得上是尽善尽美的。"② 恩格斯从多方面提出了对民间故事书的要求。

首先,民间故事书要有诗意和趣味,体现民间风格。恩格斯认为,在形式和风格方面,民间故事书应该"诗意盎然,妙趣横生,而且它们的形式,即使完全没有受过教育的人大体上也能完全接受"。③ 在这方面,恩格斯赞扬了《刀枪不入的齐格弗里特的故事》的"真正的民间风格"。恩格斯认为,民间故事书应该有诗意,但也不能仅仅根据是否有诗意来评判民间故事书。恩格斯批评了那些在改写和传布民间故事书方

---

① 马克思,恩格斯. 马克思恩格斯全集:第2卷.2版. 北京:人民出版社,2005:94.
② 同①84.
③ 同①86.

面作出了贡献的浪漫主义作家，认为这些作家看到的仅仅是诗意的内容，而不能理解民间故事书所特有的意义。

其次，民间故事书要体现纯洁的道德和健康正直的民族精神。恩格斯写道："我们可以正当地要求民间故事书内容应富有诗意、饶有谐趣和道德的纯洁，要求德国民间故事书具有健康的、正直的德意志精神"①。在纯洁的道德方面，恩格斯指出有些民间故事书不宜介绍给大众。比如《特里斯坦》一书，"整个叙述就是为通奸进行辩解，把这样的民间故事书介绍给大众是很成问题的"②。德国民间故事书来自德意志民族的历史，打着历史的印记，并体现着民族的精神，这是不奇怪的。在这里，恩格斯谈到了"德意志精神"，但他不是抽象地而是有分析地讲民族精神，强调这种精神的积极方面，即健康的、正直的德意志精神。

再次，民间故事书还应该具有自己时代的特点，反映时代斗争，体现时代精神。他写道：民间故事书除了具有一切时代所共有的特点外，"我们还有权要求民间故事书适应自己的时代，否则就不要称其为民间故事书。如果我们着重考察一下目前的状况，考察一下争取自由的，并使自由具有各种表现形式的斗争，即正在发展的立宪主义，对贵族压迫的反抗，人们同虔诚主义的思想斗争，乐观精神同阴郁的禁欲主义残余的斗争，那么，我就看不出我们为什么不该要求民间故事书也面向没有受过多少教育的人，向他们说明这样做的实情和合理性，当然，即使不采取直接推论的方式，也决不能纵容阿谀奉承，不能鼓励对贵族卑躬屈膝，姑息虔诚主义。但是，不言而喻，民间故事书决不能叙述那些在今天看来毫无意义或者甚至是错误的旧时代的习俗。"③

恩格斯在写作此文时还是激进的民主主义者，他反对封建统治和封建文化，认为民间故事书的出版也应该起到这种时代的作用。他所特别欣赏并称其为真正的民间故事的，是那些体现男人的勇敢和反抗精神，而不是体现女人的逆来顺受的故事。他写道："在《海蒙的儿子们》里，感人的是无所顾忌的倔强性格，是以血气方刚的劲头反抗查理大帝的专制暴政，甚至不怕当着帝王的面亲手为所受的屈辱复仇的那种不受约束

---

① 马克思，恩格斯．马克思恩格斯全集：第2卷．2版．北京：人民出版社，2005：84．
② 同①91-92．
③ 同①84-85．

的反抗精神。在民间故事书里，占主导地位的应该是这种朝气蓬勃的精神，只要有这种精神，许多缺点都可以不去计较。"①

最后，民间故事书不能传播迷信。德国的民间故事书来自中世纪，主要有两个来源，一是中世纪日耳曼语族或罗曼语族的诗歌，二是民间迷信。不用说，有些民间故事书带有迷信的色彩，那些极有价值的民间传说，也可能被加上迷信的成分。恩格斯考察了德国民间两个最有影响的传说，即浮士德的传说和永世流浪的犹太人亚哈随鲁的传说。他悲愤地写道："可是，这两部传说在民间故事书里变成了什么样子呵！它们根本未被当作自由幻想的作品来理解，不是的，而是被理解成了奴隶式迷信的产物。《永世流浪的犹太人》一书甚至要人们对它的内容抱宗教信仰，它试图用圣经和一些荒诞无稽的神话来证明这些内容；在这本书里，传说只剩下一层最表面的外壳，而里面却包含着关于犹太人亚哈随鲁的冗长枯燥的基督教训诫。浮士德的传说已沦为巫术故事，并被掺进了鄙俗的妖术轶闻；甚至连民间喜剧里保存下来的那么一点诗意，也几乎绝迹了。这两本书不仅不能使人得到诗的享受，它们现在这种形式只会使旧的迷信死灰复燃、变本加厉"②。

恩格斯在文中还谈到了几本宣扬迷信的书，即"别出心裁的《百年历书》、绝顶聪明的《占梦书》、屡试不爽的《幸福轮》以及诸如此类可憎的迷信的荒唐产物"③。他认为，这些货色不应当在民间传播，如果说书报检查机关有责任和权力查封某书的话，那么"只有确实宣扬迷信的书，书报检查机关才可以不予批准。"④ 而普鲁士书报检查机关竟为它们盖章并允许其流传，这是不负责任的。

（三）根据时代和人民的需要对民间故事书进行加工和改写

既然民间故事书承载着重要的社会使命，那么它们就应该在新的条件下重新出版。恩格斯写道："为德国人民着想，难道不值得从这类书中选出最优秀的，经过精心修改再出版吗？"自然，重新出版不能一切照旧，而必须根据时代和人民的要求，进行加工和改写。

---

① 马克思，恩格斯．马克思恩格斯全集：第2卷．2版．北京：人民出版社，2005：92．
② 同①88-89．
③ 同①．
④ 同①93．

恩格斯认为，要对以前出版的民间故事书进行全面筛选，选出最优秀的重新出版。德国从中世纪流传下来的民间故事书是相当丰富的，但又参差不齐甚至鱼龙混杂。因而，重新出版这些书籍，必须进行筛选。而从事这种筛选的人必须具有敏锐的洞察力和辨别力，能够根据人民的要求和时代的特点做出选择。要挑出那些思想性和艺术性都优秀的作品重新出版，而对于充满着迷信思想和封建糟粕的书，对于荒诞无稽的书，则不能让其再版。选择的标准，主要看其是否对德国人民有益。在谈到《梅卢齐娜》一书时，恩格斯说："《梅卢齐娜》尽是荒诞无稽的怪物和想入非非的夸张，所以，从中可以看到类似唐·吉诃德一样的行径，而且我必须再问一次：这对德国人民有什么用？"① 至于《特里斯坦》一书，由于通篇是为通奸辩解，那就更不宜于介绍给大众。还有《屋大维皇帝》一书，恩格斯虽然很赞赏其中的爱情故事，认为书的后半部写得非常出色，是真正的民间故事，但他敏锐地看出，贯穿全书的却是"主张贵族的血液比平民的血液更高贵的思想"②，因而忍痛割爱，反对再版。

恩格斯主张，要剔除旧版本中的迷信成分，挽救其中有价值的民间传说。有些版本尽管有不少迷信的成分，但其民间传说本身是有价值的，对于这样的故事书，应根据原有传说进行改写，恢复其本来的纯洁。比如民间关于浮士德的传说和关于永世流浪的犹太人的传说，恩格斯认为它们作为由德国人民创作并逐步完善的两部传说，在各民族的民间传说中属于最深刻之列。它们的营养是取之不尽、用之不竭的，每个时代都可以采用它们而不改变其实质。尽管旧有版本的故事书由于渲染迷信而几乎毁掉了这两个传说，但是，"难道就不能为德国人民挽救这两部传说，恢复它们原有的纯洁性，鲜明地表达它们的实质，从而使没有受过多少教育的人也不至于无法理解传说所包含的深刻意义吗？"③

恩格斯认为，民间传说应该是民间故事书的基础。对民间故事书的改写，不能冲淡其中的民间传说。恩格斯批评了《狮子亨利公爵》的改编者，认为在风格朴素的民间故事书后附上冗长的现代叙事诗，破坏了民间故事书的风格。应当恢复传说的古老语言，应当增添其他真正的民间传说来充实一本书，然后把它送到民间去。

---

①② 马克思，恩格斯. 马克思恩格斯全集：第2卷.2版. 北京：人民出版社，2005：91.
③ 同①89.

民间故事书虽是现代的改写，但应该尽可能地保持古老语言的风格。恩格斯一再强调"非必要时不改动古老的词语"①。他认为，在改写时善于运用古老的风格的，只有格林兄弟。正是这对兄弟为德国人民和世界人民特别是各国儿童，留下了最优美的童话故事。自然，新出版的德国民间故事书，要纠正旧版本中的错字，更新插图，以更好的装帧送到人民的手中。

（四）如何看待恩格斯早期著作中的思想政治教育思想

《德国民间故事书》一文，提出了很精彩的思想。它是恩格斯早年的作品，在那个时期，恩格斯刚刚摆脱了宗教信仰的束缚，形成了革命民主主义思想，但还没有开始"两个转变"即从唯心主义向唯物主义转变，从革命民主主义向共产主义转变，更没有开始参与创立马克思主义。这样就提出了一个问题：我们应如何看待经典作家早期著作和思想的价值？我们在思想政治教育研究的过程中，能否以马克思和恩格斯早期著作中的论述和思想作为依据？

一般来说，我们学习经典作家的著作，应该以他们成熟时期的著作为基本依据，这是没有疑问的。这些著作无疑具有最高的学术权威和引用价值。但是，经典作家的早期著作中也有很精彩的思想，这些思想不只是具有思想史研究的价值，而且具有原理建构和理论指导方面的意义。他们早期的一些思想政治教育方面的论述虽然并不是在成熟的思想基础（唯物史观等）上提出来的，但它们并不与后来创立的唯物史观相冲突，而且完全可以经过文字表述上的改造和理解上的调整，建立在唯物史观的基础上。

比如，恩格斯在文中提出的民间故事书具有社会教化使命的论述就很精彩，包含着思想政治教育的重要思想。这些思想对于思想政治教育来说，就具有特殊的重要的价值，是很可贵的。其中谈到要唤起人们对祖国的热爱。这实际上是讲爱国主义的问题，强调了爱国主义教育的必要性。这无疑是正确的。在马克思和恩格斯成熟时期的著作中，反而很少有这样的论述。他们虽然后来也曾谈到爱国主义，但往往带有某种贬义色彩，比如嘲笑小市民的爱国热情和狭隘性等。他们往往是站在无产

---

① 马克思，恩格斯. 马克思恩格斯全集：第2卷. 2版. 北京：人民出版社，2005：93.

阶级、国际主义的高度来看待和评论爱国主义，因而往往对爱国主义持批评态度。这难道是因为他们反对爱国主义吗？其实并不是，他们主张国际主义与爱国主义的统一，主张无产阶级社会主义的爱国主义和国际主义。但由于环境和语境的问题，他们没有合适的机会和场合再来讲爱国主义的合理性。那么，在这种情况下，我们把他们早期著作中关于爱国主义教育必要性的论述拿来作为后期思想的补充，就很有必要了。

我们今天来研究经典作家的早期思想，一方面是站在成熟时期经典作家思想的高度，另一方面也是站在当今时代的高度，来发掘和阐释的。经典作家早期著作毕竟有它的历史局限，特别是在思想的表述方面。我们可以也应该超越其早期表述和思想的早期形式，以更合理的方式来理解其中的思想。这就可以避免可能的偏差。同时，我们的研究也有特定的角度。我们从思想政治教育学研究的角度来考察《德国民间故事书》一文，而不是像以往那样只是把它放在文学领域中来考察，从而发现了它有很重要的思想政治教育学价值。

另外，作为中国人，我们可以把恩格斯的这篇文章与鲁迅的一篇文章联系起来学习。鲁迅的杂文集《朝花夕拾》中有一篇《二十四孝图》，讲的也是民间故事书，不过是典型的中国的民间故事书。书中也讲到了故事书的社会教化作用。鲁迅的论述可以说从另一个角度补充和印证了恩格斯的论述。恩格斯着重讲的是发挥民间故事书的社会教化的积极作用，而鲁迅着重讲的则是避免民间故事书在社会教化方面的消极作用。鲁迅批判了封建时代的思想政治教育者（儒者），他们一厢情愿地要用二十四孝的榜样来传布封建道德，结果由于在选取和宣传榜样方面做得过于极端和违背常情，因而产生了相反的效果。比如郭巨埋儿一事，讲的是汉朝孝子郭巨，因家贫而欲活埋掉自己的儿子，以便省出口粮供养老母。这本是一个悲惨的故事，但郭巨在挖坑的时候，却掘出一罐黄金，结果皆大欢喜。鲁迅小的时候学习了这个故事，但他并没有因此受到孝心的感动，反而对尽孝失去了信心，并在内心感到自己与祖母势不两立。他写道："我已经不但自己不敢再想做孝子，并且怕我父亲去做孝子了。家景正在坏下去，常听到父母愁柴米；祖母又老了，倘使我的父亲竟学了郭巨，那么，该埋的不正是我么？""我从此总怕听到我的父母愁穷，怕看见我的白发的祖母，总觉得她是和我不两立，至少，也是一个和我的生命有些妨碍的人。后来这印象日见其淡了，但总有一些留遗，一直到她去世——这大概是送给《二十四孝图》的儒者所万料不到的罢。"①

三、《〈黑格尔法哲学批判〉导言》的思想政治教育意蕴

《〈黑格尔法哲学批判〉导言》是马克思早年为总结他对黑格尔法哲学的批判而写的一篇非常重要的文章。该文写于 1843 年 10 月至 12 月，翌年 2 月发表在马克思和卢格合编的《德法年鉴》上。这篇文章气势磅礴，思想丰富，在马克思主义形成过程中具有十分重要的地位，同时它也是一篇关于思想政治教育的重要文献。从某种意义上说，它是马克思主义思想政治教育学的开篇之作。

(一) 丰富的思想政治教育学思想

从思想政治教育学的视角来重读马克思的《〈黑格尔法哲学批判〉导言》一文，就会发现它散发着浓郁的思想政治教育意蕴，包含着丰富的思想政治教育内容。

首先，这篇文章首次论述了马克思主义宗教观的基本观点，批判了宗教对人们的思想奴役，为唯物主义和无神论教育、为马克思主义宗教观教育奠定了理论基础。马克思在文中总结和肯定了德国的宗教批判，并结合自己的立场转变和理论研究提出了自己关于宗教的观点。关于宗教的根源和本质，马克思写道："反宗教的批判的根据是：人创造了宗教，而不是宗教创造人。就是说，宗教是还没有获得自身或已经再度丧失自身的人的自我意识和自我感觉。但是，人不是抽象的蛰居于世界之外的存在物。人就是人的世界，就是国家，社会。这个国家、这个社会产生了宗教，一种颠倒的世界意识，因为它们就是颠倒的世界。……宗教是人的本质在幻想中的实现，因为人的本质不具有真正的现实性。"②在这里，马克思一方面肯定了德国青年黑格尔和费尔巴哈的无神论观点和对宗教的批判，重申了关于宗教是人的创造、宗教是人的本质的自我

---

① 鲁迅. 鲁迅全集：第 2 卷. 北京：人民文学出版社，2005：263 - 264.
② 马克思，恩格斯. 马克思恩格斯选集：第 1 卷.3 版. 北京：人民出版社，2012：1 - 2.

异化的观点，同时进一步揭示了宗教产生的社会根源，把宗教看作颠倒了的人的世界即国家和社会的反映，揭示了反宗教斗争的真正意义在于它是反对"以宗教为精神抚慰的那个世界"的斗争。在此基础上，马克思还进一步揭示了宗教的社会作用，特别是宗教对于人们精神生活的多重影响，批判了统治阶级利用宗教信仰对人们的精神奴役。他认为，宗教是旧世界的包罗万象的世界观，是这个世界的理论"辩护"、精神"慰藉"、"道德约束"和神圣性来源。马克思意识到了宗教的复杂性，强调了宗教对人们的抚慰和麻醉功能，认为"宗教里的苦难既是现实的苦难的表现，又是对这种现实的苦难的抗议。宗教是被压迫生灵的叹息，是无情世界的情感，正像它是无精神活力的制度的精神一样。宗教是人民的鸦片"①。在谈到马丁·路德的宗教改革时，马克思批判了路德"用信念造成的奴役制"，批判他在把人们的肉体从锁链中解放出来的同时，又"给人的心灵套上了锁链"②。马克思的这些内容极为丰富的论述，为我们开展唯物主义和无神论教育奠定了理论基础，并提供了多方面的思想启示。

其次，马克思在这篇文章中首次论述了哲学在无产阶级思想政治教育中的地位和作用。他写道："哲学把无产阶级当做自己的物质武器，同样，无产阶级也把哲学当做自己的精神武器；思想的闪电一旦彻底击中这块素朴的人民园地，德国人就会解放成为人。"③"这个解放的头脑是哲学，它的心脏是无产阶级。"④ 在这里，马克思认为哲学，当然是指"为历史服务""为实践服务"的哲学，在无产阶级解放斗争中起着灵魂和旗帜的作用。无产阶级虽然也像历史上的一切被压迫阶级一样，处在社会底层而被剥夺了受教育、学哲学的权利，但是，与以往的被压迫阶级不同的是，无产阶级肩负着推翻旧世界、创建新世界的使命，这一使命的完成不能以肤浅和空想的理论为旗帜，必须以能够深刻洞悉社会本质和规律的科学理论为指导，而这样深刻全面的理论是不能缺少哲学基础的。马克思、恩格斯都是大哲学家（当然还不只如此），他们为无产阶级锻造了无比犀利的理论武器，充分说明了哲学在无产阶级革命事业中的作用，也为后来的无产阶级思想政治教育奠定了一种具有哲学

---

① 马克思，恩格斯．马克思恩格斯选集：第1卷．3版．北京：人民出版社，2012：2.
② 同①10.
③④ 同①16.

意味的传统。哲学教育，特别是马克思主义哲学教育，是无产阶级思想政治教育的重要内容，它与政治教育、思想教育、道德教育以及法治教育等密切结合，相得益彰。

马克思还论述了哲学对旧世界的揭露和批判功能，以及对无产阶级和人民群众的鼓舞和教育功能。他认为，哲学批判本身不是目的，它服务于推翻旧制度的革命斗争。"批判已经不再是目的本身，而只是一种手段。它的主要情感是愤怒，它的主要工作是揭露。"① "应当让受现实压迫的人意识到压迫，从而使现实的压迫更加沉重；应当公开耻辱，从而使耻辱更加耻辱。……为了激起人民的勇气，必须使他们对自己大吃一惊。"② 这可以看作关于在无产阶级革命宣传中哲学作用的最早论述。

最后，马克思在这篇文章中首次论述了无产阶级作为革命的领导者阶级应该具有的精神气质和必须承担的舆论工作。马克思认为，担负革命领导者的阶级不仅应该具有坚毅、大胆等普通的优秀品质，而且要具有"革命的大无畏精神"，具有"开阔胸怀"，并能够"和人民魂魄相同"③。这个阶级要善于鼓动群众，并造成一种全体一致的舆论。"在市民社会，任何一个阶级要能够扮演这个角色，就必须在自身和群众中激起瞬间的狂热。在这瞬间，这个阶级与整个社会亲如兄弟，汇合起来，与整个社会混为一体并且被看做和被认为是社会的总代表；在这瞬间，这个阶级的要求和权利真正成了社会本身的权利和要求，它真正是社会的头脑和社会的心脏。"④ 马克思的这一思想观点，对于无产阶级在领导人民群众进行社会革命的过程中开展宣传舆论工作具有非常重要的指导意义。

（二）严整的思想政治教育学命题

无产阶级思想政治教育的基础内容和重要方式是马克思主义理论教育。揭示对无产阶级和人民群众进行科学理论教育的特点和规律，对于思想政治教育学极为重要。特别值得注意的是，马克思在《〈黑格尔法哲学批判〉导言》一文中写下了一段关于理论教育的名言："批判的武

---

① 马克思，恩格斯. 马克思恩格斯选集：第1卷.3版. 北京：人民出版社，2012：4.
② 同①5.
③④ 同①13.

器当然不能代替武器的批判,物质力量只能用物质力量来摧毁;但是理论一经掌握群众,也会变成物质力量。理论只要说服人,就能掌握群众;而理论只要彻底,就能说服人。"① 这段话十分精辟,包含着一组关于思想政治教育或更确切地说是关于科学理论教育的命题,而且环环相扣,层层递进,形成一簇颇为严整的命题组合。这样一种奇特的理论景观,非常值得从理论现象学和思想政治教育学的结合上做出阐释。

命题一:"理论一经掌握群众,也会变成物质力量。"

马克思在这篇文章中论述了理论与实践、革命理论与革命实践的关系,强调了理论与实践的统一。这样的观点,当然不只是思想政治教育方面的观点,而是马克思主义的基本观点。但是,马克思对这一观点的具体论述,则直接体现了思想政治教育的重要性。这段十分精彩的名言,实际上讲的是理论向实践转化的过程和机制,即理论能否和如何为人民群众所掌握的问题,亦即理论宣传和理论教育的问题。

马克思认为,理论不能代替实践,精神力量不能代替物质力量。他明确提出,"批判的武器不能代替武器的批判,物质力量只能用物质力量来摧毁"。在这里,"批判的武器"和"武器的批判"是马克思青年时期喜爱的一种语言表达,它铿锵有力而又有哲学思辨意味,但含义是清楚的:前者指的是以理论批判作为斗争武器(即理论斗争),是以笔为枪;而后者指的是以武器来进行批判(武装斗争),是以枪为笔。革命斗争可以包括不同的方面,比如理论斗争、政治斗争、军事斗争以及经济斗争等,理论斗争是其中的一个方面。理论斗争很重要,但它不是物质力量,而要想真正地改变客观世界,就必须诉诸实践,诉诸物质力量。

但是,理论作为精神力量也可以转化为物质力量。毛泽东关于"物质变精神,精神变物质"的说法,就其表述实质而言,源于马克思关于"理论一经掌握群众,也会变成物质力量"的论述。值得注意的是,马克思主义所说的物质和精神的相互转化,特别是理论向实践、精神力量向物质力量的转化,是有条件的,是在一定条件下实现的。它既不是一种机械的变化,也不是一种神秘的变化,而是一种包含着相应条件和机制的合理过程。转化的条件当然可以是多方面的,但从根本上讲是理论

---

① 马克思,恩格斯.马克思恩格斯文集:第1卷.北京:人民出版社,2009:11.

与群众相结合，为群众所掌握。一种理论只有为群众所掌握，变成他们认识世界和改造世界的武器，才能变成一种实践的力量。

理论为群众所掌握，具体来说包含两个方面的转化：一是转化为群众的目的和理念；二是转化为群众的工具和手段。当科学的理论为群众所掌握时，理论本身就会发生转化，一方面它从理论形态变为信念形态，另一方面同时也变为工具形态。这可以说是理论向实践转化的两个环节。这两个方面是相互联系、缺一不可的。对于马克思主义理论来说，它不仅成为人民群众的理想和信念，而且成为人民群众认识和改造世界的方法和手段。而只有当人们首先认同马克思主义的道理，把它当作自己可以完全信赖的科学理论时，才能充分发挥它的方法论价值和实际指导作用。

此外，这里有一个表述问题：理论与群众的结合，是"理论掌握群众"呢，还是"群众掌握理论"呢？马克思的"理论掌握群众"的说法，是他早期的一种表达方式，体现了德国思辨哲学的影响。德国唯心主义思辨哲学把理念和理论当作主体，把群众当作客体；把理论当作精神性能动性原则，把群众当作物质性被动性原则。马克思在写作该文时，思想尚处于转变过程中，该文的一些基本观点标志着他已经实现了思想转变，放弃了思辨唯心主义并开始批判唯心主义，但在一些概念的用法和表述上，还受到一定的思辨哲学的影响。因此，对于"理论掌握群众"的提法，要做正确的理解。根据唯物史观亦即群众史观的观点，我们应该把这一说法合理地理解为"理论为群众所掌握"，或者按照我们古汉语的一种用法，合理地理解为"理论掌握于群众"。值得注意的是，我国理论界至今仍有"让马克思主义理论掌握人民群众"或"让中国特色社会主义理论体系掌握群众"的说法，这当然是不确切的，应该加以改进，在用语上体现人民群众的主体地位。

命题二："理论只要说服人，就能掌握群众。"

理论怎样才能为群众所接受、所掌握呢？它凭借什么力量来吸引和赢得群众呢？马克思认为，理论应该通过它的说服力赢得群众，即理论只要说服人，就能掌握群众。这一思想具有丰富的内涵。

首先，理论应该具有真理的力量，它要以理服人。马克思受的是理性主义教育，他本人也始终坚持理性主义的立场。在关于理论的问题上，马克思反对神秘主义和非理性主义的做法，反对那种不是依靠理论的真理力量和科学力量来说服群众，而是依靠某种神话的魅力、某种玄学思辨的魅力、某种宣讲的激情和雄辩口才以及某种随意的许诺等来吸引群众，愚弄群众，控制群众的做法。他认为，应该让群众学习和掌握科学的道理，掌握社会发展的客观规律。马克思在工人运动中开展科学理论的教育，同那些以宗教先知和救世主自居，以传教的方式和口吻向群众说话的人物进行斗争；同那些玩弄德国的哲学思辨，以此来吓唬工人和征服群众的人物进行斗争；同那些重激情、轻理性，甚至向工人进行蛊惑式宣传鼓动的人物进行斗争。这对于我们正确把握马克思主义理论教育和思想政治教育的科学本质，反对一切"忽悠群众"的歪理邪说和错误思潮，具有重要的启示。

其次，人民群众是认理服理的，要相信人民群众具有健全的理智。相信群众，这是马克思主义的一个基本观点。不仅要相信群众具有创造历史的力量，也要相信群众具有掌握真理的能力。广大劳动群众长期处于社会底层，他们缺少文化知识，更缺少理论素养，但他们是认理的，是讲道理和服从道理的。他们通过实际的生产实践，通过社会观察和生活体验，所懂得的道理比我们通常所设想的多得多。而且，由于他们的思想来自现实和实践，往往保有健全的性质。当理论家们在烦琐思辨中迷失正途的时候，反而需要诉诸普通群众的生活经验和健全常识来纠正。正如毛泽东在《反对本本主义》中所说："读过马克思主义'本本'的许多人，成了革命叛徒，那些不识字的工人常常能够很好地掌握马克思主义。"[①] 马克思主义的学问虽然博大精深，但马克思主义的基本观点和精髓是简洁明了的，是能够为人民群众所理解和掌握的。

最后，向群众宣讲理论，要善于把理论通俗化，在思路和语言上贴近群众。理论教育的关键是要善于把理论通俗化，善于抓住理论最基本的观点向群众讲透彻，讲明白；要善于把理论的道理与群众的切身利益和实际需要结合起来，让他们能够联系自己的生活实际来了解理论。马克思在布鲁塞尔和伦敦给工人讲过课，讲解他关于政治经济学的基本观点。据威廉·李卜克内西回忆，马克思讲课很得法，显示了他做科学理论普及工作的天赋。"他提出一个问题时，总是力求简短，然后用较长

---

① 毛泽东. 毛泽东选集：第1卷.2版. 北京：人民出版社，1991：111.

的解释来说明它。尽量不用工人们听不懂的字句。然后他叫听众提问题，如果没有人发问，他就开始考问。他的考问也是很有教学技巧的，任何疏漏或误解都不能逃过他。"① 马克思的讲授使有幸参加听讲的人感到了极大的愉快，达到了"说服人"的效果。马克思主义经典作家，都是大理论家和思想家，同时也是善于用人民群众的语言来宣传科学真理的宣传教育家，为后人树立了光辉的榜样。

命题三："理论只要彻底，就能说服人。"

理论具有怎样的品格才能说服人呢？马克思的回答是两个字："彻底"。那么，怎样才算是"彻底"呢？理论的"彻底"性指的是什么呢？马克思说："所谓彻底，就是抓住事物的根本。但是，人的根本就是人本身。"② 也就是说，彻底的理论必须抓住事物的根本，对事物从根本上做出理论的阐明。理论研究不是着力于事物的现象，不是为了装点和粉饰，而是要直面事物本身，深入事物的根本和深层本质，敢于接触最敏感和最尖锐的问题，并不怕得出革命性的结论。而马克思关于"人的根本就是人本身"的说法，一方面表明马克思受到费尔巴哈人本唯物主义哲学的影响，另一方面也体现出马克思所理解的彻底的理论应该是以人为本的，是捍卫人的尊严的。马克思写道："德国理论的彻底性的明证，就在于德国理论是从坚决积极废除宗教出发的。对宗教的批判最后归结为人是人的最高本质这样一个学说，从而也归结为这样的绝对命令：必须推翻使人成为被侮辱、被奴役、被遗弃和被蔑视的东西的一切关系"③。当然，对人的研究不是归结于抽象的人性，而是深入研究人的世界。马克思指出："人不是抽象的蛰居于世界之外的存在物。人就是人的世界，就是国家，社会。"④

通读《〈黑格尔法哲学批判〉导言》，会强烈地感到在马克思那里有一种"彻底"的精神。他不仅在讲到理论时强调"彻底"，而且在讲到别的事情时也强调"彻底"。比如，他认为，农民战争是"德国历史上最彻底的事件"，而德国即将来临的革命将是"彻底的革命"，无产阶级身上的锁链是"彻底的锁链"，而思想的闪电将"彻底击中"人民的园

---

① 中央编译局.回忆马克思.北京：人民出版社，2005：52.
② 马克思，恩格斯.马克思恩格斯全集：第3卷.2版.北京：人民出版社，2002：207.
③ 马克思，恩格斯.马克思恩格斯选集：第1卷.3版.北京：人民出版社，2012：10.
④ 同③1.

地，等等。可见，马克思十分强调一种彻底的精神。他认为革命应该是彻底的，而作为革命先导的理论也必须是彻底的。

今天，我们可以进一步思考马克思主义的彻底性品格。马克思主义作为无产阶级的世界观，体现了无产阶级彻底的革命性，体现了无产阶级及其先锋队的"革命的大无畏精神"。马克思主义作为马克思、恩格斯创立的科学体系，体现了德国人特别是德国学者的彻底而严谨的精神，体现了经典作家集人类文明成果之大成的思想境界。此外，马克思主义理论的严整性，它的透彻性，它的自我批判精神，特别是它的致力于改造世界的气魄等等，都是它的彻底性的体现。马克思主义不是中庸之道，不是任何人都可以接受的平淡无奇的理论体系，而是有自己明确的价值追求和宏伟的理想，有奋斗精神和尖锐锋芒的思想体系。今天，我们着力构建社会主义和谐社会，当然可以也应该发掘和阐释马克思主义理论宝库中关于"和谐"的重要思想资源，以更好地发挥马克思主义对构建和谐社会的指导作用，但马克思主义理论本身的彻底性的品质不能丧失，否则就失去了根本，失去了生命的活力。这是我们要加以注意的。

命题四："理论在一个国家实现的程度，总是取决于理论满足这个国家的需要的程度。"

在马克思看来，理论的彻底性不只是思维和逻辑上的问题，更是现实基础和实践需要的问题。理论只有紧紧抓住了社会现实的根本问题，并符合于现实斗争的需要，才能为人民群众所掌握，从而在现实中得到实现。也就是说，理论能否和在多大程度上得到实现，从而变成物质力量，取决于现实和实践对理论的需要以及理论是否能够满足这种需要。马克思写道："理论在一个国家实现的程度，总是取决于理论满足这个国家的需要的程度。"[1] 这个命题讲"理论的实现"，实际上也是关于理论教育的问题，是关于理论教育作用的基础和限度的问题。一方面，它表明理论教育的进行必须有自己的现实基础，这个基础就是社会提出的课题以及对于解释和解决这种课题的需要。理论教育应该在这样的基础上进行。有了这样的基础，也就有了理论教育的必要性和可能性。另一方面，它也表明理论教育的成效也是有其限度的，它受社会现实对理论

---

[1] 马克思，恩格斯．马克思恩格斯选集：第1卷．3版．北京：人民出版社，2012：11.

本身的需要以及理论本身满足现实需要的程度的限制。在一定的国家和社会中,理论教育究竟能够取得多大成效,当然会受到理论教育的广泛程度、力度和水平的制约,受到开展理论教育的方式、方法的影响,但是,一种理论能否在某一个国家生根、开花和结果,根本上取决于该理论能否满足这个国家的需要。马克思主义之所以能够传入中国,落地生根,成为中国革命和建设的指导思想,在中国社会中得到实现,虽然与中国马克思主义者和中国共产党人的宣传和传播有很大关系,但更根本的原因是马克思主义揭示了社会发展的客观规律,为中国革命和建设事业提供了科学的理论指导,它符合中国人民求生存、求发展的迫切需要。可见,理论教育,或者一般地说思想政治教育,其本身不是万能的,它是在一定的社会基础上和一定的历史限度内发挥作用的。而在这个基础上和限度内,理论教育工作者和思想政治教育工作者又有着很大的能动性空间。

(三) 重要的思想政治教育学地位

"思想政治教育"作为一个学科,产生于我国20世纪80年代中期,是适应新时期加强和改进思想政治工作的需要,在中国共产党长期积累的思想政治工作丰富经验的基础上,经过学界努力和官方支持而形成的。这个思想政治教育学是马克思主义的思想政治教育学。2005年,我国在学科体系中设立了马克思主义理论一级学科,"思想政治教育"被确定为其中的一个二级学科。这就从学科上明确了思想政治教育学科的马克思主义性质。那么,追溯马克思主义思想政治教育学的起源或渊源,就不能只是从20世纪80年代中期开始,而是要沿着马克思主义理论发展的传统向上追溯,寻找其最初的源头。特别是把马克思主义思想政治教育作为一种科学思想来看待,则它的形成要比它作为学科和专业的创立要早得多。

通过追溯我们看到,不仅在马克思主义中国化的理论成果中有丰富的思想政治教育理论,而且在马克思主义经典著作中也有丰富的相关思想和具有指导意义的原则指示。在马克思、恩格斯的著作中,在列宁和斯大林的著作中,都有非常丰富的关于思想政治教育的科学观点和论述。那么,马克思和恩格斯的哪一篇或哪几篇著述属于马克思主义思想政治教育学的开端呢?本文的结论是:马克思的《〈黑格尔法哲学批判〉

导言》一文可以说是马克思主义思想政治教育学的开篇之作。

首先,《〈黑格尔法哲学批判〉导言》是标志着马克思完成从唯心主义向唯物主义、从革命民主主义向共产主义思想转变的主要著作之一。正是从这个时候开始,马克思才是我们所熟知的那个作为唯物主义者和共产主义者的马克思。而本文中阐述的有关思想政治教育的思想,是马克思在完成世界观转变后关于思想政治教育的最早论述。在此之前,马克思(以及恩格斯)在早年的习作以及理论探索中,也可能提出过一些具有思想政治教育含义的思想观点和见解,比如马克思在中学作文中关于青年职业观的思想、恩格斯在早年文学创作中的有关爱国教育的思想等,对思想政治教育学来说无疑是很重要的内容,但这些思想只能算作马克思主义思想政治教育学前史中的内容,属于经典作家早期作品中的思想政治教育资源,而不能看作马克思主义思想政治教育学的开端。

其次,《〈黑格尔法哲学批判〉导言》首次提出了无产阶级历史使命的学说,为无产阶级思想政治教育奠定了理论前提。尽管在该文中,马克思关于无产阶级历史使命的学说还是以比较原初的形式、以某种晦涩的思辨语言来表述的,但核心思想已经形成和出现。无产阶级历史使命学说在马克思主义理论体系中具有十分重要的意义,正因为如此,有的学者甚至将之称为马克思的"第三个伟大发现"。而对思想政治教育来说,无产阶级历史使命学说具有更为直接的奠基意义。思想政治教育是无产阶级实现自己历史使命的题中应有之义。可以说,马克思在提出无产阶级历史使命的思想时,事实上也就提出了无产阶级思想政治教育的思想。

再次,《〈黑格尔法哲学批判〉导言》形成了唯物史观的最初观点,初步为思想政治教育学提供了科学观点的指导。马克思在批判黑格尔法哲学的过程中,形成了关于政治国家与市民社会关系的新见解,即不是政治国家决定市民社会,而是市民社会决定政治国家。马克思在回顾历史唯物主义创立过程时说过:"为了解决使我苦恼的疑问,我写的第一部著作是对黑格尔法哲学的批判性的分析,这部著作的导言曾发表在1844年巴黎出版的《德法年鉴》上。我的研究得出这样一个结果:法的关系正像国家的形式一样,既不能从它们本身来理解,也不能从所谓人类精神的一般发展来理解,相反,它们根源于物质的生活关系,这种

第一篇　思想政治教育的经典文本发掘

物质的生活关系的总和，黑格尔按照18世纪的英国人和法国人的先例，概括为'市民社会'，而对市民社会的解剖应该到政治经济学中去寻求。"① 可见，在《〈黑格尔法哲学批判〉导言》中，唯物史观关于经济决定政治的最初观点已经出现，而这对于具有强烈政治性的思想政治教育来讲，是非常重要的。在这篇文章中，思想政治教育不仅被奠定在无产阶级的价值立场上，而且也初步地建立在唯物史观的基本观点的科学基础上。

最后，《〈黑格尔法哲学批判〉导言》具有极为丰富的思想政治教育意蕴，包含多方面的思想政治教育思想观点，提出了一系列严整的思想政治教育命题。除了上文所详细陈述的相关思想内容之外，尤其值得注意的是，马克思关于"思想的闪电一旦彻底击中这块素朴的人民园地，德国人就会解放成为人"的论述，实际上是从德国的角度提出了对人民进行先进思想灌输的任务，可以说是列宁灌输理论的先声。

另外，在发掘和研究马克思主义经典作家的思想政治教育论述时，笔者偶然间发现了一种有趣的现象：收录经典作家们的成熟而且重要论著的著作集，其开篇之作往往是一篇思想政治教育文献，或者更确切地说是一篇具有浓郁思想政治教育意蕴的文献。比如《马克思恩格斯选集》中文版以及最新出版的《马克思恩格斯文集》，其第一篇文章都是马克思的《〈黑格尔法哲学批判〉导言》，该文具有鲜明的思想政治教育观点和浓郁的思想政治教育意蕴；《列宁选集》的第一篇文章《什么是人民之友？》是一篇捍卫和宣传历史唯物主义思想的论著，而在几年后的《怎么办？》中明确提出了"灌输"的思想；《斯大林选集》的第一篇文稿《俄国社会民主党及其当前任务》论述了社会主义的理想，并对列宁的灌输理论做了阐释；《毛泽东选集》的第一篇文章《中国社会各阶级的分析》，在一定意义上是关于中国社会各阶级能否接受革命宣传的理论分析，而接下来的《湖南农民运动考察报告》，则直接论述了农民运动中的"政治教育"问题；《邓小平文选》的第一篇文章，即《动员新兵及新兵政治工作》则是直接论述思想政治工作的。以上种种，可能出于巧合，但这样带规律性的现象也说明一定的问题，即经典作家从开始理论创造的时候起，就把无产阶级思想政治教育作为一个重要的思考

---

① 马克思，恩格斯. 马克思恩格斯选集：第2卷.3版. 北京：人民出版社，2012：2.

之点，从而使得其重要著作从一开始就具有浓郁的思想政治教育意蕴。

四、《共产党宣言》的思想政治教育价值

《共产党宣言》是标志马克思主义诞生的经典著作，在新的历史条件下重读这一马克思主义名著，具有十分突出的理论和现实意义。而从思想政治教育的角度，特别是从思想政治教育学研究的角度来重读这部著作，则有着特殊的收获。笔者惊喜地发现，《共产党宣言》中包含丰富的思想政治教育思想，而且这些思想还被凝聚为若干个精辟的论断。发掘和阐释《共产党宣言》中关于思想政治教育的重要思想和论断，对于我们深化思想政治教育基本理论的研究，有着重要的意义。

1. 共产党人不屑于隐瞒自己的观点和意图

在《共产党宣言》的结束部分，有一段振聋发聩的文字："共产党人不屑于隐瞒自己的观点和意图。他们公开宣布：他们的目的只有用暴力推翻全部现存的社会制度才能达到。让统治阶级在共产主义革命面前发抖吧。无产者在这个革命中失去的只是锁链。他们获得的将是整个世界。"[①] 这一段文字确实震撼人心，但我们不能只是从感情上去欣赏它，还要从理性上去发现它的科学内涵。从思想政治教育学的角度来看，"共产党人不屑于隐瞒自己的观点和意图"是一个重大命题，它实际上提出了无产阶级思想政治教育的一个原则即旗帜鲜明的原则。

从语义上对这一命题进行分析，就会发现它包含着十分丰富的内涵，值得仔细品味。比如，"观点"和"意图"在这里加以区别，就是很有意思的。"观点"主要是见解、看法，属于解释世界的范围，而"意图"则带有行动的意向，属于改造世界的范围。对于一般人来说，或对于单纯的学者来说，只要不隐瞒自己的观点也就可以了，但对于共产党人来说则不仅如此，还要做到不隐瞒自己的意图。而且，共产党人不仅要不隐瞒，而且"不屑于"隐瞒，这就更加鲜明生动地刻画出共产党人的形象和品格。

---

① 马克思，恩格斯．马克思恩格斯选集：第 1 卷．3 版．北京：人民出版社，2012：435．

不隐瞒自己的观点和意图，体现了共产党人的勇气和品格，体现了共产党人的形象和态度，即正大光明或光明磊落。在资本主义社会中，共产党人抱着推翻资产阶级统治的革命目的，这样的目的如果说出来那是很危险的，但共产党人仍然公开说明自己的目的和意图，并不因危险而隐瞒自己的意图。共产党人之所以有这样的勇气，并不只是因为其中有一些意志坚强的人，而是因为这个党本身，这个党所代表的那个阶级本身的性质。从性质上说，共产党人是光明正大的，坚信自己的事业是正义的，因而不屑于隐瞒自己的观点和意图。这既表现出共产党人的勇气，也体现出他们的自我认识和自我意识。

不隐瞒自己的观点和意图，不仅体现了共产党的性质和共产党人的品格，还体现了无产阶级政党思想政治教育的需要和策略。《共产党宣言》的问世，既是共产党使命的本质要求，也是现实宣传的需要。在"共产主义已经被欧洲的一切势力公认为一种势力"的情况下，共产党人为了避免社会对自己的谣传和误解，也需要公开说明自己的观点。《共产党宣言》一开始就谈到它自身产生的背景，一方面，共产主义处于旧势力联合"围剿"的险恶环境，另一方面，在对共产主义和共产党的认识上人们存在着严重的误解："有哪一个反对党不被它的当政的敌人骂为共产党呢？又有哪一个反对党不拿共产主义这个罪名去回敬更进步的反对党人和自己的反动敌人呢？"所以，《共产党宣言》提出，"现在是共产党人向全世界公开说明自己的观点、自己的目的、自己的意图并且拿党自己的宣言来反驳关于共产主义幽灵的神话的时候了。"① 从《共产党宣言》本身的形式看，也突出地体现了这一点。"宣言"就是一种公开的宣告，它是十分公开化的，具有鲜明的风格。

公开、不隐瞒就是旗帜鲜明，这是思想政治教育的一个原则。无产阶级政党的思想政治教育，不像其他的一些团体那样，是偷偷摸摸地进行的，而是旗帜鲜明地进行的。比如在革命斗争中，共产党宣传群众，号召群众起来革命，宣传很透明。因为他们相信，革命是为了人民的根本利益，是人民自己的愿望和要求，共产党人不是诱骗群众来革命的。当然，旗帜鲜明的原则更多体现的是思想政治教育的性质，它并不完全等同于思想政治教育的策略和方法。无产阶级也可以使用潜移默化的方

---

① 马克思，恩格斯. 马克思恩格斯选集：第1卷.3版. 北京：人民出版社，2012：399.

式，或以隐性的方式进行思想政治教育，但这是属于方法方面的问题，并不是违背自己旗帜鲜明的原则。性质上的旗帜鲜明，并不等于策略上的明火执仗。如果一味地讲鲜明，不懂得讲策略和说服艺术，那也不能达到目的。

2. 共产党一分钟也不忽略对工人进行明确的阶级意识教育

《共产党宣言》指出："共产党一分钟也不忽略教育工人尽可能明确地意识到资产阶级和无产阶级的敌对对对立，以便德国工人能够立刻利用资产阶级统治所必然带来的社会的和政治的条件作为反对资产阶级的武器，以便在推翻德国的反动阶级之后立即开始反对资产阶级本身的斗争。"① 这里提出的是共产党对工人群众阶级意识的教育问题。这里实际上涉及两个方面的问题：一是无产阶级政党要对工人群众进行思想政治教育，二是这种思想政治教育的内容在当时主要是关于阶级意识的教育，特别是关于无产阶级和资产阶级利益根本对立的教育。

马克思、恩格斯论述了由无产阶级政党对工人群众进行思想政治教育的必要性和可能性。他们论述了共产党在理论和实践上的先进性，揭示了无产阶级政党具有对于工人群众进行思想政治教育的能力和权利，指出："共产党人同其他无产阶级政党不同的地方只是：一方面，在无产者不同的民族的斗争中，共产党人强调和坚持整个无产阶级共同的不分民族的利益；另一方面，在无产阶级和资产阶级的斗争所经历的各个发展阶段上，共产党人始终代表整个运动的利益。因此，在实践方面，共产党人是各国工人政党中最坚决的、始终起推动作用的部分；在理论方面，他们胜过其余无产阶级群众的地方在于他们了解无产阶级运动的条件、进程和一般结果。"②

马克思、恩格斯揭示了对工人群众进行阶级意识教育的必要性。无产阶级肩负着推翻资产阶级统治、建立共产主义新社会的历史使命，但无产阶级要实现自己的历史使命，必须形成明确的阶级意识、提高自己的阶级觉悟。他们肯定了空想社会主义和空想共产主义的著作在批判资本主义方面，由于触及了资本主义社会的阶级对立，而"提供

---

① 马克思，恩格斯．马克思恩格斯选集：第1卷．3版．北京：人民出版社，2012：434-435.

② 同①413.

了启发工人觉悟的极为宝贵的材料",同时也指出它们对阶级对立认识的不彻底性。"它们关于未来社会的积极的主张,例如消灭城乡对立,消灭家庭,消灭私人营利,消灭雇佣劳动,提倡社会和谐,把国家变成纯粹的生产管理机构——所有这些主张都只是表明要消灭阶级对立,而这种阶级对立在当时刚刚开始发展,它们所知道的只是这种对立的早期的、不明显的、不确定的形式。因此,这些主张本身还带有纯粹空想的性质。批判的空想的社会主义和共产主义的意义,是同历史的发展成反比的。阶级斗争越发展和越具有确定的形式,这种超乎阶级斗争的幻想,这种反对阶级斗争的幻想,就越失去任何实践意义和任何理论根据。"①

值得注意的是,马克思、恩格斯是在当时的历史条件下,主要从阶级斗争和无产阶级革命的角度,来论述共产党对工人群众的思想政治教育问题的。站在今天的角度来看,共产党对工人群众的思想政治教育,当然不只是让他们意识到与资产阶级的对立,而是包含着更丰富的内容。比如,在中国特色社会主义事业中,中国共产党通过思想政治教育,让工人群众意识到他们在社会主义国家的地位和作用,认识到他们在社会主义建设和改革开放中的历史使命,在国家建设中发挥主人翁和主力军作用等。

3. 资产阶级给无产阶级带来大量的政治教育因素

马克思、恩格斯在《共产党宣言》中对无产阶级的阶级意识和精神发展的分析,具有极为深厚的历史感,他们的阶级分析方法的运用十分辩证,并不是简单化的。他们并不是把无产阶级觉悟的提高都归结于无产阶级政党的教育,而是深刻分析无产阶级成长的过程,论述了资产阶级与无产阶级的互动,揭示了资产阶级带给无产阶级"教育因素"这一特异现象。

首先,资产阶级由于把无产阶级卷进了反对封建势力的政治斗争,从而启发了无产阶级的阶级觉悟。"资产阶级处于不断的斗争中:最初反对贵族;后来反对同工业进步有利害冲突的那部分资产阶级;经常反对一切外国的资产阶级。在这一切斗争中,资产阶级都不得不向无产阶

---

① 马克思,恩格斯.马克思恩格斯选集:第1卷.3版.北京:人民出版社,2012:432-433.

级呼吁，要求无产阶级援助，这样就把无产阶级卷进了政治运动。于是，资产阶级自己就把自己的教育因素即反对自身的武器给予了无产阶级。"① 这里的"教育因素"，包括思想政治教育在内，事实上主要是思想政治教育。在1888年《共产党宣言》的英文版中，"教育因素"是"政治教育和普通教育的因素"。

其次，"工业的进步把统治阶级的整批成员抛到无产阶级队伍里去，或者至少也使他们的生活条件受到威胁。他们也给无产阶级带来了大量的教育因素。"② 这里，"大量的教育因素"在1888年英文版中是"启蒙和进步的新因素"。这就很清楚地表明，统治阶级中整批成员被抛到无产阶级队伍中，或因其生活接近于无产阶级，从而给无产阶级提供了一定的思想启蒙的因素，为他们阶级觉悟的提高起到一定的作用。

最后，"在阶级斗争接近决战的时期，统治阶级内部的、整个旧社会内部的瓦解过程，就达到非常强烈、非常尖锐的程度，甚至使得统治阶级中的一小部分人脱离统治阶级而归附于革命的阶级，即掌握着未来的阶级。所以，正像过去贵族中有一部分人转到资产阶级方面一样，现在资产阶级中也有一部分人，特别是已经提高到能从理论上认识整个历史运动的一部分资产阶级思想家，转到无产阶级方面来了。"③ 这一段论述真是精辟之极，对于我们更深刻、更全面地把握阶级分析方法，更深刻地理解社会主义思想政治教育，具有极大的启发性。

从思想政治教育的角度看，马克思关于一部分资产阶级思想家转向无产阶级的论述很有理论意义，它事实上是列宁灌输理论的先声。对于我们更深刻地把握灌输理论，具有重要指导意义。灌输理论认为，社会主义思想并不能因工人运动的自发增长而产生，这一思想只能产生于有产阶级的有教养的思想家的科学研究之中，马克思、恩格斯这样的思想家从其社会地位来说也是资产阶级知识分子，因此社会主义意识是从工人运动之外"灌输"进来的。对于这一思想，我们过去有些难以理解。主要是出身于资产阶级的理论家在社会主义思想政治教育中何以具有如此重要作用？现在，我们再次重读《共产党宣言》这一论述，可以加深对列宁这一理论的理解。

---

①②③ 马克思，恩格斯.马克思恩格斯选集：第1卷.3版.北京：人民出版社，2012：410.

4. 共产主义革命是要同传统的观念实行最彻底的决裂

在《共产党宣言》中，不仅有"两个必然"，而且还有"两个决裂"。马克思、恩格斯写道："共产主义革命就是同传统的所有制关系实行最彻底的决裂；毫不奇怪，它在自己的发展进程中要同传统的观念实行最彻底的决裂。"① 如果说第一个决裂主要是指经济领域和经济变革方面的话，那么第二个决裂则是从思想观念和意识形态角度来讲的，是与思想政治教育所关注的问题紧密相关的。

关于这两个决裂，特别是第二个决裂，我们现在讲得不多，而且有人觉得它讲得过于绝对。其实，这里有一个正确理解的问题。这里的"传统观念"并不是我们通常所理解的传统文化或文化传统，而是有特定的含义。它指的是以往阶级社会中的反映阶级剥削、阶级压迫和阶级对立的意识形式和思想观念。马克思、恩格斯在提出上述论断之前写道："至今的一切社会的历史都是在阶级对立中运动的，而这种对立在不同的时代具有不同的形式。但是，不管阶级对立具有什么样的形式，社会上一部分人对另一部分人的剥削却是过去各个世纪所共有的事实。因此，毫不奇怪，各个世纪的社会意识，尽管形形色色、千差万别，总是在某些共同的形式中运动的，这些形式，这些意识形式，只有当阶级对立完全消失的时候才会完全消失。"② 接着，马克思、恩格斯才说了"两个决裂"。可见，这些传统观念指的是打着阶级剥削和压迫印记的意识形态，这样的意识形态与消灭阶级压迫、实现高度和谐的共产主义社会是截然对立、不能相容的。

而且，"两个决裂"本身是相互联系的，第二个决裂是建立在第一个决裂的基础上的。第一个决裂讲的是与传统的所有制关系实行彻底决裂，即与资产阶级私有制彻底决裂。而第二个决裂是从思想意识上讲的，实际意思是与反映私有制关系的观念彻底决裂，而并不是与所有的传统观念或文化彻底决裂。

当然，马克思在一些场合谈到一般的传统观念时，也往往突出其消极的方面。这未必全面，但有其特定的社会背景，我们不必苛求前人。

---

① 马克思，恩格斯. 马克思恩格斯选集：第1卷. 3版. 北京：人民出版社，2012：421.
② 同①420-421.

站在今天的立场上，我们可以用更为全面的眼光来看待和评判传统观念，区别出其中的精华和糟粕，取其精华，去其糟粕。可见，同传统观念彻底决裂的思想与我们继承中华民族优秀传统文化，弘扬伟大民族精神，并不矛盾。马克思、恩格斯也讲过，不同时代的思想文化具有一定的继承性，并不是可以完全割断联系的。因此，我们在一般地面对传统时，不一定要"实行最彻底的决裂"。但是，在继承民族优秀传统的过程中，也要全面地分析对待传统文化，不要一味地认为传统的东西一切都好。在继承传统的过程中，我们要有一定程度的"决裂"思想，与传统中那些体现阶级剥削和压迫的观念彻底决裂。这是社会主义文化的性质所要求的。

5. "两个必然"的语义分析

"两个必然"的思想，在《共产党宣言》之前就已形成。但就其命题的经典表述而言，则是在《共产党宣言》中才明确提出来的。"两个必然"在《共产党宣言》中的提出，可以说是马克思主义最经典的命题找到了自己问世的最经典的形式。《共产党宣言》是马克思主义问世的标志，"两个必然"作为马克思主义核心命题，在这里明确提出无疑是最合适的。而且，宣言是一种特殊的文体，带有向世界宣告的性质，而"两个必然"恰恰是一种历史的宣告。可见，"两个必然"和《共产党宣言》是联系在一起的，没有"两个必然"命题的《共产党宣言》和离开《共产党宣言》的"两个必然"命题，都是难以想象的。

认识和把握"两个必然"的科学命题，既涉及思想内涵，又涉及语言表述。为了更清楚地理解它的思想内涵，我们有必要对其作一些语义分析。

首先，"两个必然"的提法是一种中国式的概括和简称。虽然它所表达的思想和论断来自《共产党宣言》，但就其字面表述和概括来讲，是我们中国人的创造。我们没有看到过国外研究马克思主义的学者，不论是资本主义国家的，还是社会主义国家的，使用过"两个必然"这样的提法。在苏联学者写的众多的研究马克思主义和《共产党宣言》的论著中，似乎也没有见到过类似的提法。大体上可以断定，这是中国人根据自己的语言习惯对《共产党宣言》中的思想和论述的简明概括。我们中国人有一个语言习惯，就是常常把相近的或相并列的东西作一个数量上的概括，使之更为简明易记。这一习惯不仅存在于普通群众和日常生活中，也存在于政治宣传和理论研究中。比如，我们常讲的"四项基本原则""三个代表""八荣八耻"等。"两个必然"的提法也具有类似的性质。至于在中国是谁首先作出了这种简明的概括，还有待于进一步研究。但无论如何，"两个必然"这一提法已为中国人所普遍接受，并为马克思主义的宣传普及作出了贡献。

其次，"两个必然"的表述在《共产党宣言》中的原文实际上是"两个不可避免"。马克思、恩格斯在《共产党宣言》中提出："资产阶级的灭亡和无产阶级的胜利是同样不可避免的。"① "两个必然"就是对这句话的概括和简称。从字面上看，"两个不可避免"和"两个必然"略有不同，而且表述的角度也略有差异。"必然"是从正面讲，"不可避免"是从反面讲。而且，"必然"是一个规范性的哲学概念，"不可避免"则是一个通俗语言。但是，我们不能因此而否定"两个必然"概括的科学性。事实上，"两个必然"的提法是完全符合马克思原意的，既符合马克思的思想，也符合马克思的表述。因为"必然"的东西，也就是不可避免的东西，意思是一样的。

再次，"两个必然"在《共产党宣言》中主要是从阶级和阶级斗争的角度来讲的。"两个必然"的表述有一个角度问题，既可以从阶级的角度，也可以从社会制度的角度，还可以从社会形态的角度来进行表述。从《共产党宣言》来看，马克思讲的是"资产阶级"的灭亡和"无产阶级"的胜利，因而是从资本主义社会中两大阶级斗争的历史进程及其必然趋势或结局的角度来讲的。这与我们今天主要从社会制度或社会形态角度讲"资本主义必然灭亡和社会主义必然胜利"有所不同。这是与当时的历史条件和《共产党宣言》本身的体裁要求相联系的。因为当时正是阶级斗争风起云涌的时候，而且《共产党宣言》本身就是党的文件。但是，我们并不能因此就认为"两个必然"在马克思那里只具有阶级斗争发展趋势的含义。因为马克思讲阶级斗争，并不是孤立地讲，而是把它与社会基本矛盾运动联系起来，把无产阶级与资产阶级的斗争看作是资本主义社会生产方式矛盾运动的表现，看作是实现社会制度和社会形态更替的杠杆。而且在《共产党宣言》的波涛一般跳跃的语言中，

---

① 马克思，恩格斯. 马克思恩格斯选集：第1卷. 3版. 北京：人民出版社，2012：413.

马克思也从社会生产方式的发展,从社会制度或社会形态上来阐述了"两个必然"的思想。总之,"两个必然"的思想是一以贯之的,但根据当时当地的语境可以在表述角度上略有不同。在今天的时代条件下,我们应该主要从社会制度和社会形态的角度来表述这一思想,这并不违背马克思的原意。

最后,"两个必然"实质上是一个"必然",即社会主义代替资本主义的历史必然性。"两个必然"并不是说有两个不同的必然性,而是从两个不同的角度来共同揭示同一个历史必然性。资产阶级的灭亡和无产阶级的胜利是同一个阶级斗争进程的两个方面;资本主义的灭亡和社会主义的胜利,是同一个社会发展进程的两个不同的方面。因而,讲其中一个必然时,实际上也包含了另一个必然。比如马克思、恩格斯为《共产党宣言》写的1882年俄文版序言中说:"《共产主义宣言》的任务,是宣告现代资产阶级所有制必然灭亡。"① 从字面上看,这里只有一个"必然",但另一个必然已隐含其中了。因为马克思主义讲"灭亡",不是指一个纯粹虚无的结局,而是认为其中蕴含着新的开始。比如《共产党宣言》中就讲到"从封建社会的灭亡中产生出来的现代资产阶级社会"②。后来,列宁曾经把"两个必然"归结为一个必然,即社会主义代替资本主义的必然。他在《什么是"人民之友"以及他们如何攻击社会民主党人?》一书中指出:马克思"以对资本主义制度的这种客观分析,证明了资本主义制度变为社会主义制度的必然性",并说"这就是马克思主义者经常援引必然性的由来"③。

当然,这并不是说"两个必然"的提法不科学或没有意义。事实上,从两个方面来讲这同一个必然性,对于深入理解这一历史趋势是有积极意义的。从历史上看,对未来作出必然性预言的情形有两种:一是预言灭亡,比如预言某个城市、国家的必然灭亡;二是预言新生,比如预言必然出现一个新的国度等。这两种预言在很多情况下是分开的,但也可以是结合着的。"两个必然"是把这两个方面结合在一起的:一方面预言了资产阶级、资本主义的必然灭亡;另一方面预言了无产阶级、社会主义、共产主义的必然胜利。这同时也就展现了前者的灭亡与后者

---

① 马克思,恩格斯.马克思恩格斯选集:第1卷.3版.北京:人民出版社,2012:389.
② 同①401.
③ 列宁.列宁选集:第1卷.3版修订版.北京:人民出版社,2012:25.

的胜利之间的联系。这就使历史必然性的论断在内涵上具有更为丰富和充实的内容。

五、《反杜林论》中的思想政治教育论断

恩格斯写于1876—1878年的《反杜林论》，是一部系统阐述马克思主义原理的经典著作，被誉为马克思主义的"百科全书"。其中不仅集中论述了马克思主义哲学、政治经济学和科学社会主义，而且渗透性地包含着多方面的丰富思想，值得我们多学科地加以探讨。《反杜林论》中的有些论述直接涉及思想政治教育的话题，我们略加概括提炼就可以得到一些关于思想政治教育的精辟论断。本部分主要介绍其中的四个论断或命题，并联系当代中国的现实来阐释其理论内涵和现实意义。

（一）没有任何一种力量能够强制每一个健康清醒的人接受某种思想

在《反杜林论》哲学编的第九章"道德和法。永恒真理"中，恩格斯批判了杜林关于存在着永恒不变的道德和法的"永恒真理"论，论述了人的思维的至上性与非至上性的关系，认为人类的思维作为总体是至上的或绝对的，而每一个人的思维则是非至上的即相对的，思维的至上性存在于一系列无限的非至上性的总和中。这是恩格斯的著名论述，也是大家熟知的马克思主义哲学基本观点。但值得注意的是，恩格斯在谈到个人思维的非至上性时，无意中提出了一个关于思想政治教育的灌输和接受问题的重要论断。

针对杜林关于个人思维具有至上性的观点，恩格斯写道："我们能够说这些个人中的每一个人的思维具有至上性，这只是就这样一点而言的，即我们不知道有任何一种力量能够强制处在健康清醒状态的每一个人接受某种思想。但是，至于说到每一个人的思维所达到的认识的至上意义，那么我们大家都知道，它是根本谈不上的"[①]。在这里，恩格斯虽然否认个人的思维能达到绝对真理和终极真理，但也承认个人的思维具有相对的独立性。这是一个长期被忽视的重要观点，不仅具有哲学认

[①] 马克思，恩格斯. 马克思恩格斯文集：第9卷. 北京：人民出版社，2009：91.

识论的意义，而且具有思想政治教育学的意义。

从思想政治教育学上看，这一论断明确了思想政治教育对象的主体性，否定了对教育对象进行强制灌输的做法。仔细加以分析，就会发现恩格斯这一论断包含着十分丰富的内容，对我们今天的思想政治教育具有重要的指导意义。

首先，人作为社会生活的主体，作为认识和实践的主体，其思想意识具有相对独立性，思想政治教育必须尊重这种思想独立性。以前，我们在马克思主义理论教学中，特别是在马克思主义哲学的教学中，对"社会意识的相对独立性"关注较多，而对个体意识的相对独立性关注不够。表现在具体的思想政治教育工作中，就是忽视教育对象的主体性，忽视教育对象的思想独立性和主动性，一厢情愿地进行灌输性教育，结果是可想而知的。恩格斯的这一论断很明确地告诉我们，人都是有理智、有思想的，没有任何力量能够强制每一个人接受某种思想。

其次，人的思想接受具有自身特有的规律，思想政治教育应该研究和尊重教育对象的思想接受规律，并按照规律开展思想政治教育，而不能搞违背规律的强制灌输。反对硬性灌输和强制灌输，是恩格斯一贯的思想。他虽然主张向工人阶级灌输或传播科学社会主义的思想，但他反对硬性灌输。他在1887年1月27日致弗洛伦斯·凯利-威士涅威茨基的信中说："我们的理论是发展着的理论，而不是必须背得烂熟并机械地加以重复的教条。越少从外面把这种理论硬灌输给美国人，而越多由他们通过自己亲身的经验（在德国人的帮助下）去检验它，它就越会深入他们的心坎。"[①] 恩格斯反对生硬的灌输，当然更反对强制灌输。他认为，没有任何力量能使强制灌输奏效。这种强调说服而反对压服的思想，是马克思主义思想政治教育的基本观点。毛泽东在《关于正确处理人民内部矛盾的问题》等讲话中，一再强调思想改造只能靠说服，决不能靠压服，压服的结果总是压而不服。这可以说是对恩格斯的论断的进一步阐述。

最后，在运用思想接受的规律时，要坚持"健康清醒"的原则，坚决反对邪教组织利用人性弱点和心理规律来对人们进行心灵摧残和思想控制。恩格斯心目中的人是正常的人，即"处在健康清醒状态的人"。

---

① 马克思,恩格斯.马克思恩格斯文集：第10卷.北京：人民出版社,2009：562.

这样的人的思想接受规律是正常人的规律，应该去研究和运用的正是这样的人的接受规律。但是，人们并不总是处在"健康清醒的状态"，那又怎么办呢？这里是一个十字路口，对此采取的不同态度可以划分出两种截然对立的"思想教育"。一是正当的思想政治教育，特别是无产阶级和社会主义的思想政治教育，它以正常的人为出发点，尽量选择人们处在"健康清醒状态"的时候对其进行思想教育，避开教育对象的不清醒状态。不仅要尽量避开其不健康不清醒的状态，而且要尽最大的努力，促进教育对象的身心健康和发展，使他们身体更加强壮，智力得到提高，并在这个过程中提高对他们进行教育的实效性。这一点体现了社会主义思想政治教育的正义性。二是非正当的"洗脑"或思想控制。以某些推销活动和邪教组织的思想灌输为代表。他们的做法相反，是尽力避开人们的健康和清醒状态，专门找人们不够健康特别是不够清醒的时候下手，以实现其忽悠人、给人洗脑的目的。他们的可怕之处，并不在于不尊重规律和不按规律办事，而在于太懂得这些规律并将其运用于不正当的目的。正像正常人的思想接受有其规律一样，不正常的人的思想接受也有其规律。正义的思想政治教育着重研究前者，而非正义的思想政治教育则着重研究后者。他们专门探索人性中的弱点，寻找利用人性弱点的规律性，在很大程度上达到了强制灌输和给人洗脑的目的。这是当代世界上重大而惊人的事实，也应该是思想政治教育学研究的重大问题。邪教组织不仅避开人们的健康清醒状态，利用人们不健康、不清醒的状态，而且还运用一切手段，包括一些非法手段，将健康的人变为病态甚至变态的人，将人的精神由清醒状态变为模糊状态。这是一种侵犯人们身心健康的非法行为。为了保护人民群众的身心健康，我们必须对其保持警觉。

（二）平等观念在现代社会主义运动中仍具有巨大的鼓动价值

在哲学编的第十章"道德和法。平等"中，恩格斯批判了杜林抽象的平等观念和他把平等作为永恒真理的做法，论述了平等观念是历史的产物，肯定了平等观念在资产阶级革命中的积极意义，同时也肯定了平等观念在现代社会主义运动中仍然具有巨大的鼓动价值。

恩格斯写道："虽然我们关于杜林先生对平等观念的浅薄而拙劣的论述已经谈完，但是我们对平等观念本身的论述没有因此结束，这一观念特别是通过卢梭起了一种理论的作用,在大革命中和大革命之后起了一种实际的政治的作用,而今天在差不多所有国家的社会主义运动中仍然起着巨大的鼓动作用。这一观念的科学内容的确立,也将确定它对无产阶级鼓动的价值。"①

这一论述具有丰富的内容。它说明"平等"观念并不是资产阶级的专利,这一观念不仅在资产阶级革命前后具有鼓动价值,而且在无产阶级的社会主义运动中也仍然具有鼓动价值。恩格斯论述了平等观念的历史发展,包括古代社会中的平等观念、资产阶级的平等观念以及无产阶级的平等观念。这说明,"平等"并不只是资产阶级的口号,它同样也可以成为无产阶级的口号。无产阶级既继承了资产阶级的平等观念,又进一步发展了这种观念,并赋予其特定的科学内容。恩格斯认为,要确立平等观念对于"无产阶级鼓动的价值",就需要赋予并确立平等观念的"科学内容",把它奠定在历史唯物主义和科学社会主义的基础上。他认为,无产阶级平等观念有两个来源,一是来自对现实社会中的不平等现象的本能反应,二是来自对资产阶级平等观念的继承。关于后者,他指出,"它是从对资产阶级平等要求的反应中产生的,它从这种平等要求中吸取了或多或少正当的、可以进一步发展的要求,成了用资本家本身的主张发动工人起来反对资本家的鼓动手段"②。"无产阶级抓住了资产阶级所说的话,指出:平等应当不仅仅是表面的,不仅仅在国家的领域中实行,它还应当是实际的,还应当在社会的、经济的领域中实行。"③ 无产阶级不仅把平等从政治要求变成社会经济要求,而且进一步明确了真正的平等是消灭阶级。这样,就从实际内容上确立和确认了平等观念对于无产阶级的鼓动事业即思想政治教育事业的价值。

恩格斯的论述对我们今天培育和践行社会主义核心价值观具有重要的启示。以前,我们往往认为诸如"自由""平等"等观念只是资产阶级的口号,认为这些口号对无产阶级和社会主义没有价值,或者只具有反面的价值。恩格斯关于平等观念对无产阶级鼓动事业的价值的论述,清楚地告诉我们:像"自由""平等"之类的价值观念并不是资产阶级

---

① 马克思,恩格斯.马克思恩格斯文集:第9卷.北京:人民出版社,2009:108.
② 同①112-113.
③ 同①112.

的专利，它们在社会主义运动中也具有正面的价值。我们今天正在培育社会主义核心价值观，而党的十八大报告已经在实际上把"民主""自由""平等""法治""公正"等这些通常被看作是来自西方社会的价值理念，包含在社会主义核心价值观之中。这是完全必要的，也是正确的。恩格斯的论述就提供了理论上的依据。当然，正如恩格斯所指出的，我们为了确立这些价值理念在社会主义核心价值观中的地位和意义，还需要确立它们的科学内容，即用马克思主义来阐释和确立这些价值理念的科学含义，并结合中国特色社会主义的实际作出科学的阐释。

（三）每一次革命的胜利都带来道德上和精神上的巨大跃进

在政治经济学编的第四章"暴力论（续完）"中，恩格斯批判了杜林抽象地看待暴力，仅仅把它看作"绝对的坏事"的观念，论述了暴力在社会革命中的积极意义。他指出，暴力在历史上还起着革命的作用，它是社会运动借以为自己开辟道路并摧毁僵化垂死的政治形式的工具，用马克思的话说，它是每一个孕育着新社会的旧社会的"助产婆"。恩格斯还针对杜林认为暴力的任何应用都会使暴力使用者道德堕落的观点指出："他说这话竟不顾每一次革命的胜利带来的道德上和精神上的巨大跃进！"[1] 这就明确提出了革命的精神价值问题。

革命具有推翻旧制度，实现社会变革的作用。同时，革命还具有精神的价值，这一点我们过去注意得很不够。其实，革命作为一种急剧而巨大的社会变动，不能不产生多方面的社会影响。虽然就其直接目的和作用而言，是推翻旧政权和结束旧制度，但革命的作用却不限于此。其中很重要的一个方面是精神影响，即对社会的道德面貌和人们精神状态的影响。对此，处于不同立场的人对革命的精神影响的看法是不同的，甚至截然相反。杜林也谈到暴力革命对道德的影响，但他认为暴力革命会使革命者道德堕落。因为暴力，不论什么暴力，都是绝对的坏事。与此相反，马克思、恩格斯则从正面看待暴力革命的精神影响，高度评价暴力革命的精神价值。

马克思、恩格斯是革命家，不仅积极参加革命斗争，而且对社会革命的意义有深刻的认识。他们重视和赞扬革命的精神价值，认为革命风

---

[1] 马克思，恩格斯．马克思恩格斯文集：第9卷．北京：人民出版社，2009：192．

暴能够扫除庸人习气，提振人的精神，使社会再现生机。马克思1858年2月22日致拉萨尔的信中谈到了自己经济学著作的最终写作和出版，他写道："我预感到，在我进行了十五年研究工作以后的今天，当我能够动笔的时候，也许会受到外部暴风雨般的运动的妨碍。……最近的将来将是一个风暴的时代。假如我只是从自己的个人爱好出发，我也许会希望这种表面上的宁静再继续几年。无论如何，这是从事科学工作的最好的时候，而且，经过了最近十年来的经验，对群众和对个别人物的轻视在每一个能思维的人的身上显然已经大为增长，以致'小民可憎，须加防范'几乎是一种不得不抱有的处世哲学了。不过这一切都只是庸人的情绪，在第一个风暴来临时就会被一扫而光。"① 同样，恩格斯在《反杜林论》中谈到德国革命时也写道："在那里，人民可能被迫进行的暴力冲突至少有一个好处，即扫除三十年战争的屈辱在民族意识中造成的奴才气。"而且他还尖锐地指出了杜林宣扬革命会造成道德堕落，是欲把这种枯燥干瘪、软弱无力的传教士思想"强加给历史上最革命的政党！"②

中国革命的胜利对恩格斯的论断做了完美的证明。中国共产党领导中国人民经过几十年艰苦奋斗，最终取得了革命的辉煌胜利，建立了新中国。这给中国社会和中华民族带来了精神和道德上的巨大跃进。新中国的成立，结束了旧中国一盘散沙的局面，荡涤了旧中国的污泥浊水，一扫旧社会萎靡破败的风气，出现了几千年历史上从来没有过的健康纯洁、积极向上的社会风气，展现了新中国人民政府和人民群众纯洁高尚的道德风貌。这种开国新气象，是永远值得珍藏和纪念的。这些都是革命胜利的精神遗产。当然，并不是所有的革命都胜利了，事实上是多数革命都失败了。那么，失败了的革命会有怎样的精神影响？是否也有其正面的精神价值呢？答案应该是肯定的。因为问题主要不在于胜利和失败，而在于革命本身。革命作为受压迫者在忍无可忍的情况下奋起抗争、以死相拼以求社会变革的剧烈运动，是对腐朽旧事物的反抗和摧毁，是社会矛盾的急剧解决，是社会进步的表现。在革命斗争中，革命者抛头颅、洒热血，展现出人性极致的光辉。生与死的搏击，血与火的

---

① 马克思，恩格斯．马克思恩格斯全集：第29卷．北京：人民出版社，1972：531-532．

② 马克思，恩格斯．马克思恩格斯文集：第9卷．北京：人民出版社，2009：192．

考验，会把人们平常日子中充满的庸俗打算和庸人情绪一扫而光。但是，我们不能一味地赞颂暴力。正像对暴力不能一概否定一样，也不能全盘肯定，而要做具体分析。暴力是历史的产物，在历史发展的一定阶段上是不可避免的。我们所探讨的就是这种不可避免的暴力，特别是革命暴力。从宏观角度看，革命是推动社会进步的力量，暴力在这个过程中发挥了积极的作用。同时，我们也要从微观的角度看问题。从具体革命的进程中来观察，我们会发现暴力也有其破坏性和残忍的一面，如果超出一定范围而滥用暴力，也会给社会带来消极后果。马克思主义之所以主张暴力革命，并不是因为暴力很美好，而是因为在反革命镇压下只能用革命暴力来对抗。而在和平手段能起作用时，当然首先要考虑和平的可能。随着历史的发展和社会的进步，暴力会越来越少，最终会退出历史舞台。在更高的社会发展阶段上，社会革命将不再采取暴力的形式，这当然是最好的事情。马克思主义所追求的共产主义理想，也正是一种消灭阶级斗争，消灭战争和暴力，实现真正社会和谐的追求。

（四）现代社会主义必胜的信心来源于社会发展中可感触的物质事实

在政治经济学编第一章"对象和方法"中，恩格斯论述了无产阶级政治经济学的研究对象和研究方法，特别是论述了研究方法的唯物主义基础。正是在这里，恩格斯阐述了现代社会主义必胜信心的来源问题，指出："现代社会主义必获胜利的信心，正是基于这个以或多或少清晰的形象和不可抗拒的必然性印入被剥削的无产者的头脑中的、可以感触到的物质事实，而不是基于某一个蛰居书斋的学者的关于正义和非正义的观念。"[①]

恩格斯的这一论断是关于社会主义信念的重要阐述，因为对未来的必胜信心是社会主义信念的重要内容。马克思主义超越了以往仁人志士对实现未来理想社会的道义论证，用历史唯物主义的方法从历史规律上科学论证了社会主义胜利的必然性，这是科学社会主义的科学性之所在。恩格斯不赞同从道义上去论证共产主义实现的必然性，因为道义是主观的东西，它并不能导出客观的必然性。尽管道义的理由也可以增强人的愿望和必胜信心，但是这种仅仅从主观的道义信念中去寻找必胜信

---

① 马克思，恩格斯．马克思恩格斯文集：第9卷．北京：人民出版社，2009：165．

心的做法，效果毕竟是有限的，因为它并不能对事实上的必然胜利提供证明。

恩格斯追溯了西欧中世纪以来不断出现的要求消灭阶级差别以实现社会正义的呼声，认为尽管有些中世纪神秘主义者已经意识到阶级对立的非正义性，尽管德国宗教改革运动中托马斯·闵采尔已经向世界宣布过这一要求，尽管在法国和英国的资产阶级革命中也一度出现这样的呼声，但总的来说，消灭阶级和阶级差别的呼声在1830年以前遭到了受苦劳动阶级的冷遇，而此后却得到千百万人的共鸣。"这是因为：现代资本主义生产方式所造成的生产力和由它创立的财富分配制度，已经和这种生产方式本身发生激烈的矛盾，而且矛盾达到了这种程度，以至于如果要避免整个现代社会毁灭，就必须使生产方式和分配方式发生一个会消除一切阶级差别的变革。"① 这说明，真正的信心来自社会发展的客观事实，来自资本主义社会客观存在的基本矛盾及其发展趋势。

恩格斯强调了共产主义必胜信心的客观基础，认为现代社会主义者应自觉地把自己的信念和信心建立在社会发展客观规律的基础上。这是完全正确的，至今仍然具有根本性的指导意义。但是，在坚持这一点不动摇的基础上，是否也可以同时发挥道义对增强人们社会主义必胜信心的作用呢？回答是肯定的。恩格斯反对的是仅仅从道义上获取社会主义必胜的信心，而不是反对将道义作为必胜信心的来源之一。他写道："如果我们确信现代劳动产品分配方式以及它造成的赤贫和豪富、饥饿和穷奢极欲尖锐对立的状况一定会发生变革，只是基于一种意识，即认为这种分配方式是非正义的，而正义总有一天一定要胜利，那就糟了，我们就得长久等待下去。"② 确实，如果脱离社会发展的实际进程，只是从道义信念上看待社会主义的必然到来，就会使社会主义信念失去历史感和现实感，而成为一种可以无限向后推迟的抽象期待。

但是，对于在坚持从历史发展规律去对社会主义必然性做科学论证的基础上，为进一步增强必胜信心而从道义方面去吸取灵感和力量的做法，恩格斯并不反对也没有理由反对。传统是一种巨大力量，利用历史上的社会主义传统来增添现代社会主义运动的力量当然是必要的。道义也是一种巨大力量，利用道义和正义的观念来为现代社会主义增添力

---

① 马克思，恩格斯. 马克思恩格斯文集：第9卷. 北京：人民出版社，2009：165.
② 同①164.

量，也是必要的。在当代中国，如何坚定人们对社会主义必然胜利和共产主义必然实现的信念和信心，是事关社会主义理想信念的重大问题。以前我们仅仅从客观规律及其必然性上去做理想信念教育的工作，尽管从理论上说是完全正确的，但忽视了人的道义和正义感的方面，忽略了人的价值观和价值理念对信念和信心的积极作用，是不够全面的，而且效果并不理想。现在，整个社会都意识到了价值观念对于社会发展和人的行为的重要性，党中央提出了建设社会主义核心价值体系和培育社会主义核心价值观的任务，在这样的情况下，从现实需要和条件出发，从历史发展规律和正义必胜信念两个源泉汲取力量，共同增强我们推进中国特色社会主义事业和最终实现共产主义的必胜信心，无疑是很必要的。

另外，恩格斯的论述中还包含着一层意思：用历史规律来增强人们的社会主义信心时，不要仅仅从书本上和逻辑上去讲历史规律及其必然性，而是要寻找现实生活中那些能够体现历史规律性的物质事实，并发挥这种事实的教育作用。历史规律虽然是客观的，但它不是直观地呈现在人们面前的，而是需要人们从理智上去思考和把握的。因此，从历史规律上去进行社会主义信念教育时，往往容易流于理论化，把客观规律变为理论认识。恩格斯在这里的论述也是从历史规律性上讲的，但他是从历史规律的现实表现和物质事实入手的，是用人们可感的物质事实来体现客观规律的。这是非常深刻的思想。恩格斯认为，这种物质的事实是人们可"感触"到的，它具有或多或少的形象性，易于为人们所注意和把握；而且这些物质的事实是顽强的、坚硬的、尖锐的，它能够把"不可抗拒的必然性印入被剥削的无产者的头脑"。这就启示我们：在进行中国特色社会主义必胜信心的教育时，不仅要从理论上去讲授历史的规律，而且要用现实的事实去展现历史规律。注意用事实说话，用人民群众都能感触到的物质事实去加深他们对历史规律的理解，增强他们的社会主义信念和信心。

第二篇　思想政治教育的基本理论阐释

　　思想政治教育的基本理论研究是一项具有重要理论价值和实践意义的深刻课题。要构建中国特色思想政治教育体系，必须以扎实深刻的基础理论研究为根基。思想政治教育的基本理论以马克思主义为重要理论根基，以阐释好马克思主义中国化时代化最新成果为时代任务，深刻解读了马克思主义在当今社会的持续生命力和指导意义。从学理意义上看，思想政治教育的基本理论是一项对国家、社会和个体具有巨大影响的复杂系统，其理论体系的深度和广度关系到思想政治教育在当代教育领域的独特地位。

一、思想教育与思想自由的关系

　　有些西方人士把我们的思想教育看作一种思想控制，认为是一种思想不自由的表现，甚至是什么思想上的"专制主义"。与此同时，他们也总是标榜在他们的"自由国度"里没有这类的思想教育。这就向我们提出了一个十分尖锐的问题：我们的思想教育是不是剥夺了人们的思想自由权利？或者说，我们对人们进行这样的教育有没有合法性，它有没有可靠的依据？

它不是针对我们的思想教育的某些方面提出问题，而是就我们全部工作的基础和依据提出问题。这对于党的思想政治教育来说，是一个致命的问题，直接关系到我们进行思想政治工作的权利和意义。

（一）马克思主义追求并尊重人的思想自由

平时，我们总是讲思想政治教育如何重要，并用一些论断性的话作为证据。似乎做思想政治教育工作是天经地义的，这项工作不存在依据方面的问题。事实上，虽然我们在这方面的许多论断都很重要，也可以在某种意义上为此提供理论上的依据，但它并没有直接回答思想政治教育是否违背了思想自由的原则，并没有在与思想自由的关系上阐述它的合理性。比如，我们讲思想政治教育重要性时往往说，它是我们党的优良传统和社会主义国家的政治优势，它是经济工作和其他工作的生命线，是团结全党和全国各族人民实现党和国家各项任务的中心环节，是党的宣传思想工作的重中之重等。这些论断可以看作对思想政治教育依据的阐述。但这里面确实没有从它与人的思想自由角度来阐述问题，因此应该探讨一下思想教育与思想自由的关系，说明思想教育并不是对人们思想自由的剥夺，而是以人们的自由思想为前提的，是在思想自由的基础上对人们进行正确的引导。

思想自由，包括信仰自由、言论自由和科学研究的自由，是资产阶级在反封建斗争中取得的文明成果，也可以说是现代社会人类文明的重要方面。对于资产阶级取得的积极成果，共产党人是承认并加以批判继承的。在井冈山时，毛泽东就努力废止军队中的肉刑，提倡军事民主。在国民党反动派的专制统治下，中国共产党人一直努力争取思想信仰的自由。毛泽东在《国民党的十点要求》中提出："信仰为人人之自由，而思想乃绝非武力所能压制者。"[①] 从更广泛意义上讲，共产党是革命党，它领导人民从帝国主义、封建主义和官僚资本主义的压迫下争取民族和人民的解放，而所谓解放，从一定意义上讲就是获得自由。新中国成立以后，毛泽东在讲到比较理想的政治局面时说，"我们的目标，是想造成一个又有集中又有民主，又有纪律又有自由，又有统一意志、又

---

① 毛泽东．毛泽东选集：第2卷．2版．北京：人民出版社，1991：723．

有个人心情舒畅、生动活泼，那样一种政治局面"①。当然，毛泽东也写过《反对自由主义》，但那并不是反对自由，也不是反对思想自由。事实上，毛泽东所反对的是革命队伍中的小资产阶级自由散漫性，而不是全面清算资产阶级自由主义的遗产。半殖民地半封建社会的旧中国，产业资本家是很少的，他们并不能像西方资产阶级那样提出系统的自由主义理论主张，资产阶级自由主义理论对无产阶级政党及其革命军队来说影响并不大。其实，在革命队伍中大量存在并起着涣散组织消极作用的是小资产阶级的自由主义。毛泽东写道："革命的集体组织中的自由主义是十分有害的。它是一种腐蚀剂，使团结涣散，关系松懈，工作消极，意见分歧……自由主义的来源，在于小资产阶级的自私自利性，以个人利益放在第一位，革命利益放在第二位，因此产生思想上、政治上、组织上的自由主义。"②他还列举了自由主义的11种表现，比如因为是熟人，就不同他们作原则上的争论，以求得一团和气；或不负责任地提出批评，当面不说，会后乱说；只要组织照顾，不要组织纪律；人身攻击；不做宣传群众的工作，办事不认真，无计划；等等。从这些可以看出，毛泽东所讲的自由主义有明确的含义，是小资产阶级的东西，而不是资产阶级的思想体系。当然，作为资产阶级思想体系的自由主义从本质上讲也是错误的，是脱离社会讲抽象的自由，而且也与个人自私自利的立场相关，从这个意义上讲与小资产阶级的自由主义有相近之处，但资产阶级自由主义与小资产阶级自由主义毕竟有许多不同，不能混为一谈。在资产阶级的自由主义遗产中，也曾引出具有正面和积极意义的思想，比如尊重个人的自由，特别是思想自由，承认个人的利益等。因此，如果说小资产阶级的自由主义没有什么积极因素的话，那么在资产阶级自由主义中却包含着一定的合理因素。中国共产党人在从根本上反对资产阶级的自由主义和个人主义的同时，也在一定程度上批判地继承了其中的合理因素和积极因素。

中国共产党领导人民群众，从反动的专制统治下争取人民群众的思想言论自由。在自己领导下的根据地，对人民实行思想和言论的自由。新中国成立后，我们的宪法中也有相应的明确规定。总之，我们党和国

---

① 中共中央文献研究室. 毛泽东著作专题摘编：上册. 北京：中央文献出版社，2003：1050.

② 毛泽东. 毛泽东选集：第2卷. 2版. 北京：人民出版社，1991：360.

家是承认并尊重人们的思想和言论自由的,我们所从事的思想政治教育,是在遵循宪法的前提下进行的,是以尊重人们的思想自由为前提的。从根本性质上讲,社会主义社会应该是更为自由的社会,体现着人类文明发展的更高阶段。从一般意义上讲,社会发展阶段越高,社会成员所拥有的自由就越多,而且社会成员的自由思想和行为就越加符合社会发展本身的规律和要求。马克思主义把人的自由而全面的发展作为自己追求的价值目标,在这里自由发展与全面发展是一体而不可分割的。没有自由发展就谈不到全面发展,而且没有自由的"全面发展"本身就是一种悲剧。

当然,我们对"自由"有着更为深刻的认识。从哲学上讲,没有绝对的自由,事实也确是如此。任何自由,都必然会遇到自己的界限。构成对自由根本性的不可避免的限制的,并不是人为设置的障碍,而是客观规律所带来的必然限制。正是在这样的意义上,自由与必然才会形成一对矛盾。在这对矛盾中,我们认识到规律性和必然性并不是对自由的限制,而是自由实现的必要条件。当我们没有认识规律或不能自觉遵循规律的时候,我们就会受到规律的限制和惩罚,因而感到不自由。当我们认识到了规律并能比较自觉地遵循规律办事的时候,我们就获得了更多的自由,或者说能运用客观规律为实现我们的自由服务了。我们从哲学高度讲自由,从客观规律与自由的关系上讲自由,并不是用高深的理论来为我们处境的不自由做辩护。在实际生活中,人们感到的许多不够自由的情况可能有不同的原因,一方面可能是客观规律性所要求的一种限制,另一方面也可能存在着一些人为设置而并不必要的障碍。我们不应把现实生活中对人们的限制都归结于客观规律,而应承认有些是当前条件下的需要,有的则可能在当前也是不必要的。为了实现更充分的自由,我们的任务并不只是去认识客观规律,而是要做许多包括取消一些人为限制在内的工作。

(二)思想教育着力于思想自由基础上的引导

一方面应尊重人们的思想自由,另一方面又要进行思想教育,这是否矛盾?应该说两者并不存在根本的矛盾。因为我们所进行的思想教育是一种思想引导,而不是思想控制或思想专制。思想引导与思想控制有着根本上不同的性质。思想引导是建立在思想自由的基础上的,如果没有思想上的民主和自由，人们没有自由思想的权利，那就谈不上思想引导。而思想控制则处于思想自由的对立面，它从根本上是要取消思想自由的，是要取消人自主思考的能力的。思想控制的原则就是力图对人的自由实行完全的控制，这是一种非常危险的努力。在封建社会，封建意识形态占据强势的统治地位，社会处于思想僵化状态，人们缺少思想的自由，自由思想家往往受到社会体制的压制。资产阶级打着追求自由的旗号登上社会舞台，建立起所谓的"自由社会"。这里面不乏虚伪的方面，但我们也承认资产阶级确实在这方面作出了积极的贡献，向前推进了人类的文明。无产阶级从不否认资产阶级在这方面作出的贡献，并把尊重人的自由思想作为自己继续前进的起点。当然，资产阶级在实现社会统治的过程中，也并非像一些表面现象所表现的那样，完全放弃了对思想的领导和控制。但值得注意的是，资产阶级实现了思想领导方面的一个重大转变，就是基本上放弃了对思想的直接控制和行政干预，而是通过间接的思想引导来实现思想领导。这其实是一种更为成熟的统治策略。比如西方的媒体，看起来自由，但贯穿着明确的思想导向，而人们对此并不持反感的态度。这正是资产阶级意识形态策略的狡猾之处。

我们的思想政治教育也是一种意识形态工作，在策略方面要在思想引导上下功夫，在加强和改进思想引导的过程中，实现自己的思想领导。当然，我们把思想教育定位为思想引导而不是思想控制，还不只是从意识形态策略上讲的，也是从意识形态的本质上讲的。我们党和社会主义国家的性质决定了我们对人民群众的思想教育并不是一种思想控制，而是一种思想引导。思想控制往往有另外的目的，是为了达到其特殊目的而采取的方法。中国共产党是无产阶级的党，是向着人民开放的党，它除了人民的根本利益并不存在自己特殊的利益。它不是为了实现自己的目的或利益而对人民实行思想控制。虽然它的使命要求它有严格的组织和统一的思想，但它不是少数密谋者的组织，不是封闭团体。社会主义国家是人民当家作主的国家，人民当家作主当然包括在思想上自己做主。社会主义意识形态是人民的意识形态，是人民利益和愿望的体现。社会主义的思想教育是人民群众的自我教育，是人民群众所需要的教育。

可以说，党对人民群众的思想教育，它的根本的合法性在于党的人民性和先进性。一方面，共产党来自人民，代表着人民的根本利益，它除了人民的根本利益并无自己特殊的利益，因而它对人民群众的思想教育是人民群众的自我教育，是一家人内部的自我教育；另一方面，共产党作为工人阶级和人民的先锋队，代表着先进生产力发展要求和先进文化的前进方向，它在人民当中最有进行教育的资格和能力。其中第一个方面是最根本的，它解决了思想教育的利益问题。党对人民进行教育，不是为了自己的利益，而是为了人民的利益。这种价值取向不是一套说辞，不是伪善，而是真诚、真实的。

以上谈的是党对人民进行思想教育的合法性问题，此外还有一个国家对公民进行思想教育的合法性问题。一个一般性的问题是：不论什么国家，是否有合法的权力对自己的国民或公民进行思想教育？共产党执政的社会主义国家，对人民进行思想政治教育的合法性在什么地方？根据马克思主义观点，国家具有阶级性本质，它实质上是阶级统治的暴力机关。简单理解，既然是"暴力"机关，那么它就应该而且只能用"暴力"的方式和手段来治理国家，也就是说不必用非暴力的方式如思想教育的方式来治理国家，因而统治阶级的国家不必对国民进行教育，只靠法律解决问题就行了。中国历史上的法家就持这样的观点，认为治理国家，维护统治，只需使用严刑峻法就行了。事实证明，治理国家不能仅靠法制，还要靠思想道德的教育，要靠意识形态的力量。中国儒家文化早就认识到这一点，中外历史也都证明了这一点。一个国家不能没有意识形态，不能不发挥意识形态的作用，但要做到这一点就离不开宣传教育。由于意识形态是一种群体意识，如果没有宣传和教育，意识形态就无法形成并发挥自己的作用，历史上所有的统治阶级都比较注重对国民进行思想道德的宣传和教育，而且把这种宣传教育纳入国家的法律体系中，作出法律的规定，因为毕竟法律也是统治阶级意志的体现。

以上这种合法性还只是从统治者本身的需要出发来论证的，它可以证明对国民进行宣传教育和意识形态灌输具有国家治理的合理性或合法性，证明治理国家不能没有意识形态宣传，而且历来的统治者也都是这样做的。但是，为什么只从统治者的角度来讲这种必要性，为什么不从公民的角度、从人民群众的角度来讲这种宣传教育的必要性呢？难道人民群众自身需要接受教育吗？难道人民群众就没有权利拒绝接受那种违背自己根本利益和意愿的宣传说教吗？如果说历史上人民群众没有说"不"的权利，那么随着社会的进步特别是政治文明的发展，这个问题就应该从人民群众的角度来加以审视。人民群众具有两个方面的权利：一是接受教育的权利，包括接受思想教育的权利；二是拒绝教育的权利，主要是拒绝某些方面的宣传教育的权利。在社会主义国家，人民群众实现自我教育，这是一种获得的权利。毛泽东在《论人民民主专政》中讲过："人民的国家是保护人民的。有了人民的国家，人民才有可能在全国范围内和全体规模上，用民主的方法，教育自己和改造自己，使自己脱离内外反动派的影响（这个影响现在还是很大的，并将在长时期内存在着，不能很快地消灭），改造自己从旧社会得来的坏习惯和坏思想，不使自己走入反动派指引的错误路上去，并继续前进，向着社会主义社会和共产主义社会前进。"[1] 关于反动阶级和反动分子，人民的国家"也对他们做宣传教育工作，并且做得很用心，很充分……但这是我们对于原来是敌对阶级的人们所强迫地施行的，和我们对于革命人民内部的自我教育工作，不能相提并论"[2]。

（三）不能用抽象的思想自由来否定思想教育的合法性

现代西方有人对国家对公民进行思想教育的权力和合法性提出质疑，认为国家有权力制定和实施法律，并用法律来治理国家，但没有权力干预人的生活，包括人的思想活动。他们认为以国家的身份和权力来对公民进行思想教育，是违法的行径。我们认为，提出这种问题是有意义的。因为单个的公民在国家面前是弱者，他们往往难以保护自己所应享有的权利，包括思想自由方面的权利。因而对国家所采取的行为，人们有权利质疑和审视。从历史上看，国家的权力往往有膨胀的趋向，比如我国封建社会漫长，人民在封建专制统治面前没有多少自由。因此，限制国家对公民个人生活的干预，对于维护公民权利是有意义的。但是，国家是否有对公民进行思想教育的权力或义务，笔者觉得是另一个问题，不能简单地把国家对公民的思想教育等同于思想干预或思想控制。

我们的看法是国家当然没有干预公民思想自由的权力，但国家却有对公民进行思想引导的责任。这里关键是要搞清这两者的界限，因为在实际生活中，两者的界限确实不那么容易划清。国家在运用自己的力量进行思想引导时，有可能越过适当的界限，而对人们的思想形成干预。

---

[1] 毛泽东. 毛泽东选集：第4卷.2版. 北京：人民出版社，1991：1476.
[2] 同[1]1477.

同样，国家为了避免干预公民思想自由的嫌疑，也有可能放弃思想引导的责任。这两种情况都是有可能发生的。

在西方国家，人们的自我意识和人权意识比较强，思想家们的取向也多在防止国家对人们生活的过多干预，而且西方国家没有像中国共产党这样在思想理论上起核心作用的政党，在这样的情况下，国家大多在人们的思想道德方面采取放任的态度。西方国家在搞政治意识形态方面花了很大本钱，但在对人们进行正确的思想引导方面则没尽到自己的责任。这带来了相应的消极后果。在西方国家，似乎社会就是一种自然状态，没有人为这种状态负责，也不必指望这种状态给自己指出正确的人生之路。所以，人们主要是从宗教中、从一些民间组织中，寻找生活的指导。西方国家传统宗教的影响很大，而且不断出现一些新的宗教或准宗教团体，它们向人们提供价值观上的指导。而且，人们也自发地从各种大众媒体中吸取一些思想的营养。所有这些思想信息的来源和渠道，它们所能提供的东西是很不相同的，有些甚至是危险的。比如邪教组织，它们打着信仰的旗号，向人们提供和灌输一套特定的价值观和行为准则，把人们引向邪路。

中国从古代起就注重道德和政治教化。新中国成立后，我们党也一直重视宣传和组织群众，对他们进行思想政治教育，这使我们始终认为党和国家负有教育和引导群众的责任。党和国家从来没有怀疑自己是否有这样的责任，人民群众也没有怀疑党和国家是否有这种权力。简言之，这是一种共识。有人认为，在发展社会主义市场经济和民主政治的过程中，这种教育过时了，成为历史了。笔者不同意这样的看法。笔者认为，不能因为这样的体制和传统与西方有很大不同，就否定它的价值。我们的传统当然可以反思，正像对西方的传统也可以反思一样。在这种反思中，我们可以客观地把中西两种不同的体制和传统进行对比研究，比较它们的功用。通过这样的比较，我们就可以认识到，像我们国家这样以执政党和国家的身份公开地对人们进行思想教育和引导，从根本上说是正当的，是社会有机性的表现，为人类社会及其治理提供了一个新的方向。

历史事实证明了这一点。新中国成立后，经过社会主义改造，我们建立起社会主义制度，成为一个社会主义国家。党和国家领导着社会主义建设事业，也引导着人们的思想潮流。于是，旧中国一盘散沙的局面结束了，国家和人民空前地团结起来，迈开大步向着现代化前进。在这个新的国家，中国人找到了归属感，呈现出前所未有的喜悦的面貌。党和政府对社会对人民进行思想上的引导，是我们社会同一性的重要纽带。我们的社会是一个整体，有一个共同的奋斗目标，有一个领导人民去追求和实现这个目标的政治核心，有一种主导的价值观，这难道不是我们这个社会的幸运吗？看一看世界上那些陷入种族矛盾、教派冲突和思想混乱的国家的情况，我们就能深深地体会到这一点。

当然，进行思想政治教育，如果不能摆正思想政治教育的恰当位置，在教育内容上安排不当，在教育方式上选择不当，就会给社会带来消极影响。我国在20世纪50年代后期，特别是"文化大革命"时期，由于思想上出现了"左"的偏向，搞了许多政治运动，使人们的思想自由受到限制，使人们感觉到思想压抑和痛苦，对思想政治教育产生反感或厌恶。这当然是一种特定时期的特定现象，但也提出一个值得重视的问题，即思想政治教育要建立在尊重人们的生活方式选择和思想自由的基础上，引导他们在多样化的价值观念环境中进行正确的选择。

在多样化的社会环境中，尊重人们的思想和行为的选择，并不意味着取消思想政治教育。改革开放以后，我们在指导思想上实行拨乱反正，社会主义民主政治不断发展，社会的自由空间更大了，思想观念的多样化成为社会生活的常态，人们在思想方面有更多自由选择的余地。人们在多样化的价值观念中进行选择的难度增大，越来越需要有人对他们进行必要的引导。这样，人们思想进步的追求，思想选择的需要，为新的历史条件下的思想政治教育提供了新的支点和生长点。

以上所谈的思想政治教育，主要是对群众的思想教育。面向党员的教育和面向全体人民的教育是不同的。这种不同可能有许多方面，我们这里主要讲在思想自由这个方面的不同。这里涉及信仰自由的问题。对于不同的教育对象，思想自由有不同的含义。对普通群众来说，他们有信仰的自由，我们并不要求他们一定要信仰马克思主义，也并不一定要求他们必须达到某种道德标准。毛泽东在《关于正确处理人民内部矛盾的问题》中明确提出："我们不能用行政命令去消灭宗教，不能强制人们不信教。不能强制人们放弃唯心主义，也不能强制人们相信马克思主义。"① 但对共产党员来说，则不能如此，如果一个人不相信马克思主义，达不到一定的道德要求，他就不能成为一个共产党员。因此，党内的教育应有更严格的要求。当然党员也有一定的自由，但这种自由不是信仰自由，而是党内民主生活所规定和所要求的自由。这种自由是建立在共同信仰基础上的，是在共同遵守党的纪律的前提下，为党章所规定了的自由。在谈论思想教育与思想自由关系的时候，这一点是需要特别说明的。

二、思想政治教育的个人价值

"思想政治教育的价值"是近年来思想政治教育研究中提出的新问题。从价值论的角度考察思想政治教育的地位和作用，是理论研究走向深入的表现。但是，人们对思想政治教育价值的认识目前更多地局限于社会价值方面，只是从党、国家和社会的角度来谈思想政治教育的价值，而较少谈到它的个人价值，即对于受教育者个人的成长和发展，对个人利益的实现，对人生实践所具有的直接或间接的意义。这是造成许多人对思想政治教育不感兴趣的原因之一。提出并阐述思想政治教育的个人价值及其与社会价值的关系，是关系到人们对思想政治教育的地位和作用的全面理解，关系到思想政治教育的实际效果的重要问题。本部分就此谈些初步看法。

（一）思想政治教育不仅具有重要的社会价值，而且具有不可忽视的个人价值

思想政治教育的价值包括两个基本方面：一是它的社会价值，即它在社会发展和社会的经济、政治和文化建设中所起的作用；二是它的个人价值，即它在个人的成长和发展中所起的作用。这两个方面是相互依赖、缺一不可的。

我们过去谈得较多的是思想政治教育的社会价值，而对个人价值谈得很少。这当然有其原因。在思想政治教育的价值中，它的社会价值是

---

① 中共中央文献研究室. 毛泽东文集：第7卷. 北京：人民出版社，1999：209.

主要方面，起主导作用，从某种意义上说，思想政治教育的社会价值包含个人价值在内，因为社会是由个人所组成的，对整个社会有利的事，当然也对每个人有利。只要承认思想政治教育对党、国家和社会有价值，也就意味着间接地承认它对我们社会中的每个人有利。因为党和国家对人民进行思想政治教育最终也是为了人民群众自己的利益。

但是，在讲思想政治教育价值的时候，不能只讲社会价值而忽视个人价值。个人价值毕竟也是思想政治教育价值的一个重要方面，忽视了这个方面就不能全面把握它的价值。虽然在社会价值中也暗含着个人价值，但这并不意味着可以用社会价值来取代个人价值，抛开个人价值而孤立地谈它的社会价值。事实上，离开个人价值，社会价值也讲不清楚。因为社会不是抽象的东西，它是由一个个现实的人所组成的，社会生活就是每一个人的生活。如果脱离具体的个人，完全抽象地讲思想政治教育的社会价值，就会把这种价值变成空洞的、似乎与每个人都无关的东西。长期以来，尽管我们十分强调思想政治教育的战略地位和作用，用"生命线"、"中心环节"、"传统优势"和"根本保证"这样一些大概念来强调它的价值，但在一些普通群众看来，思想政治教育再重要，也是党和国家的事情，而不是每个人的事情，与他个人无关。人们之所以会有这种错觉，显然与我们撇开思想政治教育的个人价值而孤立地、抽象地讲它的社会价值有关。如果我们的思想政治教育对象都持有这样的看法，那么不论思想政治教育工作者如何努力，都难以真正提高思想政治教育的实效性。

事实上，思想政治教育的社会价值和个人价值的区别不只是个人与社会的区分而已，而具有另一种更为尖锐的含义，即思想政治教育究竟对谁有好处？是对搞思想政治教育的人有好处，还是对接受思想政治教育的人有好处？在这里，思想政治教育价值的社会性与个体性的关系问题和思想政治教育的主体与客体的关系问题重合在一起了。也就是说，思想政治教育的主体往往是社会一方，而思想政治教育的客体往往是个体一方。虽然思想政治教育工作者也是一些个人，但他们代表着社会一方；思想政治教育的对象尽管也可以是整个社会或广大群众，但就他们的实际存在状态而言却是具体的个人。所以，如果思想政治教育只具有社会价值，而不具有个人价值，那么，这个问题就容易转化成另一个问题，即思想政治教育只是对教育者有利，而对被教育者则没有好处。这显然是不正确的。事实上，思想政治教育的价值不仅是对作为教育者的党和国家而言的，也是对作为受教育者的社会成员而言的。用价值论语言来说，价值的主体不仅是教育者，也是受教育者。

在思想政治教育过程中，一个人被说服，并不意味着思想政治工作者胜利了，而被说服者失败了。教育与被教育、说服与被说服，并不是一种敌对关系，不能用胜利或失败来衡量。如果说说服的过程、教育的过程充满着教育者与被教育者之间的思想冲突，那么说服的成功，并不只是说服者的胜利，也是被说服者的胜利，是双赢。当一个人遇到有人来说服他的时候，可能心情不那么愉快，但是当他真正被说服的时候，他不是比原来更难过、更痛苦了，而应该是更愉快了。因为，思想政治教育是建立在人们的根本利益一致的基础上的，当一个人打通了思想、理顺了情绪的时候，也就是说当被说服了的时候，他内心是感到舒畅的，因为他终于解开了思想感情上的结。而假如一个人被说服的时候心里十分不愉快，感到屈辱，那说明他并没有真正被说服。

今天，提出思想政治教育的个人价值问题尤为重要。因为在社会主义市场经济条件下，人们的思想和态度具有明显的个体利益的取向。人们对于己有利的事情就愿意去做，而对于己无关或于己不利的事情就不愿意去做。这是一种现实，我们要承认这一现实，把思想政治教育所包含的个人价值揭示出来，让人们认识到思想政治教育不是一种外来的强加于人的东西，它并不与人自身的需要和利益相违背，而是相一致的。接受教育是人的一种需要和权利。人不仅需要接受实用的知识技能的教育，也需要接受思想精神方面的教育，这对个人的成长和发展是同样重要的，甚至可以说更为重要。那种认为接受知识技能的教育是一种权利，而接受思想政治教育是一种义务的想法是一种误解。

讲思想政治教育的个人价值并不意味着否认或淡化其社会价值。事实上这是相辅相成的两个方面，应该结合起来。

(二) 思想政治教育在人的社会化方面的价值

"人的社会化"是一个社会学概念，指的是使一个自然人变成社会人。这个概念不仅具有社会学意义，也具有人学的意义。有必要将这一概念引入思想政治教育学，用以说明思想政治教育的价值。

个体的社会化，不仅对社会来说是重要的，而且对个体来说也是非常重要的。马克思主义认为人在本质上是社会存在物，人的现实本质是社会关系的总和。但这并不意味着人一生下来就是一个社会的人，一个合格的社会成员。一个人要真正成为社会的人，真正融入一定的社会生活，还需要一个社会化的过程。个人的生存意义的获得，个人才能的发展，事业、爱情的成功等等，都是在一定的社会中实现和完成的。一个人只有先成为社会中的一员，并作为社会的一员而行动，才能在这个社会中生存和发展。即使是社会的叛逆者，也不能脱离社会而存在。可见，任何人都有一个社会化问题，都必须经过社会化才能成为社会的人，从而获得发展自己、实现自身价值的起点。

思想政治教育与人的社会化过程密切相关，并在这个过程中起着重要的不可替代的作用。首先，思想政治教育本质上就是由一定社会所承担的、旨在促进个体实现社会化的一种教育活动。虽然从广义上来说任何教育都具有社会化功能，都是把社会所积累的知识和技能传授给个人，但是，思想政治教育在这方面有更突出的特点。思想政治教育体现着社会要求，是代表着社会对个体进行教育的。政治教育是其核心的内容，而政治则是属于社会公共领域的公共事业，培养人们的政治兴趣和政治意识，也正是人的社会化的重要方面。

其次，在人的社会化过程中，思想政治教育承担着特定的不可替代的任务。人的社会化有许多方面，其中一个非常重要的方面就是使个体了解和掌握一定社会的运行规则和通行的价值观念。任何社会都有一套使社会正常运作的"游戏规则"，如果你不懂得这个规则，你就不能参与这项游戏。而如果你参与这项游戏又不遵守这些规则，也会被淘汰。当然，社会生活不是游戏，它是更严肃的事情，但越是严肃的事情就更应有其规则，人也就更应该了解、接受和遵守这些规则。思想政治教育的作用恰恰在于，它致力于使个体接受社会所需要的价值观念和行为准则，并内化为他们的思想和行为。因此，接受思想政治教育的过程，也就是了解和掌握这个社会所通行的价值观的过程，是了解这个社会运行规则的过程，也是形成自己的价值观和行为准则的过程。

最后，思想政治教育能确定个体社会化的正确方向。思想政治教育在促进人的社会化方面的作用不是抽象的，而是具有特定的政治内涵和政治性质区分的。我们所说的思想政治教育是我们党和国家所进行的思想政治教育，我们所说的适应社会是指适应我们社会主义中国这个社会。我们的思想政治教育在人的社会化方面的作用，并不是让人认同每一个社会，并不等于使其无条件地接受社会现实或与消极的社会现象相妥协。社会有性质的不同，而且即使在社会主义社会中也有复杂的、丑恶的社会现象。染上社会的恶习并不是我们想要的社会化。因此，人的社会化过程也有一个需要确定正确方向的问题，而我们的思想政治教育也正是有着确定人的社会化的方向的作用，能使人的社会化过程沿着健康轨道前进。

（三）思想政治教育在人的全面发展方面的价值

马克思主义不仅重视社会发展，同时也重视人的发展。人的全面发展是马克思主义的基本观点，这个观点成为思想政治教育的理论基础之一，对思想政治教育起着理论指导作用。

在促进人全面发展的过程中，教育活动起着重要的作用。人的全面发展当然不只是教育问题，更不只是学校教育的问题，它的实现有赖于人类实践活动的发展和社会的进步，但人的全面发展与教育活动确实有着密切的联系。事实上，正是在教育领域，我们自觉地把人的全面发展当作教育的方针。在促进人全面发展的教育活动中，思想政治教育是一个重要方面，它在人的全面发展中起着不容忽视的作用。

思想政治教育能提高人的思想政治道德素质，这本身就是从一个重要的方面促进了人的全面发展。人的全面发展不只是指多种才能的发展，还包括人的品格的健全发展。不论是从马克思主义经典作家的论述来看，还是从我们党的教育方针来看，抑或是从人才培养和选拔标准来看，人的素质的全面性都包括人的品格或人格在内，包括人的思想政治道德素质在内。离开人的思想政治道德素质的发展和境界的提高，就不会有人的真正的全面发展。

思想政治道德素质是人的一种最根本的素质，它在人的其他素质的形成和发展中起着重要的作用。思想政治教育在直接培养和发展人的思想政治道德素质的同时，也在间接培养和促进人的其他方面的素质和能力。比如，人的体力和智力的发展是人的全面发展的基础内容，在这方面人的思想意志品质和思想道德境界起着重要作用。一个人的身体健康不只是肉体组织的问题，而是包括身心在内的。一个对社会和自己有信心，热爱生活，对未来充满向往的人，比一个对未来失去信心的人有着更好的精神状态,也会有着更好的身体状态。从体育的角度来说,精神状态是竞技状态的关键因素。失去精神支柱的人,身体也会垮下来。同样,人的智力或智能的开发和发展,也与人的思想道德境界有关。一个人,如果没有较高的思想政治道德素质,没有对事业、对工作的执着认真的态度,缺乏敬业精神和职业道德,他的才能就不能得到真正充分的发展。人的智力是在运用中得到发展的。伟大的事业为人的智力发展提供了广阔的舞台和条件。如果把智力运用于个人小圈子或小算盘上,那就不仅是对智力的浪费,而且实际上也不可能使人的智力得到充分的发展。事实证明,只有当一个人热爱一项事业,并全身心地投入这项事业而将个人私利抛开时,他的能力才能真正得到最大的发挥和发展。

思想政治教育可以通过培养和发展人的思想政治道德素质来间接地促进人其他方面才能的发展,但这并不意味着思想政治教育就不能直接地为人的某些特殊才能的培养发挥作用。事实上,思想政治教育中也有一些实际的知识和技能的训练,如通过哲学的学习训练人的逻辑思维能力,通过参与一些群体性的思想政治教育活动,来训练人的口头表达能力、人际沟通和交往能力,以及培养人的社会工作能力等等。

(四)思想政治教育在解决人生课题方面的价值

从某种意义上说,人的社会化和人的全面发展问题也是人生的课题,但与人生观问题不在一个层面上。人生观和人生观教育是一个特殊的层面,思想政治教育在人生和人生观层面上的作用和价值应该单独地加以考察。

思想政治教育从某种意义上说,就是人生观教育。其中,社会主义人生观教育是思想政治教育的重要内容,它有助于人们正确处理诸多人生课题,提高生活的质量。思想政治教育内容还包括世界观、价值观、道德观、政治观等方面内容,这些与人生观教育密切相关,对人生观有着直接或间接的影响。比如,思想政治教育中的世界观教育,对人生观有决定性作用,对于受教育者树立正确的人生观,正确地解决人生课题,起着巨大的作用。世界观不是抽象的,而是具体体现和落实在现实人生中的。其他如价值观、道德观和政治观等,也无不与人生观有着密切的联系,可以说也是间接的人生观教育。

思想政治教育有助于人们解决人生的意义问题。人生意义问题是人生的根本问题，它的解决决定着其他人生问题的解决。思想政治教育有助于受教育者深刻理解和正确把握人生的意义。人生意义问题当然不是玄学问题，它是在实际生活的经历、体验和感悟中解决的，但这绝不是说人生意义问题的解决可以不需要理论的思考，不需要科学理论的指导。现实生活中有的人从未对人生作过根本思考，有的人受到了错误人生理论的影响而不能对人生有正确的认识，这些都需要用正确的人生观加以引导。思想政治教育有助于人们正确理解和把握人生意义问题，它一方面可以解决人生有无意义的问题，反对那种认为人生无意义的虚无主义观点；另一方面又能切实地回答人生的意义在哪里的问题，通过帮助人们树立起正确的人生目标而引领人们过一种积极的、健康的、有意义的人生。

思想政治教育有助于人们解决人生态度问题。人生态度问题主要是心态问题，即心理和精神状态的问题，它不仅关系到人在事业上能否成功，更关系到人对于生活的认识和体验，关系到人们的生活质量和幸福程度。没有健康、乐观、宽容的心态，就不可能有幸福的生活。思想政治教育有助于解决人们的心态失衡问题。社会生活的巨大变化，特别是人们之间在收入上拉开的差距，使得许多人心态严重失衡，失去了心灵的宁静，焦急而浮躁，造成极大的精神痛苦，有的甚至心理变态，做出极端行为，给社会和人生造成损害。这些人期待着有人帮助他们得到精神上的解脱，恢复心理平衡。思想政治教育在这方面承担着不容推辞的开导、教育的任务，以帮助人们正确认识和看待社会现实。思想政治教育还有助于人们克服消极心态，培养和激发其积极心态。在复杂的社会现实和人生遭遇面前，人人都可能出现消极心态，如果被这种心态控制，那就不仅难以取得事业上的成功，还会进一步导致消极对待人生。所以，重要的是要帮助人们摆脱消极心态，树立起积极向上的心态。其实，我们思想政治教育的一套世界观和人生观，都是培养人们积极乐观的人生态度的，思想政治教育在这方面完全可以发挥巨大作用。

思想政治教育有助于解决人们的处世技巧问题。人生观教育的内容不只是抽象的大道理，还包括一些实用的人生处世技巧。这些东西是人生经验的积累和总结，对于人们丰富人生经验、正确处理人生中的问题，具有重要的价值。思想政治教育在这方面过去做得不够，讲的东西不太实际和具体，使人感到不太实用，以至于一些青少年到书摊上的一些生活图书中去寻找人生的经验。而这些图书参差不齐，鱼龙混杂，有的教人溜须拍马，或教人"厚脸黑心"，影响了青少年的健康成长。如果思想政治教育发挥其在人生处世技巧方面的正面教育作用，就不仅可以使青少年得到有益的人生经验，而且可以减少一些庸俗甚至恶俗的图书的影响。

三、思想政治教育主客体难题的哲学求解

在思想政治教育研究中，主客体问题的争论已持续多年。各种不同的观点纷然杂陈并相互碰撞，呈现出一片混乱的学术景观。思想政治教育主客体问题似乎成了一个说不清道不明也解不开的理论难题和学术死结，成为该学科学者们的心头之痛。为了有效推进争论的逻辑进程，以尽快结束这场旷日持久的争论，下一步的探讨应该抛开各种枝节问题，紧紧抓住理论争议的关键，并从哲学上即马克思主义哲学一般原理层面和思想政治教育哲学层面加以深入分析，凝聚理论共识。本部分拟就此做一尝试性探讨。

（一）如何安顿受教育者的能动性？

思想政治教育主客体争论的起因和实质并不复杂，无非是如何在思想政治教育基本理论中确认和安顿受教育者的能动性。受教育者在思想政治教育过程中具有能动性，即具有自主性和主动性，是改革开放和社会主义现代化建设新时期我国思想政治教育实践所得出的重要结论。

改革开放以来，我国社会主义建设事业进入新的历史时期，通过确立解放思想、实事求是的思想路线，通过建立和发展社会主义市场经济体制，通过各个领域深化改革和全方位对外开放，人们的思想得到极大解放，全社会的创造活力得以迸发。人民群众的积极性、主动性和创造性的发挥，是我国经济社会发展取得举世瞩目伟大成就的根本原因。尤其值得注意的是，人民群众的这种能动性的出现，不是像以往那样主要出于外部的政治动员，而是以群众对自身合法利益特别是物质利益的追求为基础的，因而它不是一时的，而是持久的。

改革开放以来，思想政治教育工作遇到的新挑战，集中体现在教育

对象的新变化上。受教育者再也不像以前那样听话顺从和容易教育了，传统的简单灌输的方式不灵了。在新的历史条件下，教育对象自主性增强，他们不再消极被动地接受教育，而是对来自教育者的灌输表现出很大的逆反和抵触心理，对教育的内容表现出很大的选择性，因而在教育方式没有发生重大改变的情况下，教育效果大大降低了。特别是互联网的兴起，使受教育者对信息的掌握达到甚至超过了教育者，侵蚀了教育者的权威性。这种新的挑战具有积极的意义：它说明人民群众自主性、主动性、能动性的增强，也有助于促进思想政治教育在新的历史条件下转型升级。经过多年探索，新时期思想政治教育逐步接受了思想政治教育对象新变化的事实，并以此作为开展工作的前提。教育对象不是消极被动的，而是具有能动性，这一点已成为思想政治教育工作者的共识。

从实践中得出的新结论应该体现在理论上，并由此促进理论的更新发展。因此，接下来的任务就是在思想政治教育基本理论中确认这一点，特别是使之在思想政治教育学原理教科书中得到体现，这是大家共同的要求和期盼。但是，在如何将受教育者的能动性作为原理写入教材的问题上，理论争议出现了。

之所以出现理论争议，是因为遇到了"主体""客体"这对概念。可以说，真正的困难是由这对概念引起的。如果我们在原理教材编写中不使用主客体概念，不把教育者和受教育者称为思想政治教育的主体和客体，而是就事论事地谈论受教育者的特性，那我们可以很容易地把受教育者的能动性加进去。我们只需说"受教育者具有能动性"就可以了，而且也不会引起逻辑上的矛盾和争议。但是，我们已经普遍地使用了主客体的概念，并只能在主客体关系上来确认受教育者的能动性了。于是，受教育者的能动性问题就在理论上转化为教育客体的能动性问题了。那么，客体具有能动性吗？或者客体性中包含能动性吗？

在通常的理解中，主体是活动的发起者和承担者，是主动的一方，而客体是承受者和接受者，是受动或被动的一方，因而主体有主体性，即主动性或能动性，而客体则具有客体性，即受动性或被动性。从这样的概念界定出发，客体只能是被动的，在客体身上受动性与能动性难以并存。我们无法合逻辑地讲：客体不具有受动性而只具有能动性，或者客体既具有受动性又具有能动性。于是人们发现，在思想政治教育主客体关系框架内，难以从理论上容纳和安顿受教育者具有能动性这一显而易见的真理性认识。而且,"客体性"似乎成了一个理论陷阱,什么东西落下去,就再也不会有能动性了。

(二) 从主体性中找出路

既然从"客体性"中无法合逻辑地推导出能动性,那么剩下的办法就是证明受教育者不是客体,而是主体,并从其主体性中寻求确立它的能动性。透过理论界关于思想政治教育主客体争议的不同观点,我们看到了这种共同努力的不同表现。

第一种观点是"主客体转化说"。这种观点认为主体和客体并不是固定不变的,尽管在通常情况下教育者是主体,受教育者是客体,但是,在教学相长的过程中,教育者也会受到教育,受教育者也会启发教育者。而且,受教育者还可以自我教育。于是,受教育者转化为主体,而教育者转化为客体。既然受教育者变成了主体,那它当然就具有自主性和能动性了。

这种观点有其合理性,体现了矛盾双方相互转化的辩证原理,而且至少是部分地证明了受教育者具有主动性和能动性。但是,这也存在着理论上的困难,即它无法说明在主客体双方没有发生转化的情况下的客体主体性问题。在这样的情况下,客体具有的主体性带有偶然性,不是必然的。我们显然不能说受教育者的主体性和能动性只是偶然情况。

第二种观点是"主客体双角色说"。这种观点认为,思想政治教育活动包含两个方面的过程,一是施教过程,二是受教过程。从前者来说,教育者是主体,是主动的一方,受教育者是客体,是受动的一方;而从后者来说,受教育者是主体,他们是学习的主体和接受的主体,因而具有自主性和能动性。

这种观点无疑有一定道理,它能够说明受教育者在受教育过程中自始至终都有主体性,而且由于对教育过程进行了更具体的划分,我们对教育活动本身有了更加深入的认识。但正如有学者所指出的,施教过程和受教过程并不是两个不同的过程,而是同一个教育过程的两个方面,不能把它们分割开来甚至对立起来。如果说它们在思维抽象中可以分开,但在实际过程中却是不能分开的。而且,在理论上区分这两个过程时,也必须阐明这两个过程的内在关系。这一点也有待进一步研究。

第三种观点是"双主体说"或"主体际说"。这种观点认为,教育者与受教育者的关系并不是一种对象性的关系，不是主客体之间的关系，而是一种主体间的交往关系。教育者是主体，受教育者也是主体，它们之间的关系是两个主体之间的交往关系。既然都是主体，当然都具有主体性，因而受教育者的主动性和能动性问题也就没有任何问题了。

这种观点来自哈贝马斯的交往理论，是很新颖的思想，给人以深刻的启迪。它不仅能够说明受教育者作为主体具有主动性和能动性，而且也可以很好地说明教育者与受教育者之间平等互动的关系，而这正是改革开放以来新的历史条件下思想政治教育所着力强调和确认的。但是，如果我们根据这种观点来确认教育者和受教育者双方，也存在一种不方便：当我们把教育双方都称为"主体"的时候，我们至少在称谓上就无法区分他们了。而在称谓上把教育者和受教育者有所区分，是思想政治教育一切理论和实践活动得以开始和运行的前提。而如果每次都刻意加以说明，比如，这里说的主体是教育者主体，或这里说的主体是受教育者主体，可以说麻烦至极，而且易于引起混乱。我们已经看到，有的主张"双主体说"的教材对教育双方的称谓是混乱的。

而且，双主体观点还面临一个问题：在教育活动中是否存在着对象性关系？如果有对象性关系，就一定会有"客体"。没有"客体"，何来"主体"？没有"主体"，何来"双主体"？因此，"客体"还是回避不了。有学者肯定了教育活动中也存在着对象性关系，但认为这不是发生在人与人之间，而是发生在人与物之间。教育者和受教育者都是人，他们是复数的主体，而教育内容或教育资料是教育客体。思想政治教育的主体们都围绕着教育内容和资料进行加工活动。这样的分析也不能说没有一定的道理，它揭示了思想政治教育过程中我们通常所忽视的一个重要维度。因为我们往往把注意力集中在教育双方的关系上，而对教育过程中的中介性因素，包括教育资料或内容等研究不够，特别是对它们与教育者和受教育者的关系研究不够。因而提出这一问题是有意义的。但是，也正如有学者所说，在这种主客体关系中把握不住教育活动的实质，并不能清楚地揭示出思想政治教育的性质和要求。因为思想政治教育毕竟是培养人的活动，它不是人与物的关系，而是人与人的关系。总之，这种双主体观点作为一种新颖的思想观点，在思想政治教育过程中究竟应如何应用或在什么范围内和程度上去应用，还有待我们进一步研究。

上述三种基本观点依次递进，沿着寻找受教育者的主体性的道路越走越远，并在"双主体说"上达到了逻辑的终点。传统的主客体说与新出现的"双主体说"的对立明显，而且似乎无法弥合。"双主体说"的实质，是取消教育者与受教育者之间的对象性关系，回避在双方之间使用主客体概念。那么，这种关系和这对概念能否回避或取消呢？对此，我们需要回到哲学那里去，考察哲学上形成主客体范畴的初衷和实质。

（三）反思哲学上的主客体范畴

从思想史上看，主客体范畴明确出现于西方近代哲学中。哲学家们的理解和使用情况并不相同，而且也一直有人对这对范畴持有疑义，特别是现代以来。但是，我们不能把它的出现看作偶然的哲学史事件，而应看到其背后有更深层的原因和必然性。

从根本上说，哲学上的主客体范畴，是对人的对象性活动基本要素和结构的最高抽象。人的活动有两类，一是对象性活动，即指涉一定对象的活动，这种活动通常在语言上是用及物动词来表达的；二是非对象性活动，即不指涉一定对象的活动，它通常是用不及物动词来表达的。在这两类活动中，第一类活动即对象性活动更为重要。正是这类活动，使人与世界发生作用，并展开人的活动的内在丰富性。不研究和了解这种活动，就不能对人及其在世界上的地位有真正的了解。而主客体范畴恰恰就是表征这类活动的，这对范畴的重要性就体现在这里。

凡是人类的对象性活动，其中就一定包含有主客体及其关系。也就是说，对于人类的对象性活动来说，主客体范畴是无法回避的。如果思想政治教育活动也是一种对象性活动，教育双方就无法避免教育主客体的关系。

那么，教育特别是思想政治教育是一种对象性活动吗？教育，是一定社会共同体内培养社会成员的活动，是传递经验和知识、培育人的精神和品格的活动。这种活动肯定不是非对象性活动，肯定不是没有对象的活动。而且，"教育"作为动词，是及物动词。也就是说，这种活动中总有教育者，也总会有受教育者或教育对象。无疑，教育是一种对象性活动。可见，教育的主客体的称呼是无法回避的，即使我们决定不采用"主体""客体"字眼，而只使用"教育者"和"受教育者"这样的概念，也是一样。仔细看一下就会发现，这已经是初步地把二者称为主体和客体了。"教育者"显然就是主体，"者"体现的就是思想和行为的主体；"教育对象"的称呼本身已经是"教育客体","对象"与"客体"是一回事；"受教育者"的"受"就是受动，这是客体的属性。与其含糊地谈论主客体问题，还不如引入这对概念进而明确地讨论这一问题。

因此，尽管有学者出于对主客体烦琐争论的回避心理，质疑思想政治教育学引入哲学上主客体概念的必要性，甚至笔者本人也一度有此种质疑，但经过仔细考虑，笔者认为主客体概念进入教育学或思想政治教育学有一定的必然性，而且大家普遍使用这一对概念也从事实上表明了这一点。

但笔者并不认为引入这对哲学概念是出于应对思想政治教育动态过程中的复杂性关系的需要，而是为了进一步探索这些复杂关系而构建一个最简单的框架，就像编筐者一开始需要编一个十字花一样。主客体关系是一对简单的关系，它并不能被用来解决高端而复杂的问题，这些复杂关系的解决应该用主客体关系之外的道理来解决，用更复杂而先进的理念和技术来解决。我们不能赋予主客体概念和关系过多的含义，也不能指望依赖这对概念来解决体系末端的复杂性问题。主客体关系不能解决所有的问题，而且它本身有自己的局限性，在一些新的时代性话题面前，简单地套用主客体关系是不能使问题真正得到解决的。这也正是这些年来哲学界对主客体范畴进行反思的内容。但是，主客体概念自有其真实的起源，在人类思维和理论建构中有其不可移易的位置和特定的功用，是不能随意抛弃的。

当然，考虑到思想政治教育教学和研究的具体需要，笔者认为应有差别地对待这对概念。对于普及版或简明版思想政治教育学原理教材，可以不使用主客体概念，而直接讲教育者和受教育者的属性和特点。这样，在受教育者的能动性确认问题上，就不至于引起不必要的麻烦和争论，利于教学的开展。对于具有研究性质的教材，特别是个人专著性教材，则可以引入主客体概念并作理论上的探讨。这可以为人们提供不同的观点及分析，便于接触研究前沿。而对于思想政治教育元理论研究，或思想政治教育哲学这一分支领域而言，主客体概念不可少，是必需的。热心于主客体争论的学者们可以在这个领域大展身手。

引入主客体哲学范畴时，我们应该心中有数。为了在思想政治教育领域合理地运用它，我们应该把握其作为哲学范畴的特点：

第一，高度的抽象性。作为哲学范畴，主体和客体都是极度抽象的，它是只有骨架而没有血肉的。它抽象掉了人和对象各自多方面的内容和特征。比如，主体自身的多样性、主体在不同时期的差异性以及不同主体间的关系等，客体自身的多样性、客体在不同历史时期的差异性，以及不同客体间的关系等等，都被抽象掉了。而且，主客体之间的中介性要素，以及对主客体发生各种影响的环境等，也在思维蒸馏的过程中被抽象掉了。正是由于这种高度抽象性，它具有广泛的适用性，可以运用于人类不同领域的对象性活动中。但是，必须注意：主客体概念在这些领域的运用不应该是生搬硬套的，而必须与这个特定领域的实际内容结合起来，用这个领域中的丰富内容来充实概念内涵，使其成为这个领域中自己的概念。不能脱离思想政治教育本身的实际去热衷于哲学概念的思辨。

第二，时代的变动性。主客体作为最一般的哲学概念，从理论上讲似乎是摆脱了特定领域和特定时代的影响，而具有不增不减的永恒性。但是，人毕竟处于不同的时代，人们对哲学概念的使用也是如此。因此，人们对抽象概念的理解，或多或少、有意无意地受到人们自身所处时代的影响。因此，人们对主客体范畴的理解、把握和运用，必然打着时代的印记。在主客体概念上，我们习以为常的一些理解其实是前一时代人类活动状态的体现，是以往时代的哲学家们的理解，它并不是绝对真理，我们应该随着时代的变迁和发展而作出新的理解和把握。

第三，价值的附着性。本来，一些哲学概念只是对事物或人类活动的抽象，是一种认识活动的结果，并不体现价值的评价。但是，由于人类的认识活动和价值活动是紧密联系的，因而在认识过程中往往掺杂着价值的因素。这些价值因素附着在哲学概念上，并不知不觉地影响着人们对概念的认知和使用。哲学上的主客体概念和主客体关系也是如此。我们在使用来自哲学的概念表达特定事物时，无意识中可能有原先附着在哲学概念中的价值因素影响着我们，使我们不自觉地发生认识上的偏差。比如，我们无意中总是认为，作为主体就有尊严，而作为客体则没有尊严。事实并非如此。因此，为了不受这种无意识中的价值因素的影响，就必须有意识地去观察和体认这个问题，将其中附着的价值倾向性剥离出来，不要使它们左右我们的理论判断。

（四）剖析主客体角色的内涵

主体和客体这对范畴反映了人的对象性活动的两项基本要素及其相互间形成的基本结构。人是活动者，是活动的发动者和实施者，人就是主体。人活动的对象是客体，它是人的活动指向的对象和这种活动的承受者。于是，主体和客体成为两种不同的角色。我们现在发生的许多争论，都涉及对这两个不同角色的理解。

那么，主体和客体这两种不同的角色究竟意味着什么呢？从哲学上加以分析，可以发现这两种角色的含义十分丰富，大体上可以划分为七个层面：

第一，主客之名。"名"即"名称"。"主体"和"客体"首先是两个不同的称谓，是两个相互区别的名称。至于这两个相互区别的名称本身指称的是什么，意味着什么，那是另一个问题。在这里，它们仅仅作为两个不同的名字而存在。就像我们常说的"甲方"和"乙方"的区别，以及"群众演员甲"和"群众演员乙"的区别。"主体"和"客体"的区别仅仅是名称上的，并不具有另外的意义，但名称上的区别又是必需的，不能混同，也不能取消。

第二，主客之位。"主体"和"客体"不仅是两个名称，还是两个名位。双方处于不同的位置上。从"位置"本身分析，它可以仅仅是两种不同的方位而并不具有特殊的意义。比如，网球运动员抽签决定场地，后来到一定时候还要交换场地。排除风向等外在条件，这两种场地并不具有主次之别，以及胜负之分。但是，"位置"又并不仅仅是一个自然空间的概念，还是一个社会空间的概念，它是一种社会地位，一种名分，体现了价值上的重要等级。"位"在中国文化话语中是很重要的概念，它对于人及其活动的命运具有决定性影响。孔子说："不在其位，不谋其政"。有了"位"，就有了合法性，就有了舞台，就有了发挥作用的前提条件。从此意义上讲，主客之位，可以在意义和性质上有很大区别，是不能混淆的。"名"和"位"应该是统一的，前者是后者的正式称谓和社会语言确认，而后者是前者的实际内容和社会空间体现，因此，人们通常合称其为"名位"。但在特殊情况下，二者也会产生分离。比如，流亡他乡的国王，虽有"名"而已无"位"。从思想政治教育领域看，"主体"和"客体"不仅是两个名称，还是两种地位。这两种

"地位"，就其作为思想政治教育活动的环节而言，只具有技术性区别；就其作为社会角色的地位而言，则有一定社会所赋予的价值性意义，包括对双方的价值评价。

第三，主客之体。"位"是指一种岗位和职位，它是一种社会分工的角色，而至于谁人处在这种职位上，又是另一个问题。这就是扮演主客体角色的实体是谁的问题。"主席"是名和位，而"毛泽东"是名位承担者即实体，"毛主席"则是二者的合称。在名和位的层面上，我们只能在形式上和概念上谈问题，但涉及主客之实体的时候，我们就必须同时在概念所反映的实际事物的层次上谈问题了。离开"实"而空谈"名"，离开"体"而空谈"位"是没有多大意义的。在哲学主客体关系问题上，马克思主义哲学和西方哲学的重大区别就在于此。西方学者只从形式上谈问题，主张主体和客体"原则同格"即相互依赖，特别是客体依赖于主体而存在，没有主体就没有客体。辩证唯物主义则不仅从二者的概念关系上看问题，还同时从概念所反映的内容上看问题，从而不但看到双方在形式上的相互依赖，同时还看到人与自然的真实关系，承认自然作为客体不依赖人而存在，而人作为自然的产物，倒要依赖客体而存在。这是对待概念的两种不同的态度，我们在分析主客体问题时必须坚持辩证唯物主义的基本立场。在特定的领域实际运用主客体概念时，必须联系概念在该领域所反映的真实内容。

从思想政治教育领域看，承担"主体"名位的是人，承担"客体"名位的也是人。从名位上讲二者有很大不同，而从实体上讲二者没有什么根本不同。因此，将主客体范畴引入思想政治教育理论时，我们要明白：必须把它与思想政治教育活动的实际内容联系起来考察，不能仅仅从概念的规定性上，比如仅仅从客体的"名位"规定上，去界定思想政治教育对象的属性和特征，以及功能和作用。从这个意义上说，即使"客体"概念只承认被动性，我们也完全可以根据"客体"承担者即人的能动性，特别是根据当今思想政治教育客体自主性增强的实际情况，而确认思想政治教育客体具有能动性。

第四，主客之性。"性"即属性和性质。主体有主体性，客体也有客体性。主体作为活动的发动者，它具有自主性、主动性。而客体作为人的活动所指向的对象，作为承接和承受来自主体的物质、信息和能量的一方，具有承受性、受动性。这是哲学概念对双方特性的一般抽象。

第二篇　思想政治教育的基本理论阐释

这里的主体性和客体性都是从主体和客体的概念上引申出来的，具有逻辑上的必然性，但这里并没有讲概念所反映的事物本身。哲学主客体概念在思想政治教育领域中的运用是形式和内容的统一。从形式上讲，即从概念上讲，主体性必然是主动的，而客体性必然是受动的。但是从内容上看，即从实体上讲，主体可能是主动的，也可能是被动的，而客体可以是被动的，也可以是主动的。在这里，不是一个抽象可能性的问题，而是从实际出发加以确认的问题。从思想政治教育的实际来看，受教育者作为客体不是消极被动的，而是具有自主性、选择性、能动性。如果忽视这一事实，就不能真正地把握思想政治教育客体的属性和特点，而只能是空洞地套用和玩弄哲学概念。而且，通过思想政治教育客体的能动性的确立，我们还可以反观哲学上的客体概念，特别是对客体概念的理解，使之更加完善。作为客体，它有受动性，这是毫无疑义的，但受动性是否就等同于被动性呢？人们通常把二者看作一回事，英文中也是同一个词，但情况并不这么简单。受动指的是"位"的属性，它与表现客体状态的被动性并不完全等同。每个人在社会上所处的岗位并不是完全相同的，有的处于上游，有的处于下游，有的要求活跃，有的要求安静，但一个人不论处在什么岗位上，都可以主动作为，成为成功者。足球场上，前锋队员要主动带球进攻，而守门员则要守候球门，等待对方球的到来。我们不能说只有前锋是积极主动的，而守门员就是消极被动的。守门员要真正发挥好自己的作用，也要有极大的主动性。因此，笔者认为最好对"受动"和"被动"这两个概念有所区别，不要完全等同。同时，也不要把"被动"和"消极被动"画等号。

　　第五，主客之用。指主体和客体各自的功能和作用。功能是由事物的结构决定的，同时又体现着事物的性质。主体具有发动和掌握行动的功能，有影响甚至决定客体的功能。功能的发挥即是作用，但这一发挥的过程受到多种因素影响。功能要变成实际的作用，要考虑主客观条件。客体也有自己的功能和作用，如吸收和接受的功能，或抵制和反抗的功能。这些功能的发挥，同样也会受到各种因素的影响。不能认为只有主体有作用而客体就没有作用。其实，只有把主体的作用和客体的作用配合起来，才能发挥好的效果。

　　第六，主客之势。主体和客体在实际过程中因为其实际能量和影响力的原因，而产生不同的势力或势能。通常情况下，主体一方更有威势,是强势的一方,因为它作为主体,是主动的一方,因而具有更大的势能;而客体则通常作为受动的一方,其势能和势力较小,是弱势方。但这并不是绝对的,在不同的情况下,主体和客体各自的势是变化消长的。主体并非始终处于优势的一方。思想政治教育主体在不同层次上的势是不同的。党和国家作为思想政治教育总体上的主体,处于高势位,具有强大势能;而思想政治教育工作者作为工作过程的主体,其势能就小得多,甚至在局部和某种程度上处于弱势位置。在实际生活中我们可以看到,一些从事思想政治教育工作的人处于边缘和弱势地位,开展工作有时非常困难。因此,不顾这种情形,而一味地批评指责教育者"居高临下",是脱离实际的。

第七,主客之价。即对主客体的价值评价。本来,主客体仅仅是对人的对象性活动的一种抽象,本身并不带有价值评价的属性。但是,哲学概念在运用中并不能完全脱离社会和时代的影响。近代以来,人们越来越多地在主客体关系上附加上了价值评价的因素。"主体"就意味着"好","客体"就意味着"坏";主体性就是好,客体性就是坏;施动就是好,受动就是坏;主动就是好,被动就是坏;活跃就是好,安静就是坏,如此等等。这是以往时代的印记。由于近代以来人们征服自然的力量的发展,由于各国利益的争夺以及频繁发生战争,人们往往用"征服""战胜"来描述人的对象性活动。但是,这种带有征服性特征的对象性活动并不是人的对象性活动的全部。还有一些活动带有贡奉性特征,比如,在宗教信仰活动中,人是主体,神是客体,主体信仰客体。在服务性活动中,作为客体的一方是享受服务者,他们通常更有尊严。在人与自然的关系中,人也由征服者变成了保护者。

(五)简单的解决方案

经过以上辨析,我们可以提出尝试性解决方案:

第一,从总体指称和描述思想政治教育活动的意义上,我们只能称教育者一方为思想政治教育主体,受教育者一方为思想政治教育客体。虽然主客体概念可以指称思想政治教育过程中各种具有对象性关系特点的要素,但只有教育者与受教育者这一对要素最具有代表性,最能体现思想政治教育活动的基本要素、结构和特点。在编写思想政治教育学原理教材时,应该明确这一点。在此基础上,当我们在具体考察思想政治教育过程中的多种因素的相互影响和复杂关系时，可以用主客体关系来分析其中的一些现象和关系，比如，教育者与教育手段的关系、受教育者与教育内容的关系等，但这种研究是为了说明思想政治教育的具体过程和局部机理，而不是对思想政治教育活动的结构和性质作总体的指称和标识，因而不应以此来推翻教育者主体和受教育者客体的基本定位。

第二，双主体分析方法的运用也是建立在教育双方主客体基本称谓基础上的。由于教育双方既是一种对象性关系，同时也是人际交往关系，因而我们可以并有必要运用双主体关系的范式来分析教育者与受教育者的关系，揭示双方之间平等交往关系的一面，以便于我们更好地理解思想政治教育主客体的关系，特别是更好地理解思想政治教育客体的属性。但是，它只是在我们需要分析思想政治教育主客体的具体属性和特征时而采用的分析手段，它的目的是具体说明受教育者的某种特点，而不是为了从总体上来界定和指称思想政治教育。因此，采用双主体或主体际的理念和分析方法，并不是要推翻思想政治教育主客体的基本地位和基本结构。

第三，受教育者作为思想政治教育客体，有其自身的能动性。受教育者作为客体有其受动性的一面，但其作为人的主体资质并不因此而消失，因此，在其受动性之内和之外仍有主动性存在。一方面，受动性内部可以包容能动性，即能动地扮演好受动的角色。以主动的态度，以能动的状态，积极参与思想政治教育过程，成为名副其实的好学生，享受到接受教育的利益和快乐。另一方面，在客体的受动性之外，还同时允许存在着能动性，因为受动性并不是客体唯一的属性。受教育者是人，而且是主动性特征非常突出的现代人，他自然而然地把自身的主动性、能动性带入思想政治教育客体角色中。总之，经过我们重新理解的"客体"概念能够容纳能动性。受教育者的能动性能够在这里得到接纳和安顿，而且不是勉强的接纳和安顿，而是成为本质性要求。可以说，在现代社会，受教育者如果缺少能动性，就不能成为真正合格的思想政治教育客体。

在人类活动中，主客体关系始终存在，但人们对它的理解应该与时俱进。现在，我们不仅不能以战争模式来想象主客体关系，而且也不能简单地以工业革命时期人与自然的关系模式来理解，更不能简单地以如此理解的哲学主客体范畴套用于思想政治教育的主客体关系，而要根据

— 77

时代的发展，根据人与自然关系上的新变化，根据人与人关系上的新特点，来重新理解哲学上的主客体关系，使之摆脱那种片面的、绝对化的理解，从而使自己的思维和理解具有弹性。这并不是要根本推翻主客体关系，而是要使这种关系呈现出更丰富、更真实的内涵。在思想政治教育主客体问题上，我们还要进一步根据思想政治教育活动本身的特点，充实主客体关系的内容，使之带有自己鲜明的特色和时代特征。

第四，确认教育者和受教育者是思想政治教育的主体和客体，并不否认"主客体转化说"、"主客体双角色说"和"双主体说"等的理论价值和应用价值，而是为这些学说在思想政治教育研究中的运用限定了范围。确认教育者和受教育者分别是思想政治教育的主体和客体，是我们明确表述和称呼思想政治教育活动双方的需要，是确定思想政治教育活动基本结构的需要，因而是思想政治教育原理得以展开的理论前提，同时也是上述几种主客体关系理论得以运用的基础。在确认了双方主客体定位后，我们就获得了运用上述观点的坚定基础，从而可以发挥这些理论的分析作用。我们完全可以运用"主客体转化说"来分析思想政治教育主客体双方的相互依存和相互转化的关系，论证"教学相长"的原则。可以运用"主客体双角色说"来分析思想政治教育过程的内在丰富性，以避免人们对思想政治教育过程和主客体关系的单向性理解。可以运用"双主体说"或"主体际说"来考察思想政治教育过程中主客体双方之间的具体关系和状态，揭示主客体之间的交往维度，论证主客体双方平等互动的关系。通过这些分析，我们对思想政治教育的主客体及其关系有了更准确、更丰富、更具体的理解，有了更符合时代精神的理解。至此，关于思想政治教育主客体问题上的各种不同观点都有了自己应用的位置，都能够发挥各自的分析效力，这样大家可以共同一致地、更好地揭示思想政治教育的奥秘，提高思想政治教育的实效性。

四、思想政治教育的真理魅力

我们常说要提高思想政治教育的吸引力和感染力，其实也就是说思想政治教育应该具有一定的魅力。思想政治教育是否使人受益和为人喜爱，不仅是一个性质和作用的问题，还有一个魅力的问题。为了使思想政治教育本身焕发出应有的魅力，需要发挥真理的魅力和人格的魅力，并把两种魅力结合起来。本部分着重谈真理魅力的问题。

(一) 马克思主义思想政治教育的人性假设

从一定意义上说，无产阶级的、马克思主义的思想政治教育具有理性主义的特征。它把向人民群众讲道理作为自己非常重要的任务和工作方式。它一开始就假定思想政治教育的对象是理性的人，是愿意服从真理的人。认为只要自己的道理是正确的，并且能够把道理讲明白，就一定能使人信服。这可以说是马克思主义思想政治教育对人性的假设。马克思明确指出："理论只要说服人，就能掌握群众；而理论只要彻底，就能说服人。"[1] 这样的人性假设当然有一定的风险，因为现实生活中的人并不总是那么理性的。人本身不仅有理性因素，还有非理性因素，并且在很多情况下人的行为受非理性支配。在现实生活中，人的思想行为受多种外部因素的影响，尤其是一些不正常因素的影响，使人们所相信的东西不仅不是理性的，而且很可能是非理性的。有时人们会有一种神秘主义的心理，渴望某种神奇的超出理性和常规的东西，所以对理性的道理反而不感兴趣。尽管有这样的风险，我们还是没有放弃这一人性假设。因为这不仅体现了我们对马克思主义的信念——马克思主义是真理，也体现了对人民群众的信念——人民群众是明理认理的。

承认这一点并不意味着思想政治教育只是讲道理，只承认理性的作用，把人看作理性的机器。我们也很清楚，人本身有其复杂性，做人的工作不能只是一味地讲道理。一味地讲道理，不仅作用有限，而且有时会产生相反的效果。因而，我们也可以并应该考虑利用人的非理性因素。思想政治教育是综合性的教育人培养人的实践活动，它可用的工具和方式很多，也能起到多方面的作用。比如，思想政治教育涉及人的感情世界，它可以用感情的手段，以情感人，给人以安慰或鼓舞。它也涉及人的行为活动，可以用行为养成的方式来培养人和规约人的行为。要善于把理性的方面和非理性的方面结合起来，综合运用多种途径和方式，共同实现思想政治教育的目标。但是，重视理性的作用，重视科学的道理，这一点是不能动摇的。只有在承认这一点的

---

[1] 马克思，恩格斯. 马克思恩格斯选集：第1卷.3版. 北京：人民出版社，2012：9-10.

前提下，我们才能谈理性说服的局限性，才能谈发挥非理性因素和手段的作用的问题。

如果离开了客观真理，一味地以情感人，有可能走向非理性主义的泥沼。事实上，世界上许多宗教、准宗教类的传播，往往更多地诉诸非理性因素，特别是情感的因素。它从感情入手，让人们避免思考，回避检验，在感情上越陷越深，最终成为自己的信徒。历史上的法西斯组织以及一些现代的邪教组织，也往往是根本否定人的理性，否定社会的规范，依靠心理控制和组织控制等非理性手段，掌控人们的思想和行为。希特勒曾说，做演讲不要在白天，而应安排在晚上，因为人们白天批判思维比较强，老爱问为什么，而在晚上则意志薄弱，你讲什么人们就信什么。现代的许多邪教教主也都会这一套，他们往往在晚上对人们进行长时间不间断的所谓培训，不给听众以任何思考的余地。这就不是以理服人，不是启发人的理性，而完全是蒙蔽和欺骗人民群众。

马克思主义思想政治教育与这些有根本的区别。它不是蒙蔽和欺骗人民群众，而是帮助人民擦亮眼睛，帮助他们认清自己的利益和处境，在现代社会条件下还会帮助人们看清并摆脱可能遇到的歪理邪说和精神控制。可以说，这也是思想政治教育的一项重要功能。我们已经屡屡看到，社会中有少部分人因为被歪理邪说所控制，或陷入邪教不能自拔而造成悲剧。如果思想政治教育发挥破除迷信和摆脱控制的作用，这些人就能避免这样的悲剧。

思想政治教育的真理魅力，是指思想政治教育工作者所讲的道理的真实性、科学性以及由此产生的吸引力和影响力。真理本身是有魅力的，"真理"不是一个中性的概念，而是一个褒义词，它承载着人们的价值观和精神追求。真善美是人类天然所向往和追求的最基本的价值取向和目标，其中"真"摆在第一位。对于"追求真理"，不必问为什么，它具有天然的意义。因而只要能充分地体现出思想政治教育的真理魅力，那就一定会提高其影响力。总之，思想政治教育必须依靠真理并发挥真理的魅力。

当然，我们这里所说的思想政治教育，是以马克思主义为指导的、社会主义的思想政治教育。至于一般的思想政治教育，比如历代统治阶级、剥削阶级甚至反动阶级的思想政治教育是否具有真理的魅力，这是完全不同的另一个问题。

（二）充分展现马克思主义的真理魅力

思想政治教育的真理魅力集中体现于马克思主义本身的真理魅力，思想政治教育的独特魅力和应有价值就在于把马克思主义的真理魅力展现出来。

那么，马克思主义的真理魅力体现在哪些方面呢？

首先，马克思主义具有科学性魅力。马克思主义是真理，因而具有真理的魅力。我们之所以这样说，并不仅仅因为我们是马克思主义的信仰者，我们出于自己的主观信仰而把马克思主义看作真理，而是在于马克思主义本身就是客观真理。真理的形式是主观的，人们对真理的认定和相信也是主观的，但这种主观性应该建立在真理内容客观性的基础上。宗教信徒很坚定地把自己宗教的教义认作"真理"，但他们的"真理"还是主观的成分居多。我们的情况与此不同。我们是用科学的眼光来看待和评价马克思主义，因为我们认识到马克思主义是正确地反映了物质世界特别是人类社会发展规律的科学理论，是按照世界的本来面目和人类认识客观世界的最大能力来认识世界的科学理论。

一个理论只要说它是科学的，就足以意味着它的正确性和价值了。当我们说马克思主义是科学的时候，也就意味着马克思主义是真理。之所以如此，除了科学事业本身所具有的探求新知的"求真"的价值以外，还有一个原因是中国近代以来吃够了缺少科学的亏，当我们终于把科学作为"赛先生"请进中国的时候，就给以它很大的信任和敬仰。这与西方国家的情况有很大不同。在西方社会，人们往往谈论科学的局限性，把科学研究看作一项不断在纠错中前进的过程。这样的认识当然是有一定道理的，但西方有些人把科学排除在世界观和价值观之外，也是很有问题的。我们中国人对科学的天然信任有其积极意义，特别是我们在进行思想政治教育时要善于借助这一点，增强马克思主义科学理论的真理魅力。

其次，马克思主义具有批判性的魅力。科学真理并不总是温情可人的。从一定意义上说，科学真理有不同的味道，而它的魅力也在于此。真理是对世界的反映，而这种反映又是从一定的角度和层面进行的。如果一个真理反映的是世界的和谐方面的规律，这样的真理通常就是和蔼可亲的。而反映世界不和谐的方面，甚至是矛盾对抗方面的真理，则可能是尖锐的、"辛辣的"（列宁语）。相比之下，一些自然科学的真理，比如牛顿的三大定律，爱因斯坦的质能关系公式，都体现出一种和谐的美。但是在人类社会中，迄今人类还没有最终摆脱阶级和阶级斗争的梦魇，人类在根本上还是受盲目必然性的支配，真正的和谐社会并没有出现。马克思主义致力于研究人类社会和历史，揭示了社会生活的真相和社会发展的客观规律。不言而喻，在马克思主义中包含着对人类社会矛盾对抗及其悲剧性质的深刻揭示，它与那些不仅不敢接近和揭示社会矛盾，反而千方百计掩盖社会矛盾，主观编造社会和谐景象并盲目乐观地陶醉于自己的意识形态的甜腻腻的学说有着根本的不同。马克思主义的尖锐性，是它的科学性的一个重要方面。尖锐的东西，当然并不是人人都会喜欢。为使人们更易接受马克思主义，笔者不反对在马克思主义理论教育中适当加一点甜味剂，使人们在接受中更舒服一点，但马克思主义不是"甜甜圈"，不能折断马克思主义的尖端，使之变成庸俗的东西。保持马克思主义的尖锐性和批判性，也未必不会赢得群众。有人爱吃甜，也有人爱吃辣。而且，甜的东西吃多了，也会渴望辣味。只有辛辣才够有味，才有力道。在这方面，我相信不仅会有"不怕辣"的人以及"辣不怕"的人，也会有"怕不辣"的人。

再次，马克思主义具有完整性魅力。马克思主义是完整的世界观，它在对世界的解释上，是科学完整的。不论是自然、社会、思维的划分，还是自然、社会、人的划分，以及世界观、历史观、人生观等的划分，对于这些大的领域，马克思主义都有系统的解释。特别是社会历史方面，是马克思主义理论的重点所在，也是强项所在。社会历史观一头联结世界观（宇宙观），一头联结人生观（价值观），是人们对世界的完整解释的核心领域。马克思唯物史观就是对人类社会和历史的科学解释，是社会科学研究的重大成果。相比之下，通常的宗教教义对世界的解释，往往缺少社会历史观，或者在社会历史观方面非常浅薄和简单，通常直接把世界观（宇宙观）与人生观联结起来，而忽略社会历史观的存在和作用。之所以如此，一方面是因为认识人类历史的难度极大，产生于人类文化早期的宗教理论绝对不可能揭示社会历史之谜；另一方面，这也体现了宗教力图逃避社会的出世倾向。马克思主义是入世的，主张在现实的社会生活中求得人生意义和幸福，因而对社会生活高度关注并深入研究，最终得以揭示社会历史的奥秘。如果说马克思主义理论与宗教教义有许多重大区别,那么这就是其中常常被人忽视的很重要的一点。

共产党是马克思主义政党,它在思想体系上比较完备,它有自己的世界观基础,因而真正的共产党人是不能也不会信仰宗教的。因此,马克思主义信仰不只是政治信念意义上的共产主义信仰,而是包括世界观层面的信仰在内的科学信仰体系。

又次,马克思主义理论具有彻底性的魅力。马克思主义作为一个理论是彻底的,具有彻底性。那么,什么是理论的彻底性呢?马克思说,就是抓住理论的根本。这是从理论反映的对象的角度来说的。理论不是主观编织的一张虚幻之网,而是对现实事物及其本质和规律的反映。完整的理论当然要对世界上众多的事物做出尽可能全面的解释,但是同样重要的是,要能抓住根本。一方面,要抓住那些根本性的事物,那些对于社会发展和人类命运具有决定性影响的事物,不让纷乱而次要的现象迷惑自己的眼睛;另一方面,要抓住根本性事物的最根本的内涵,抓住根本性事物的本质和规律,而不是停留在认识事物的现象和外部联系上,或停留于事物的初级的本质和局部的规律上。

从理论本身的属性讲,它的彻底性大致包括以下几个方面:一是它的立场和结论的明确性。彻底的理论应该有明确的甚至鲜明的立场和结论。在重大问题上,它不能吞吞吐吐、含含糊糊。二是它的坚强的逻辑性。它有铁的逻辑性,有明确一贯的方法和原则,能够把自己的原则贯彻到底。当然,坚持原则并不是走极端,那种以理论彻底性自居,而把一切思想观点都推向极端,钻进牛角尖出不来的做法,不是真正的彻底。三是它的完整性。彻底的理论不能只是三言两语,而应是一整套的思想观点。四是它的深刻透彻。这一点是尤为重要的。在以理论说服人的过程中,最重要的是理论的透彻性,它并不需要过多的词句,但能够使人们豁然开朗。思想政治教育者在讲道理的时候,最重要的是能够做到透彻。

最后,马克思主义具有实践性的魅力。实践与理论相比有其独特的魅力,它对现实的直接干预和改造世界的能力令人震撼。实践的这种魅力可以在一定程度上以变化了的形式体现在理论上,即体现在那种具有强烈实践倾向的理论上。马克思主义就是这样的理论,它虽然也对世界作出自己的解释,但其目的不是解释世界而是改变世界。由于这种倾向，它使自己与其他只以解释世界为己任的理论有着重大区别，具有独特的实践性魅力。如果说真理本身没有阶级性，那么真理的魅力则有所不同，它可能因受众群体的不同而有很大差别。因为魅力不纯粹是事物本身具有的独立的属性，而是一种与接受者和欣赏者相关的关系属性。所谓魅力也正是相对于外人而言的。"情人眼里出西施"，这就是魅力的主观性。真理魅力有其客观性，也有其主观性，受人们感受能力的影响。力求改变自己受压迫和剥削命运的无产阶级和劳动人民，追求人间真理和社会正义的先进人士，会对马克思主义情有独钟，能够更强烈地感受到马克思主义的真理魅力。

正像真理并不等于真理的魅力一样，真理的魅力也不等于真理魅力的发挥。马克思主义具有真理的魅力，但这种魅力的发挥还受到各种条件的制约。"酒好不怕巷子深"讲的是自信，但在技术和操作层面上，还是要把好酒摆到巷子外面去。对于思想政治教育来说，特别是对于马克思主义理论教育来说，很重要的是如何更好地体现和发挥马克思主义的真理魅力。

（三）也要讲讲其他的道理

思想政治教育者所讲的道理中，最重要的是马克思主义的道理，但也并不仅限于马克思主义。因而思想政治教育的真理魅力不仅是马克思主义的真理魅力，还包括一些在马克思主义理论之外但又与马克思主义并不冲突的一些有价值的思想的魅力。

有些道理是生活中的小道理，它们当然也是真实的，从某种意义上讲，把这样的道理讲好，也体现出一种真理的魅力。但是，这些道理因其"小"且"浅"而没有达到理论的高度，更没有达到马克思主义科学理论的高度，并不是马克思主义理论的一部分。

有些道理是科学知识，比如自然科学方面的知识。假如要对人们进行拒绝毒品的教育，那就需要讲一些有关毒品及毒瘾方面的知识。这些知识当然是正确的，也体现了科学的魅力，但它们有其自身的学科归属，并不属于马克思主义理论的内容。

有些道理是从思想上、理论上来讲的，是来自马克思主义理论之外的思想或思潮。思想政治教育者并不是句句不离马列，而是要在马克思主义的指导下广泛地吸收人类所创造的一切积极成果。列宁说过，马克思主义并没有结束真理，而是不断地开辟认识真理的道路。认识真理是一个广泛的事业，也是一个不断发展的过程。在这个事业和过程中，也有一些非马克思主义的思想流派，提出了自己的道理。从根本性质上说，这些思潮都不能与马克思主义相比，他们的学说在许多方面有根本性的缺陷，并不能适应社会主义事业的需要。但是他们也有一定的思想成果，也有真理性的颗粒。因而在思想政治教育中有时也难免要讲到来自这些思潮的有用的思想，体现出某种真理性魅力。

但是，始终不能忘记的是，在思想政治教育中最根本的道理还是马克思主义的道理。思想政治教育要发挥真理的魅力，归根到底是要在体现马克思主义的真理性魅力上下功夫。特别是马克思主义理论教育，更要集中体现马克思主义的真理魅力。马克思主义理论教育是思想政治教育的基础性内容。这里的"基础性"并不是指道理"很简单"、很"浅显"，只是认识的起点，而是指它的根本性、重要性。事实上，马克思主义理论教育在思想政治教育中恰恰属于思想性强、理论艰深，因而难度大、要求高的部分。也正因为如此，思想政治教育工作者，特别是高校思想政治理论课教师，尤其是"马克思主义基本原理概论"课教师，要努力掌握和传播马克思主义的真理，体现马克思主义的真理魅力。

（四）"真理的魅力"与"思想的魅力"

在日常表述中，我们有时说思想政治教育要发挥"真理的魅力"，有时又说思想政治教育要发挥"思想的魅力"。这两种说法通常被认为是完全等同的。但仔细分析就会发现，"真理的魅力"和"思想的魅力"并不等同，就像"真理"和"思想"并不等同一样。凡真理都是思想，但并非凡思想都是真理。也就是说，真理是思想的一种，正确的、合理的、科学的思想才是真理。真理之外，还有一些并不正确的思想。真理显然是具有魅力的，但不正确的思想未必就不具有某种魅力。

从哲学上看，我们首先要肯定的是，人的"思想"本身就具有一定的魅力，而不论这种思想是否正确。黑格尔说过，人的思想是高贵的，即使是一个罪犯的犯罪思想，也是如此。人与动物有多方面的不同，有些是同等层次上的不同，比如生理和肉体组织及形态方面的不同，有些是不同层次上的不同，比如人类具有高于其他动物的特征，而这些特征在其他动物那里并不真正具有。思想就是人区别于动物，或高于动物界的一种表现。思想使人变得高贵。思想成为人类自我追求和发展的一项事业，人类由此不断地扩展和提高自己思想活动的能力，不断地积累思想活动的成果和遗产，建立起思想体系的层层大厦。从这种意义上说，只要是开动脑筋进行思考，只要是通过思考得到的某种思想，都是人类精神活动的体现，都具有一定的魅力。

但是，更具体地考察就会发现：人的思想其实是多种多样的，从认识论上讲，有正确与不正确之分，即真理与谬误之分。在那里，正像思想发生了分化一样，思想的魅力也会发生分化。应该承认，不正确的思想并非没有魅力，甚至有些情况下反而比正确的思想更有吸引力或魅力。比如，有些思想尽管错误，但体现了一种思考的智慧，因而也具有某种魅力。比如黑格尔的哲学是唯心主义的，黑格尔把世界看作"绝对精神"的展开和历险，显然是不正确的。但这种体系的构造也体现了很高的哲学智慧，对人们具有很大的启示性。从这个意义上说，错误中包含着某种正确，思想尝试的失败也包含着成功的因子。没有黑格尔的唯心主义哲学，也不会有马克思、恩格斯的唯物主义哲学。而且，不正确的思想具有某种不确定性和神秘性，它比已经清晰化了的正确的东西有更多的展开空间和想象余地；有些不正确的东西荒谬得出奇，反而引起人们的好奇之心；不正确的东西可以任由人们添油加醋、变换花样，而正确的东西往往素面朝天、被人轻视，如此等等。

但是，归根到底，正确的思想应该比不正确的思想更有魅力，而这其实就是真理的魅力。真理作为正确的思想，本身是具有魅力的。这种魅力不仅在于一般的人类思想所具有的那种因超越动物本能而具有的魅力，更在于一种特殊的魅力，即由于思想的正确性而产生的魅力。人对世界的认识，特别是对世界的理性认识，目的在于揭示世界的真相，发现世界的本来面目，找出世界的客观规律。而符合事实的思想，正是人所求之不得的东西，它对于人更加珍贵，因而更有吸引力。发现真理，得到关于世界的正确认识，正是人类认识世界所追求的目标所在。这些正确的思想，是人类思想事业艰辛探索的结果，可以说是人类思想海洋中的精华，集中体现了人类思想的魅力。而且，这些正确思想是经过了实践检验的，这种检验本身往往进行得那样艰难，这就更使真理具有得之幸然的那种吸引力和魅力。

可见，真理的魅力是思想魅力最突出的一部分，是思想魅力最集中最突出的体现。真理的魅力包含人类思想所具有的一般性魅力，但同时包含因合乎实际而具有的特殊魅力。就思想政治教育的真理魅力而言，一方面是要引起人们的思考，使他们关注思想并自己能够进行思想活动，让他们感受思想活动本身具有的魅力；另一方面，又不停留于此，要让他们通过学习和思考，掌握正确的思想，掌握和坚持真理。由此可知，对于思想政治教育来说，不仅要向人民群众灌输正确的思想，让他们掌握真理，而且要通过引导他们自己思考，自觉地掌握真理。人民群众不加思考地接受马克思主义，并不是我们所追求的目的。这种接受是不自觉的，甚至是盲目的。而在群众开始自我思考的时候，我们则要充分地展现马克思主义科学思想的魅力，以赢得群众。

（五）"真理魅力"的认识论意义与价值观意义

在真理魅力问题上有一种复杂性，就是真理的认识论意义和价值观意义有所不同。在上一部分中，我们讲的真理是认识论意义上的，指的是正确的思想，是符合客观实际的理性认识。应该说，这也是真理本来的含义。但是，"真理"这个概念在人们的使用过程中也逐渐具有了价值观的意义，指的是人所信奉的价值观念。凡是信仰者，都认为自己所相信的道理是正确的思想，是真理，即使这种道理不能得到证实，或已经被证明为错误。在这里，确认的标准就不一样了。如果说在认识论中，真理的正确性靠的是客观事实（客观证据）的支撑，那么在价值观中，真理的正确性则靠的是主观事实（主观证据）的支撑，这种主观证据就是人的信仰。本来是真理因为正确而被人们信仰，但现在却出现一种情况：人们对某种思想的相信或信仰而导致确认这种思想是正确的，即确定这种思想是真理。

不要忘记，人们首先是在生活着，其次才是在认识着，而人们对世界的认识归根到底也是社会生活的一部分。虽然价值观上的"真理"概念的用法引起了混乱，需要我们把它与认识论意义上的本来含义加以区别，但是，我们更应该从历史的误会中去寻找必然性的东西。历史的误会，概念的误用，似乎是偶然的，但偶然背后有必然。"真理"概念进入价值观领域，并成为其中的核心性范畴，并不是没有原因的。认识与价值、认识论与价值观本来就是相互联系的，从一个领域进入另一个领域，是很容易也很自然就会发生的事情。

从某种意义上说，认识论意义的"真理"与价值观意义的"真理"可以统一起来。可以说，真理由于从认识论领域进入价值观领域而丰富了自身的内涵。在这里，真理不再仅仅意味着"正确的认识"，同时也意味着它是"被相信为正确"的认识，意味着"对人来说至关重要的正确认识"。世界是无限多样的，具有无限多的层面和内容，人类对世界的认识自然也是多角度的，十分丰富和多样的。人类形成的知识和思想，或者进一步说那些正确的知识和思想，并不是每一种都对人具有同等重要的意义。有些知识也是正确的，但它涉及的可能只是人类生活的边缘部分，因而对人并不具有特殊的意义。相反，有些思想所涉及的是生活的核心领域，因而对人具有至关重要的意义。价值观的标准就在于，它通常只把那些对人的生存至关重要的事物的正确思想称作真理，而对于那些零散的、边缘的正确思想并不称为真理。因此，真理在这里不仅具有正确性，而且也具有了某种神圣性。它通常被人们用来指称某种具有神圣性的信条。

在很多情况下，人们使用的"真理"概念往往兼具认识论和价值观的双重意义，而二者之间又有着相互纠结的复杂关系。当我们说马克思主义是真理时，一方面是认识论意义上的，是把马克思主义看作一种对世界的正确认识，在这方面它与另外的对世界的正确认识具有同样的价值；另一方面也是价值观意义上的，在这里马克思主义并不是世界上各种理论中的一种，而是一种作为我们指导思想和理论信仰的思想。幸运的是，由于马克思主义本身是科学性与革命性的统一，因而真理的两重含义在这里是重合的。相比之下，对有些思想的信奉者来说，比如对神灵创世学说的信奉者来说，真理的两种含义则往往不能统一。他们相信神灵创造世界是真理，但这主要是一种价值观的含义，至于客观上是否真的是神灵创造世界，并没有相应的证据。

从思想政治教育的角度来看，真理的魅力本来指的是认识论上的真理的魅力，但在实际生活中却不仅仅如此。在一定意义上，思想政治教育发挥真理的魅力，不仅是发挥科学的魅力，而且也在某种意义上发挥信仰的魅力。一个信仰马克思主义的思想政治教育工作者，当他努力展现马克思主义的真理魅力时，不仅是在阐述马克思主义的科学性，而且也传递了一种信仰的影响力。在这里，可以说真理的魅力和人格的魅力得到了统一。当然，我们要始终明白，"真理"的价值观意义依据认识论意义,后者是基础和依据。不能离开认识论意义而孤立地保持和扩展价值观意义。在展现马克思主义的真理魅力时,始终要有实事求是的科学态度,不论教育者本人对马克思主义真理具有怎样炽热的感情和信仰,他还是不能用感情代替理性,用信仰代替科学。失去了客观真理的真理魅力,只是空中楼阁。

(六)"魅力"的实质及对思想政治教育的启示

"魅力"是一个常用的词,人们大体上知道什么是"魅力"。但这只是一个日常生活用词,而不是一个理论概念。要想使它成为比较严格的理论概念,就必须对其进行内涵的分析和界定。

从《现代汉语词典》上看,"魅力"是"很能吸引人的力量"。这很好理解,但是,为什么"很能吸引人的力量"被称为"魅"力呢?"魅"又是什么意思呢?它原来不过是传说中的一种"鬼怪"。我们传统文化中有"魑魅"一词,是指山林里能害人的妖怪。还有一个词叫"魑魅魍魉",指各种各样的坏人。可见,"魅力"本来指的是一种魅惑力或蛊惑力,是妖魔鬼怪迷惑人的一种力量。显然,起初这是一个贬义词。

那么,为什么"魅力"后来又成为褒义词呢?为什么我们可以说"真理的魅力"和"崇高人格的魅力"呢?应该说,后来的用法是一种转义,而不完全等同于原义了。至于为什么要发生这种转义,笔者认为是为了增加正面表述的力度。在原义中保存下来这样一种含义,即这种吸引力和诱惑力不是一般的力量,而是一种极其强烈的难以抗拒的力量。它不是一般的"有吸引力",而是"很有吸引力"。也就是用"魅力"来形容吸引力之大。比如,当我们想表达"艺术"的超凡吸引力时,就说"艺术的魅力"。

至于"真理的魅力"的说法,是更为引申性的转义了。由此,我们得到启示:当我们谈论"真理的魅力"时,特别是当我们谈到"马克思主义的真理魅力"时,要认识到这并不能表达"真理"和"马克思主义真理"的全部力量。马克思主义自有其思想智慧的"魅力",但是马克思主义不是靠"魅力"来赢得人民的,不是靠那种令人神魂颠倒、欲罢不能的"诱惑力"来吸引群众的,而是靠自己的正确性、靠它指导实践的价值来赢得自身的存在和尊严的。当马克思主义作为社会主义国家法定的指导思想,当马克思主义经过广泛的宣传而成为社会的常识时,也许在人们看来它不再像过去那样具有"诱惑力"和"魅力"了,但也正是在这个时候,马克思主义成为人们认识世界和改造世界的得力工具,它的存在价值得到了充分的体现。

"魅力"不纯粹是事物本身的属性,它总是与人的感受相联系。同一事物,或同一个思想,在不同的时候,或对不同的人来说,具有的魅力有很大差异。在以瘦为美的时代,"骨感"是魅力;而在以肥为美的时代,则"丰满"是魅力。

从事思想政治教育工作时,要讲究方式,正反结合。直接陈述正面的东西,人们会觉得平淡无奇,没有吸引力,但如果从反面的东西开始,经过内容的冲突而引出正面的东西,人们就有了兴趣。我们不能在划定的圈子里舞蹈,也要打破一些不必要的框框,面向社会和人生,直面社会和人生中的错误的东西、丑恶的东西、罪恶的东西,使它们与正面的东西形成鲜明对立,最终使人们走向真善美。从某种意义上说,正面教育与反面教育相结合,应该成为思想政治教育的一条重要原则。

五、思想政治教育的基本规律

思想政治教育的规律问题是思想政治教育学中的重大理论问题。从一定意义上说,揭示和把握思想政治教育的规律是思想政治教育学的根本任务。思想政治教育学以人类社会中存在的思想政治教育为研究对象。这一研究对象,既包含了现象,又包含了本质,既包含了外部联系,也包括了内在联系即规律。研究者的任务就是从思想政治教育现象入手,透过现象抓住本质,透过外部联系抓住内在联系,找到思想政治教育的规律。本质和规律是同样性质的概念,前者是从静态上讲的,后者是从动态上讲的。它们并不是一种简单的并列关系,事实上是相互包含的。当我们讲本质的时候,事实上就已经包括了规律;而当我们讲规律的时候,事实上也包含了本质。因为规律并不在本质之外,它不过是事物本质中必然的联系而已。笔者认为,揭示思想政治教育规律,可以分为以下四个方面。

（一）确认思想政治教育规律的客观存在和基本属性

承认思想政治教育本身有其客观的规律性并且可以认识，这是思想政治教育研究的前提，也是思想政治教育学作为一门科学存在的合法性依据。任何对规律的研究必须从这一点开始。这也是思想政治教育学的第一个任务。当然，这个任务并不难完成，因为作为思想政治教育学理论基础的马克思主义已经从原则上解决了这个问题。在马克思主义看来，物质世界本身就是有规律的，不论是自然界还是人类社会，以及人类社会中的事物，都有其自身的规律性。而思想政治教育作为人类社会中产生和存在的社会现象和事物，必然也是有规律的。作为马克思主义的唯物主义者，认识世界的规律性是我们的基本信念。我们从唯物主义的科学立场出发，很容易坚持这一原则立场。当然，思想政治教育规律的客观存在不仅要原则性地从哲学上得到认识，而且也需要具体地通过研究和揭示思想政治教育的规律来进一步确认。我们还要对思想政治教育规律的基本特征和属性作出考察，这在一定意义上讲也是对思想政治教育规律客观性的进一步认识。那么，思想政治教育的规律是什么样的规律呢，具有什么样的性质和特点呢？这是需要我们去确定的。

首先，思想政治教育的规律属于社会规律，与自然界的规律是不同的。虽然自然规律和社会规律都是客观规律，但它们由于所处的领域和对象不同，其发生方式和内在机制是不同的。自然界的规律是自发形成的，并不依据于人的活动，而社会规律则是人的社会活动的规律。思想政治教育是发生在人类社会之中的认识和实践活动，它的规律属于人们社会活动的规律。这些规律是在人们的思想政治教育活动中形成的，没有思想政治教育活动就不会有这些规律。但这并不是说这些规律是以人的主观意志为转移的——尽管每个人的活动都出于其意愿和意志。

其次，思想政治教育的规律既是人们认识的规律，也是实践的规律，尤其是人们改造人和社会的实践性活动的规律。人们的社会活动是多方面的，大体可以分为认识活动和实践活动。思想政治教育活动既是一种认识活动，也是一种实践活动，而且实际上是把认识和实践统一于之中的活动。甚至可以说，思想政治教育活动是通过认识活动而实现的一种实践活动。作为认识活动，它注重的不是人的身体存在和物质生活，而是人的精神生活和主观世界；而作为实践活动，它的目的不在于反映人的精神生活和主观世界，而在于帮助人们改造主观世界和发展完善自己的精神生活。而且，思想政治教育活动需要有物质载体，它不只是在封闭的主观王国中自我运行，而是外化为客观的社会化活动，体现在多种多样的社会现实中。

再次，思想政治教育的规律与政治活动的规律密切相关。在思想政治教育中，政治是中心项和核心内容，规定着活动的社会性质，离开了政治，它的社会性质就发生了改变。因此，政治属性也是内在于思想政治教育规律之中的。从一定意义上讲，思想政治教育活动应该遵循政治规律，或至少不能违背政治规律。但是，也并不能把思想政治教育的规律直接等同于政治规律，或认为政治规律是思想政治教育规律中唯一重要的因素。拿政治教育本身来说，它既是政治，也是教育，是二者的结合。在这种结合中，政治无疑起着自己的重要作用，但它不能脱离教育而存在和发挥作用，会受教育规律的制约和影响。更何况，在思想政治教育中政治教育只是其中的重要内容或核心内容，而不是全部内容。

最后，从一定意义上讲，思想政治教育的规律属于教育规律的范畴。思想政治教育是一种教育，它应该遵循教育的规律，因而思想政治教育的规律也属于教育规律。但它是一种特殊的教育规律，是与思想政治相关联的教育的规律，与知识性、技术性的教育不同。思想政治教育属于价值教育，具有鲜明的价值立场，而知识与技术教育则基本上是价值中性的教育。二者有着较大的差异，这种差异在各自的规律性上也体现出来。同时，还应该注意一点就是思想政治教育也不仅仅是一种教育，事实上它还是一种宣传。"宣传"与"教育"经常混用，说明它们之间有相近、相似的地方或者相交叉的地方。它们都是向人们传播一定的观念信息，这是共同之点。但就二者的核心特征来说，它们其实并不相同。笔者觉得这主要是因为它们各自面向的对象或对象范围不同。教育通常是面向自己人的，是一定社会群体或团体内部的教育，是向自己内部成员传递思想观点和价值观，目的是培养人；而宣传则往往是面向外人的，是对一定社会或社会群体之外的人进行宣传，向他们传播或传递一定的思想和价值观信息，其直接目的并不是培养人，而往往是出于社会或群体的其他目的。宣传更多是面向外部的，它比教育的范围更宽泛一些。在我们的思想政治教育中，除了教育之外，实际上还包括宣传，至少是部分的宣传成分。我们党的思想政治教育不仅是对党内成员

第二篇 思想政治教育的基本理论阐释

的教育，也是对党外人员的宣传，对群众的宣传。当然由于我们党是人民利益的代表者，这种对社会公众的宣传也具有教育的性质。总之，思想政治教育中的"教育"是广义的教育，是包括一定的宣传在内的大教育，因此不能以我们通常所理解的比较狭义的"教育"去理解它，它的规律也不能完全归结为教育规律，还要结合宣传的规律来认识。

（二）划分思想政治教育规律的基本领域和主要方面

思想政治教育学的第二个任务，就是划分思想政治教育规律的领域，即列出规律域。因为，思想政治教育的规律，正像任何其他活动的规律一样，不是单一的，而是复合的，是一个规律的系统。其中既有基本的规律，也有具体的规律。不同层次有不同的规律，不同的局部和环节也有不同的规律。因此，为了全面地把握思想政治教育规律，特别是提纲挈领地掌握思想政治教育规律的全局，需要对规律存在的领域进行划分，找出几个基本的方面。我们以往的思想政治教育教材中，通常讲两个规律：一是人的思想品德形成发展的规律，二是对人们进行思想政治教育的规律。这两个规律的表述只是指出了规律所在的方面或领域，并没有具体表达出这两个规律的内容。也就是说这里讲的其实不是两个规律本身，而只是划分了两个基本的规律域。这种划分并不是没有意义的，相反它的意义很大。因为它为思想政治教育学对规律的研究划出了具体领域，确定了具体目标和任务，为在下一步研究中正面揭示规律的内容奠定了基础。当然，这两个规律域事实上是不够全面的，笔者认为还应该做进一步的补充。

上述两个规律领域的划分有其合理性和理论上的启发性：它突破了那种认为思想政治教育只有一个规律且只能有一个规律的狭隘观点，为我们进一步探索思想政治教育的其他规律敞开了大门。当然，上述两个规律的说法也有不足：一方面，它没有区分思想政治教育的规律和思想政治教育的基本规律。事实上，大家所讲的两个规律，应该是"基本规律"，是概括程度很高的规律。而在思想政治教育的其他层次，甚至在思想政治教育的某些局部以及环节上，也会存在着相应的规律。因此，正如有学者所指出的那样，思想政治教育的规律是一个系统或一个规律群。要把握这个系统，首先和主要的是找出其中始终存在并起主导作用的基本规律。另一方面，仅仅指出这两个基本规律还是很不够的，事实上即使就基本规律而言，也应该不只是两个而已。比如，思想政治教育形成发展的规律就没有包括在内，而且也有专家指出关于社会意识形态运行的规律也没有包括在内。因此，进一步补充和划分思想政治教育的基本规律领域，是很有必要的。

笔者认为，思想政治教育的基本规律域可以划分为五个方面，或者说思想政治教育有五个方面的基本规律：思想政治教育产生发展的规律、社会意识形态形成发展的规律、个体思想品德形成发展的规律、思想政治教育过程运行的规律、有效开展思想政治教育的规律。这五个规律之间有着有机的联系，它们各自处在不同的位置，共同构成思想政治教育规律的基本结构。上述五大规律，可以根据其性质和功能划分为四种类型，即总体规律、基础规律、过程规律和工作规律。

思想政治教育的第一个基本规律即思想政治教育产生发展的规律，从其地位、特征和作用来说，属于总体规律或总体性规律。这个规律并不是思想政治教育某一部分、某一层次或局部的规律，而是思想政治教育总体呈现的规律。可以说，它是思想政治教育全部规律的代表。因此，当我们简单界定思想政治教育学的时候，可以说它是研究思想政治教育产生和发展规律的科学。相比之下，其他几个规律虽然也很重要，但都不具有总体上的概括性和代表性。

思想政治教育产生和发展的规律具有自身特定的内涵和特点。这个规律首先是一个历史性规律。思想政治教育作为一种特定的社会现象和社会事实，被放在人类历史的过程中，考察其产生的根源和条件、在社会中的发展和演化，以及在人类社会未来的命运。唯物辩证法认为，一个事物的性质、特点和社会影响等，不是从其抽象本质中推论出来的，而是在其实际的历史过程中形成和展现出来的，因而需要从其自身产生、发展的全过程来考察。我们对思想政治教育的研究也正是如此。同时，这个规律也是一个思想政治教育与社会环境互动的规律，它反映的是思想政治教育与社会之间的关系，这个关系具有互动的性质，而且是一个复杂的过程。

思想政治教育的第二个和第三个基本规律，即社会意识形态形成发展的规律和个体思想品德形成发展的规律具有相同的地位和作用，属于基础规律或基础性规律。这两个规律对思想政治教育过程的运行，对思想政治教育工作的开展和最终取得成果，起着重要的支撑作用。可以说，它们是思想政治教育的两大支柱，正是它们支撑着思想政治教育的大厦。以往我们只承认这里有一个规律，即个体思想品德形成发展的规律起支撑作用，现在我们进一步认识到，仅有这个规律是不够的，它还不能起到完全的支撑和基础作用。个体思想品德形成发展的规律涉及的是个人，它是微观领域的；社会意识形态形成发展的规律涉及的是社会，特别是社会的主流意识形态，它是宏观领域的。只有把宏观和微观领域结合起来，才能对思想政治教育的完善与发展起到全面的支撑作用。

思想政治教育的第四个基本规律即思想政治教育过程运行的规律，是过程规律或过程性规律。思想政治教育作为一种社会实践活动，有其自身的运行和展开过程。这个过程可以划分为几个不同的阶段，比如谋划、准备、实施、调控、收尾、评估等。这些阶段依次更替，共同构成思想政治教育的完整过程。尽管在现实生活中并不是每一个思想政治教育过程都是如此典型和完整，可能会因为主客观条件等原因而略去一个或几个阶段，但是如果要揭示思想政治教育运行的规律，就必须找到思想政治教育展开的完整过程和典型过程。在每一个阶段中，在各个阶段的推移中，都有若干个要素协同发挥作用，有若干个环节环环相扣，把这些揭示出来，找到它们的规律性，就揭示了思想政治教育的过程规律。思想政治教育的过程规律是思想政治教育规律的一部分，一个类型或层次，我们不能把思想政治教育规律与思想政治教育过程规律混同起来。

思想政治教育的第五个基本规律即有效开展思想政治教育的规律，是工作规律或工作性规律。这是规律体系的落脚点和归宿。我们建立思想政治教育学的目的不只是科学建构和推进人类学术事业，更重要的是更好地开展思想政治教育活动，取得思想政治教育工作的更好成效。在这里，必须把思想政治教育主体考虑进去，并从这个角度来认识和归纳思想政治教育的规律。离开了工作主体，就不会有工作性规律。思想政治教育主体如何才能做好这项工作呢？怎样才能提高工作的实效性呢？这里面是有经验、有窍门的，而其背后就是规律。这里的规律与思想政治教育过程规律密切关联，甚至有某些内容和方面的交叉重叠，但不应该把二者混同或等同起来，因为它们毕竟处在不同层次上，是从不同角度来考察问题的。思想政治教育的过程规律是一个客观化过程中的规律，需要我们把思想政治教育当作一个自行展开的客观事物来看待；而思想政治教育的工作规律，则要求以思想政治教育主体的工作为重心。在这里，主体的立场和价值观也包含在内，甚至工作主体的个体化特点及风格也应该为这个规律所包含。这里的规律不只是共同的规律，不只是基本的规律，而是包括更具体和更微观方面的规律，体现在不同的工作者的工作风格和个性当中。通过这种具体性的工作规律的考察，我们可以理解，不同的工作者正是因为有着不同的个性和风格而取得了同样有效的成绩。

（三）形成思想政治教育规律的理论内容和经典概括

思想政治教育学的第三个任务，是对思想政治教育的规律本身作出研究和概括。划分出几个方面的规律领域当然是必要的，但还远远不够。思想政治教育学者们还需要对每一个领域或方面的规律进行具体的研究，揭示出这方面规律的内容并作出相应的概括。比如，思想政治教育产生和发展的规律究竟是什么，社会意识形态形成发展的规律究竟是什么，个体思想品德形成发展的规律究竟如何概括，思想政治教育过程运行的规律包括哪些内容，有效开展思想政治教育的规律的具体内容和要求是什么，等等。

这里包括两个方面的具体任务，一是通过研究来弄清规律本身的内容，二是对这些内容作出简明的概括。就第一个方面的任务来说，要弄清某一个领域或层次上的规律的真实内容，必须进行大量广泛而深入的研究，真正把事物产生发展的过程弄清楚，把事物起作用的条件弄清楚，把某一事物与其他事物的相互关系弄清楚。从一定意义上讲，这些研究其实就是科学研究的几乎全部内容。这个过程，既是弄清问题和发现真理的过程，也是形成理论的过程。既然要形成理论，当然就包括一定的概括。那么，这是否就意味着第二个方面的任务是多余的呢？并不是。我们所说的对规律内容的概括，特别是经典性的简明的概括，是更进一步的任务，是把规律的表述提炼出来，形成一种易于表达的规律形态，即形成类似自然科学中的公式或定理的那种表达。在自然科学中，只是清楚了事物的道理，理解了内部的联系，而没有形成一定的定理或公式，那么研究就还没有完成。哲学社会科学研究也应该如此，包括我们所从事的马克思主义理论研究、思想政治教育理论研究。如果用这样的标准来审视和衡量当下的理论研究就会发现，我们的许多研究虽然可以说揭示了事物的规律，但是并没有进一步概括，使之成为一种简单而经典的命题。比如我们在编写理论课教材时，经常说马克思主义揭示了物质世界的规律、认识发展的规律、社会发展的规律、资本主义产生发展的规律、社会主义产生发展的规律等，我们可以在教材里看到各相关领域的理论原理，但如果要找每一个规律的具体内容和表述是什么，则通常是找不到的，只能找到个别的明确表述，比如"生产关系一定要适应生产力发展状况的规律""上层建筑一定要适应经济基础状况的规律"等。

我们由此进一步思考，规律被揭示出来后，究竟应该怎样来表达？是用全面的理论来表达，还是用简单的定理来表达？对此，我们不能把两个方面截然分开并对立起来，而应该结合起来理解，看到各自的必要性和不足。在每一门科学中，大多数的规律都包括在理论中，包括在理论体系中，包括在理论的各个原理及其相互关系中。当讲完这些原理之后，规律就算是说明白了。而并不一定必须说：这个表述就是规律，那个表述不是规律等。假如有学生问：规律究竟在哪儿？你们不是说发现了规律吗，那就把那个规律拿给我看吧！我们大体上可以回答说：书中的道理和原理，其实都是规律，只是我们没有这样表述而已。只要你把这些原理都掌握了，就算掌握这些规律了。我们虽然也可以概括出几句话或几个定理来直接地表达规律，但这些表达并不能真正全面地体现理论的内容。而且，也并不能说除了这些规律之外，其他内容就不是规律或不包含规律了。所以，对于"规律"应该有合理的理解。

教材中所说的"规律"既可以是泛指，也可以是特指。前者指一个理论中的原理和内容，后者指某一个或几个规律。当我们说，马克思主义揭示了世界发展的客观规律时，这里是泛指，因为我们并不能简单地讲清楚究竟是哪个或哪几个规律；但当我们说唯物辩证法的规律时，通常是特指，指对立统一规律、量变质变规律和否定之否定规律。泛指和特指都有其合理性，而且二者可以并存。关键在于我们要理解好。仅仅有泛指而没有特指，就往往不够具体和明晰，特别是在教学中不易为人们所掌握。人们往往比较喜欢那种把什么都概括为一、二、三、四的教学方式，这样人们就易于掌握住基本的要点。但是如果只掌握特指的规律，而不理解泛指的规律，那么就可能使原理内容狭隘化。比如，如果认为唯物辩证法的规律只有那三个，此外再没有辩证法的规律了，那就是狭隘的，甚至是错误的。三大规律只是唯物辩证法中的基本内容，但并不是全部内容，更不能说这三个规律已经穷尽了自然、社会、人类思维三大领域中事物辩证关系和辩证发展的全部内容。所以，一方面有泛指，另一方面又有特指，二者结合才是最全面的。

那么，联系到我们思想政治教育教材的编写以及教学，就面临一个问题：我们要不要单列一章讲思想政治教育的规律呢？有人会认为，既然全书讲的都是规律，或者思想政治教育的规律既然已经包括在我们教材的各个原理中了，为什么还要单列一章来专讲规律呢？如果讲的话，讲哪几个规律呢？这正是我们感到困难而不好处理的问题。我们的思想政治教育学原理教材，讲规律的那一章大家讲的并不一致，而且事实上没有达成统一认识。这说明，我们想在泛指的基础上进一步发展到特指，但还处在尝试阶段。我们现在的理论研究和教材编写基本停留在这个阶段上。以后，我们要进一步深化研究和概括提炼，努力形成基本规律的更加经典和简明的表达。这样，使教材既有理论内容所包含的多方面的规律，又有专门概括的基本规律，便于学生学习和掌握思想政治教育规律。

（四）明确思想政治教育规律运用的规则和限制

在发现规律之后其实还有一个问题：就是对规律的评价和运用问题。这个问题表面上看来似乎是多余的，人们可能会认为，既然规律已经揭示出来了，甚至都有了经典性的表述，那么科学研究的任务就算完成了，至于怎样看待和运用规律，那是实践中的事情了。对于思想政治教育学来说，人们也许会认为，揭示了规律就算达到了目的，至于掌握和运用那就不是问题了，因为任何人都能够重视和运用规律。在笔者看来事情没有这么简单。思想政治教育规律具有特殊性。联系到在现实生活中存在着某些实际上滥用相关规律的问题，我们能否合理看待和运用思想政治教育的规律，还是一个不能不考虑的问题。这可以看作是思想政治教育对规律研究的第四项任务。

我们都知道，规律是客观的，它本身无所谓价值上的立场和倾向性。但我们通常有意无意地把规律作为正面的东西，而且"规律"一词是我们所喜爱的概念，是我们认识的目标，也是人类实践应手的工具。真理和正义天然相联系，任何规律的发现和运用都是有益的。我们认为只要找到了规律，则规律就是合乎目的的，因而，对规律的运用就是天经地义的，就是合理的。其实，这里还有一个问题需要认真考虑：运用规律来做什么？运用规律来帮助人解放人，还是压迫人、损害人呢？这里就有一个利用规律的价值取向问题。从我们的立场讲，我们只能站在人民的立场上，站在帮助受教育者成长发展的立场上来运用规律，而不是站在相反的立场上利用规律。

还有一个问题是：是否所有的规律都可以利用？是否存在着某些带有危险性的、为了人的尊严和利益而不能运用的规律？比如心理学领域中的某些规律。现代心理学揭示了一些规律，表现了人性的弱点和脆弱，比如可以通过催眠或其他无意识手段来改变人的信念，通过制造恐惧使人意志崩溃来使人改变态度和信念，通过无限度重复灌输而给人"洗脑"等。黑社会、邪教组织、传销组织等都会采取类似的做法。不可否认，这些做法中包含许多心理学的规律，而揭示这些规律让人害怕。显然，这些规律的运用触及人性的底线，触及人格的核心，是对人格的侵犯，早已超出合理的范围，超出了思想政治教育的范围。这些显然是不合理不合法的，而这些规律也是令人不安的。由此，我们也可以设想，在任何一门科学中，也会有出于人类伦理的考虑而设置的至少是暂时性的禁区。科学研究是为了帮助人，而不是为了毁灭人。在人类尚不能承受某些研究可能揭示的规律时，就需要调整研究的方向。因此，研究方向的选择，不仅是一个技术性问题，也是一个伦理问题、价值观问题，关系到规律的危险运用的问题。因此，我们的思想政治教育学，虽然在研究思想政治教育的规律时通常不会有什么禁区，但也应该站在帮助受教育者成长发展的立场上来选择研究方向，应该重点研究那些有利于这些目的的规律，而不能去研究对人进行思想控制和心理控制的规律，更不能研究对人进行思想奴役的规律。不仅如此，我们还要抵制和大力反对一些人出于不良的目的去研究和运用这类规律。总之，我们的思想政治教育是堂堂正正的，应该有益于社会进步和个人发展，我们应该旗帜鲜明地反对那种运用某种规律来损害社会和个人的丑恶行为。

六、思想政治教育的主渠道与微循环

本部分要探讨的问题，属于思想政治教育途径的范畴。所谓思想政治教育的途径，是指为了达成思想政治教育的目标而采取的路径通道。正如思想政治教育领域中的许多概念一样，思想政治教育途径也在不同的层次上使用，从而具有广狭不同的含义。从广义上讲，思想政治教育途径泛指在思想政治教育的主体与客体之间、起点与目标之间的中介系统，主要包括思想政治教育的方法、载体和渠道。在次广的含义上，则概指思想政治教育的载体和渠道，而与方法相并列[1]。我们通常用的"思想政治教育途径与方法"，就是如此。在狭义上，思想政治教育途径指的只是思想政治教育的渠道。这里主要谈的就是思想政治教育的渠道问题，或更具体地说是思想政治教育渠道的格局或布局的问题，这个问题对思想政治教育的效果有直接的影响。

（一）思想政治教育的渠道与渠道网络

"渠道"是一个很形象的概念，它在思想政治教育的中介系统中，与"道路""途径""路径"等同属一种类型，但又具有突出的个性特征。如果说"道路""途径""路径"等带给人们的往往是"陆路"的意象，那么"渠道"一词凸显的则是"水路"的特征。它更生动形象地表现了思想政治教育运行的状态，特别是思想政治教育信息流动和传递的状态。思想政治教育是一种软实力，它具有"软性"或"柔性"的特征。它面对的是现实生活中活生生的人，是人们柔软的内心世界，所要处理的是人们的思想感情方面的问题，因而不能把思想政治教育活动想象成机械的甚至刚性的。特别是从现代信息传播的角度来说，思想政治教育无非是向对象传达和传递相应的思想政治信息，这种信息的传递状态不是生硬和强制的，而是更像水波、水流的样态。

"渠道"也是一个很农业化的概念。水利是农业的命脉，用于农业灌溉的水渠、水道随处可见。"渠道"一词易为中国人所理解。尽管它

---

[1] 孙其昂. 思想政治教育学基本原理. 南京：河海大学出版社，2004：159.

来自经验，保留了感性的意蕴，但它完全可以成为一个思想政治教育的科学概念。事实上，哲学社会科学中许多重要的概念都是来自现实观察并带有感性的印象特征。另外，"渠道"不是一条两条，而是若干条，从而形成渠道的网络。

从这样的角度来思考我们的思想政治教育就会发现，它是一个庞大的信息流动和循环的系统。我们可以根据生活中的经验，从两个方面来描绘这种状态，并从中得到有益的启发。一是人体的血液循环，一是城市的交通运输。我们知道血液循环对人体的重要意义，它把营养输送到全身各个器官和部位，维持着人的生命。如果血液循环中断，就会导致人体的瘫痪。同样，城市的交通运输对于维持城市生活的正常运转也具有同样的意义。思想政治教育对社会的作用可以由此得到理解。社会是个有机体，它的血液循环系统是非常重要的。如果说交通运输是物质流通的血液循环，那么思想政治教育则是思想营养的血液循环。党中央好比是人体的心脏，而思想政治教育的渠道则把党的声音传送到全国各地，传送给人民群众。

（二）思想政治教育的主渠道与微循环及其关系

在思想政治教育渠道的网络中，可以区分出主渠道和微循环。所谓主渠道，就是主干性渠道，它不论是在自身构造上还是在所起作用上，都具有主干性。主渠道更为宽大，信息流量更大，在思想政治教育信息的传递中扮演着主要角色。除了主渠道，还有微循环。如果说主渠道相当于人体的大动脉，那么微渠道则是毛细血管。如果说主渠道相当于城市的主干大道，那么微渠道则是城市的小道里巷。它们当然在体量上小得多，但它们构成生命体的微循环，是循环系统不可缺少的重要组成部分。

在思想政治教育过程中，主渠道起着主要的作用。它是思想政治信息传送的主要通道，集中承担着大量的工作，不仅实现了思想政治信息传递的高效率，而且在社会中的分布具有导向性的作用。从思想政治教育的领导和管理角度来说，主渠道也具有自觉性强和易于掌控的特点。

思想政治教育的微渠道对主渠道起着配合、辅助的重要作用。微渠道虽然微小，但也有其不可或缺的价值，有比主渠道更为有利的地方。首先，它的数量极大。尽管每一条都很细微，但具有庞大的数量，这些细微的渠道构成了微循环。相比之下，主渠道虽然体量大，但数量少得多。其次，它分布极广。主渠道分布虽然有一定的广度，但它不可能到达每一个细微的地方。而微渠道及由其构成的微循环则无处不在，随时随地发挥着作用。再次，它四通八达，具有自我修复能力。主渠道很强大，不易破裂，但一旦堵塞就不易疏通，具有很大的危险性。而微渠道尽管容易堵塞，但危险不大，而且它能通过四通八达的网络实现通路的自我修复。正是由于具有这种功能和优势，它能够承担起协助和配合主渠道的作用，维护主渠道的安全，分担主渠道的压力。

在我国思想政治教育的格局中，主渠道和微渠道的划分是很清楚的。比如，在大学生思想政治教育中，思想政治理论课教学是主渠道，而师生交往、专业课学习、学生社团、校园文化活动等则是微渠道。而就全国思想政治教育来说，党政系统特别是党的系统是思想政治教育的主渠道，而一些个体和社会组织所从事的社会化、生活化的活动则是微渠道。无疑，思想政治教育主渠道在宣传党的路线、方针、政策方面起着直接的、主要的和导向性的作用。作为社会主义国家的执政党，我们党首先要建设好思想政治教育的主渠道，并充分发挥其作用；同时，也要重视思想政治教育的微循环，调动社会化力量共同做好思想政治教育工作。

（三）当前的主要问题：主渠道超载，微循环闲置

思想政治教育是在自我调整中不断发展的。每一个时期的思想政治教育都需要自我反省，总结经验，克服缺点，以提高实效性。特别是在社会发生重大转折的历史时期，在思想政治教育出现不适甚至危机的时期，更要注意自我省察，总结提高。当代中国社会变化之大，变革之快，史所罕见。在这样的时期，思想政治教育必然会遇到许多困难，受到巨大冲击。这些年来，大家从不同的角度和方面去观察思想政治教育遇到的问题和困难，提出了不同的意见和建议。有的意见已经涉及或接近我们的谈论问题，但尚未以明确的思路和语言把问题揭示出来。当前思想政治教育效果不够理想的一个重要原因，是在思想政治教育渠道的分布和利用上出现了失衡，即主渠道过于繁忙而拥堵，微循环则未发挥应有功能。

我们一直在加强和拓宽主渠道，依靠主渠道来发挥思想政治教育的

作用。这当然是对的，也起到了较好的效果。但是，主渠道是单一的，它必须要有微循环的密切配合才能更好地发挥作用。如果不重视利用微循环，只依靠主渠道，搞"单打一"，那就难以实现思想政治教育的全覆盖。而且当主渠道过于繁忙时，还可能出现拥堵甚至瘫痪，导致思想政治教育效率的极大降低。

这其实与我们现在常谈论的城市交通状况是一样的。以北京和上海为例，北京的大马路比上海要宽得多，但交通拥堵反而更厉害。这究竟是为什么呢？原因当然有多个方面，但其中很重要的一个方面是：北京交通的微循环没有发挥作用，大家都走主干道，结果主干道拥堵不堪。北京机关大院很多，高校多，它们占地动辄就是百亩甚至上千亩，里面不通市政马路。一些胡同只能单行，而且许多连单行也不能保证。大家一出门就上主干道，结果造成拥堵。多年来北京一直在加宽主干道，提高主干道通行效率，但是，当这样庞大的城市只剩下主干道时，交通拥堵和瘫痪是必然的。相比之下，上海的大马路虽然不太宽，但由于普通道路和小路较多，大家不至于完全堵死。

现在思想政治教育的主渠道很宽阔，但由于微循环不畅，当极其庞大的思想政治教育工作都靠主渠道来进行时，也造成了主渠道的拥挤和低效率。

就大学生思想政治教育来说，重视发挥思想政治理论课教学这一主渠道的作用，无疑是十分正确的。近年来思想政治理论课教学在改革中不断得到加强，效果也在不断提升。但是，大学生思想政治教育是一个系统工程，不能完全把重担压在思想政治理论课这一主渠道上，也不能把效果不佳的板子都打到思想政治理论课教师的身上。现在思想政治理论课教师压力较大，这对实际教育目标的达成是不利的。

（四）破解之道：激活微循环，疏通主渠道

既然弄清了思想政治教育渠道方面存在的问题，就要加以调整和解决。调整的思路，就是"激活微循环，疏通主渠道"。也就是说，从激活微循环入手，减轻主渠道的压力，从而提高主渠道的运行效率，实现主渠道和微循环的互补和结合。

要激活思想政治教育的微循环，就必须在高度重视主渠道作用的同时，全面充分地调动社会各方面的积极性，调动社会的、群众的力量来做思想政治教育工作。从党和国家的关系上来讲，在发挥党委系统的主渠道作用的同时，要发挥国家政府部门在思想政治教育方面的作用；从国家和社会的关系上来讲，在发挥国家机构主导作用的同时，也要发挥各行各业和社会各界的作用。要实行思想政治教育的社会化。党、国家、社会既相区别，又相联系。党领导着国家，并通过国家管理着社会，党是领导力量。思想政治教育本来是党的工作，但党又是执政党，掌握着国家政权，并将自己的意志上升为法律。这样，党的思想政治教育工作又要通过国家来进行，表现为国家的思想政治教育。但是，国家只是社会的公共领域，并不是社会的全部。思想政治教育不能只停留在国家的层面上，不能只是表现为各级国家机关和政府部门的工作，要走向全社会，成为社会生活的一部分。这就是思想政治教育的"社会化"。

近年来，学术界已有人提出"思想政治教育社会化"的问题，并进行了初步的研究。他们研究这一命题的含义，并从思想政治教育的内容、方式、方法等方面去探索如何实现思想政治教育的社会化。确实，"思想政治教育的社会化"是一个比较宽泛的命题，它涉及思想政治教育的方方面面，而其中非常重要的，还是途径和方法层面，特别是渠道层面。要在坚持党和政府的主渠道的同时，让社会力量（个人和社会组织）承担部分思想政治教育的任务。这些社会力量虽然弱小，但它们数量很大，综合起来就能发挥相当大的作用。

我们没有注意到，在社会中蕴含着巨大的思想政治教育工作的积极性。很多普通人都愿意扮演思想政治工作者的角色。他们意识到这项工作的重要性，并觉得自己也应承担部分义务工作。从骑着三轮车长途跋涉宣传党的好政策的农民，到义务为厂矿做理论宣讲的退休干部；从民营企业家搞的公益性思想文化类慈善活动，到老公务员在网上发表《写给公务员的一封信》；等等，所有这些都表明社会上有着这方面的巨大热情。这种情况颠覆了多年来人们对思想政治工作者的偏见和想象，改变了人们心目中思想政治工作者不受欢迎的印象。社会上涌现出很多主动的义务宣传员，这是令人深思的。

其实，思想政治教育的社会化已经是实践在先，而理论上的探讨不过是对现实中已经出现的趋势的概括。只要我们带着这样的认识去观察近年来社会中出现的一些现象，就能发现确实如此。比如，毛泽东的家乡韶山搞"红色婚礼"，口号是"让毛主席见证我们的爱情"，吸引了

100多对新人申请50个名额。新人们在毛主席铜像前宣誓:"从今天开始,拒绝婚姻物质化,拒绝婚姻自私化,拒绝婚姻随意化,用诚挚注解婚姻,直到永远!"谁能说这不是一种婚姻观的教育呢?还有河北沧县"90后"青年带领村民连办三年"村晚",既满足了村民娱乐的需要,又弘扬了社会主义农村新风尚。

当然,社会上零星的思想政治教育现象是自发出现的,还没有纳入思想政治教育系统中来考量,还没有得到党和政府以及社会的足够有力支持。我们现在要做的,就是要充分发掘这些现象及其价值,并给以高度的重视和评价,给以鼓励和支持,使之得到更大发展;当然还要注意引导,使其从自发向自觉迈进。只要社会各界更多地承担起思想政治教育的职责,那么思想政治教育的主渠道就可以相应减轻压力,这有助于全社会的思想政治教育格局更为均衡合理。当然,充分发挥微循环的作用,并不是忽视或轻视主渠道的作用,更不是弱化主渠道的职责和使命,而是调整主渠道的工作状态,使主渠道能够更加从容、高质高效地发挥好自己的主导作用。

思想政治教育社会化当然也不只是靠发挥微循环的作用,主渠道自身也要作出改变,使其工作方式更加公众化和社会化。

七、思想政治教育过程中的重复施教

考察一下我们的思想政治教育过程就会发现,其中存在着大量的重复施教现象,对思想政治教育效果产生了不容忽视的影响,降低了思想政治教育的实效性。为了优化思想政治教育过程,增强思想政治教育实效性,同时也为了从理论上全面描述和阐释思想政治教育过程,我们需要对重复施教现象进行分析。

(一)思想政治教育过程中存在着较多的重复施教现象

所谓"重复施教",指思想政治教育过程中教育者对受教育者实施的多次重复的教育活动。

重复施教大量存在于实际的思想政治教育过程中。对此,不论施教者还是受教者都会有所感受。只是相比而言受教者的感受更为强烈。因为施教者主要是从技术层面考虑这种重复的问题，而受教者则是在亲身感受甚至承受这种重复性施教。事实上，思想政治教育过程中减少重复施教的要求，也主要是由受教者从自身感受出发提出来的。

重复施教有多种表现。目前，我们的思政课中常见的一个现象，就是同一个内容在不同的学段、不同的课目中重复出现，教师重复讲解。有的内容，初中思想品德课讲，高中思想政治课讲，大学思政课还讲。大学阶段，四门思政课内容上也有一定交叉重复。比如"中国近现代史纲要"课和"毛泽东思想和中国特色社会主义理论体系概论"课就有内容上的重复。另外，本科的思政课与研究生的思政课，博士生与硕士生的思政课，也是如此。以上这些情况，带有一定的结构性，是课程设置和内容安排等方面的问题。

思政课具有一定时效性，必须体现党的重要会议和文件的最新精神。为此，就要有中央新精神"进教材、进课堂、进头脑"的任务。在这个过程中，不同课程在贯彻体现相同的文件精神时，也会出现一定的交叉重复。

还有一些重复带有主观性和随意性，通常是由教育者及其教育教学方式所带来的。比如有的教师表达比较啰唆，反复论述等。

以上主要是从学校特别是高校的角度来谈的，其实类似重复施教的现象并不仅仅存在于学校德育之中，在面向社会公众的宣传教育中也存在着大量的重复宣传的现象。所有这些，都属于思想政治教育过程中的问题，都需要我们从理论上加以考察。

（二）一定的重复施教是必要的

那么，这些重复施教为什么会存在呢？我们如何看待和评价这些重复施教的现象呢？

首先应从教育本身来进行考察，因为思想政治教育也是一种教育。简单地说，教育是人类传递经验和知识的活动，其中当然也包括做人方面的经验和知识。知识和经验的传递主要是代际传递，是上一代传递给下一代。这是人类文明得以形成发展的重要条件。如果没有这种传递，每一代人从头开始，就不可能积累起社会的文明。具体到教育过程，则不仅有代际的传递，也会有同代人之间的传递。不论怎样的传递，都有

第二篇　思想政治教育的基本理论阐释

一个传授、学习和掌握的过程，而这个过程就包括"重复"这种现象。可以说，一定的重复施教是教育活动本身的一种内在形式。没有一定的重复传授，教育就难以完全开展，教育事业就无法继续。

受教育者学习和接受的过程包含着记忆和理解，这二者都需要一定的重复。对知识的记忆需要一定的重复识记。虽然一次性的不经重复的事情人们也能记住，特别是那些比较特殊的具有很强刺激性的事情，但是对多数人的多数情况来说，一定的重复能增强记忆。"重复是记忆之母"就是这一经验的总结。同时，对知识的理解也需要一定的重复性引导，这不仅因为理解需要以一定的记忆为基础，也因为理解本身需要在重复试探中达成。理解不是一次完成的，它往往需要多次推进才能达到。"书读百遍，其义自见"说的就是这一现象。当然，记忆和理解所需要的重复可以由受教者通过自主性重复学习来实现，也可以由教育者通过重复施教来实现。

重复能带来一种节奏感，而节奏感是生命的一种要素。人的呼吸的重复进行，心脏的重复跳动，就是如此。其实，世界上很多事物和过程，都包含着一定的重复性，比如日夜的交替，四季的往复。教育事业也有自己的社会性的生命，它的生存、运行和发展中也包含着某些带有重复性特征的活动。从一定意义上可以说，某些重复施教现象是教育事业生命体征的重要体现，是教育事业的一个生命要素。

其次，应从宣传本身考察，因为我们的思想政治教育在一定意义上也是一种宣传。这是由思想政治教育的意识形态属性决定的。思想政治教育是一种教育，但它是一种特殊的教育。特殊之处在于：它主要不是一种知识性、技术性的教育，不是一种做事的教育，而是一种思想品德方面的教育，是做人的教育，而且还不是一般意义上的思想品德教育，而是包含着政治的、以政治为核心的思想品德教育，即思想政治品德或思想政治素质的教育。这就使它不同于一般的教育和一般的德育。思想政治教育不是单纯的学校德育，它不只是面向学校学生的，也是面向社会公众的；它不只具有教育属性，而且具有政治属性和意识形态属性。意识形态的传播离不开宣传，社会主义意识形态的传播也是如此。党的意识形态工作的主管部门是宣传部。如果说思想政治教育在学校中具有较多的教育特征，那么它在社会公众面前则具有较多的宣传特征。

在意识形态的宣传活动中，重复就更是不可缺少了。因为宣传所面对的往往是众多且不固定的对象,并不是每一次宣传活动都能普及到每一个成员。因此,即使只是为了扩大宣传的覆盖面,只是为了使更多的人在无意中得到所宣传的信息,也需要有较多的重复宣传。而且,由于在育人化人的力度上总是弱于教育,宣传总是需要更多的重复。宣传与教育,虽然都是在传播一定的知识、态度和价值观,但教育对受教育者及其受教效果有明确要求,比如要以考试来进行衡量和督促,而对宣传来说则不可能提出这样的要求。面向社会公众的宣传活动,虽然也要讲究效果,但并不能要求公众通过考试。所以,宣传的效果也在很大程度上靠大量重复来实现。

行文至此,就不能不谈到"灌输"。大家基本上同意,思想政治教育是一种意识形态的灌输,或主流意识形态的灌输。在这个"灌输"中,就包含有一定的重复施教在内。因为我们所说的"灌输",是一种正面的、系统的理论教育过程。这样一种过程是不可能不存在一定的重复施教的。当然,重复到什么程度,那是另一个问题。而过多的重复则成为"灌输"方法的一个弱点。

(三)必要的重复与多余的重复

尽管思想政治教育本身需要有重复施教,因而有些重复施教是必要的、合理的,但这并不是说,在思想政治教育过程中实际存在的重复施教都是必要的和合理的。事实上,不论是现在还是以前,在实际的思想政治教育过程中,都或多或少地存在一些不必要的重复施教。

这是为什么呢?为什么会出现一些不必要的重复?

首先,这是由教育过程的惯性带来的。如前所述,教育过程本身需要有重复施教,但在实际工作中,重复施教的合理与不合理、必要与不必要的界限却并不清楚。虽然重复不足的问题也可能存在,但相比而言,重复过度的情况更常见一些。因为重复施教比较容易做到,而且教育者的职业责任心也往往体现在重复施教上。教育者出于自己可贵的教育信念和责任感,会有较多的工作投入,因而施教活动往往宁多勿少,于是自然而然出现更多的重复施教。应该说,有些不必要的重复施教,其实是教育者责任心和责任感的一种表现。这种责任心和责任感当然是值得赞扬的,但由此带来的过多的重复施教则并非好事。

其次,这也是因为过于强调教育内容的重要性而造成的。通常,越是重要的事情就越需要突出强调,而为了突出强调就需要反复申说。思想政治教育的内容当然非常重要,它是属于"德"的方面,与属于"才"的方面相比,应该放在首位。特别是一些政治性的内容,一些关系党和国家前途命运的重大问题,更是因为重要而须强调,因为强调而须重复,这是可以理解的,也具有必要性。但这种重复发展下去,有可能超过必要的限度。

再次,这也与教育者对受教育者缺少了解有一定关系。教育者当然希望自己的教育活动收到好的成效,为人们所理解、掌握、接受、认同。但如果教育者对受教育者的真实情况缺少了解,特别是如果对受教育者的接受能力没有信心,就会重复施教。所谓"苦口婆心"就是这种情况的反映。教育者担心学生理解不了,就多说几遍;理解了,又担心没有记住,就又说几遍;即使已能记住了,但又担心认同不够,于是又多讲几遍。

最后,这也与教育方式的简单、单一有关。教育的方式方法应该是多种多样且生动活泼的,即使是重复施教,教育方式的多样化和生动性也可使受教育者不觉得其为重复。但是如果工作方式简单,教育方式单一,效果就会很差。近年来,教育教学方式上的改革和创新已经受到大家的关注,涌现出许多新的方式方法,其中的一些探索已经积累了初步的经验。但是,教育教学方式单一的问题仍然存在。

(四) 过多的重复会影响教育的实效性

大家都知道,过多的重复不是好事。但它究竟导致什么后果呢?这需要一系列实证研究来说明。

首先,不必要的重复施教收不到相应的教育效果。超过必要的限度的重复并不带来好的效果。事实上它的效果是递减的,与付出不成比例。这就意味着教育者的大量劳动付之东流,以及相应教育资源的浪费流失。思想政治教育不能一味加大投入,也要讲究投入与产出的比例。因此,思想政治教育不能仅仅停留在"大力加强"的思路上,更不能把"大力加强"变成"反复强调"。否则就是拳头打在棉花上,没有动静。

其次,过多的重复施教对教育者也会产生不良影响。他们要付出大量额外的劳动,由于这些过多的重复劳动并不能带来预想的效果,因而会让教育者产生失望情绪。而且,过多的重复施教,特别是简单化的单一形式的重复活动，会消磨教育者的工作激情和创造精神，时间长了会造成职业倦怠。在全国高校中，普遍存在着思政课教师担负过重的重复课堂教学的问题。这种同一门课程的大量重复讲授不仅难以保证教学的新鲜感和课堂效果，而且使教师疲于应付，不利于教师教学水平的提高。因此，按照教育部文件所规定的师生比来配备足够的甚至略有富余的思政课教师，是十分必要的。

再次，重复会降低教学内容的新鲜感和新奇感，降低教育教学的效率。毋庸置疑，人类在认识世界时有好奇心。好奇心是人们认识事物、探求真理的强大内源性动力。设法保护受教育者的好奇心，是成功的教育的重要条件。"温故"可以"知新"，一定的重复没有问题，但过多的重复则会逐步削弱甚至毁灭这种好奇心，使思想和知识的接受过程变得平淡无奇甚至枯燥乏味。这是可怕的事情。应该提供探究式的教学，并减少重复施教。

最后，过多的重复施教还会给受教育者造成心理上的痛苦和反感。除非受教育者因强烈的兴趣而一再重复享受某一学习过程，否则，外部的重复教育不会是一种享受。"说教"历来不受欢迎，不仅由于它居高临下的姿态，更由于它的"没完没了"的重复。特别是简单的重复或低水平重复，更使人厌烦，而当这种厌烦无法摆脱的时候，就会升级为逆反。逆反心理不仅使正在进行的教育无法继续，还堵死了后续的教育通道。这种不快的记忆会使受教育者对所有的受教育过程产生不易克服的抗拒心理，这种心理甚至可能伴随他的一生。

（五）努力减少重复施教带来的弊端

克服重复施教造成的弊端，是当前优化思想政治教育过程，提高思想政治教育效果的迫切要求和重要任务。对此不仅要充分认识和高度重视，而且要探求克服弊端的思路和措施。

首先，要尽力减少教育过程中不必要的重复。为了减少不必要的重复施教，需要对大量存在的重复施教现象进行审查和鉴别，区分出哪些是必要的重复，哪些是不必要的重复。这需要有严谨的研究和可操作性的标准，需要教育主管部门做系统的调查研究，并以此为根据设计出相应的政策措施。在这方面，有关部门已经开始关注和重视，并采取初步的措施。教育部几年前已启动关于大中小学德育衔接问题的重大课题，它的一项重要任务，就是研究确定在大中小学德育内容上是否存在以及多大程度上存在着内容重复的问题。这是一个信号，表明这一问题的研究解决已经提上日程。党的十八大以后，在思政课教材的修订中，《毛泽东思想和中国特色社会主义理论体系概论》教材就做了大幅度的删减和压缩，其目的之一就在于减少不必要的重复。

从学校和教育者角度说，在教育主管部门出台系统解决问题的政策举措之前，完全可以从自己做起，在一定的范围内减少过多的重复。事实上，不论是受教育者还是教育者，对于思想政治教育过程中的重复施教是有亲身感受和认知的，他们完全可以凭借自己的观察和体验而在政策允许的范围内采取一些必要的措施来减少重复。至少，先从重复最多的问题开始，是不会出现偏差的。

其次，要尽可能避免简单重复和低水平重复。教育者应努力避免简单化的重复施教，避免低水平的重复说教。换句话说，就是要避免"唠叨式教育"。众所周知，我国的家庭教育中存在着大量的"唠叨式教育"。尽管这些"唠叨"都是出于爱心，而且有些内容还是正确的，却得不到孩子们的认可。事实上，大多数孩子都讨厌"唠叨式教育"。有的孩子甚至说，当父母唠叨起来没完的时候，他"跳楼的心都有"。我相信这是实话。作为教育者，我们要警醒。

教育者要善于与受教育者换位思考。教育者从自身的使命感出发，出于职业上的惯性，在教育过程中容易说得多，容易重复强调，"苦口婆心"地教诲。对于受教育者的心理感受怎样，教育者体验不够。其实只要来一次换位思考，就会感受到问题。现代的青少年生活在信息技术高度发达的条件下，他们所接触到的信息非常多，学习方式也发生了变化，不再能够忍耐简单乏味的重复学习。这种情况教育者应时刻注意。

再次，要坚持必要的重复施教，但要力避枯燥乏味的说教。减少重复施教并不是取消所有的重复施教。必要的重复施教还是要坚持，这是思想政治教育本身的要求。在这方面我们要保持清醒。尽管有一些必要的重复施教也并不受到欢迎，但我们知道这是必需的，因而必须坚持而不动摇。对于以前讲过的正面的道理，只要需要，还是要接着讲，而且也要理直气壮。从一定意义上讲，坚持必要的重复施教，也是坚持马克思主义灌输理论的要求。

最后，在坚持必要的重复施教的时候，要努力把重复施教变成有亲和力和吸引力的过程，避免简单单一的说教。这就向教育者提出了更高的要求。为此，他们就要在多方面下功夫：比如，要对工作有激情，使重复教育的过程充满感情，这样就会有效地避免形式主义的重复；要注重工作细节，在细节处体现出差异。世界上没有绝对一样的重复，正如没有两片完全相同的树叶一样。表面看起来只是重复进行的过程，但只要关注细节就会发现可以有许多差异，使每一次重复具有自己的个性；要注意方式方法的多样化，使重复施教具有多样化的和生动活泼的外表形式，使重复变成生动的重复；更重要的是要有创新，把普通的重复施教变成发展性、创新性的重复施教。这其实是螺旋式上升，表面上看来是重复，但它是走向更高认识发展阶段的过程。在任何时候，创新都是使人保持新鲜、好奇和热情的最佳选择。

八、思想政治教育的科学化

科学化是改革开放以来思想政治教育发展的重要诉求和趋势，也是新形势下进一步加强和改进思想政治教育的基本思路。那么，究竟什么是思想政治教育的科学化呢？它包含哪些内容，并需要处理好哪些相关的重大关系呢？

（一）思想政治教育科学化的含义

"科学"（science）一词不是中国固有的，而是来自国外。英文的 science 源于拉丁文 scio，后来演化为 scientia，最后成为今天的写法。在日本明治维新时期，著名科学启蒙大师福泽谕吉将该词译为"科学"并得到广泛应用。1893 年，康有为将其引入中国。严复在翻译《天演论》等著作时，也用"科学"一词。此后，"科学"一词在中国逐渐流行[①]。"科学"一词在西方指的是分门别类的知识体系。当然，这是就结果方面说，而就过程方面讲，是指科学家共同体探求知识、认识世界的过程。该词引入中国后虽然有一定变化，比如我们更加突出它的符合客观规律的正确认识的方面，但也始终保留了它的原有含义。

---

① 龚益. 社科术语工作的原则与方法. 北京：商务印书馆，2009：258.

第二篇 思想政治教育的基本理论阐释

所谓思想政治教育的科学化，是指思想政治教育要在马克思主义指导下，高扬科学精神，运用科学的理论和规范去揭示、掌握和运用思想政治教育相关规律，以提高思想政治教育工作的实效性。

在这里，关键词是"规律"，根本要求是尊重规律和按规律办事。那么，思想政治教育的规律指什么呢？在思想政治教育领域中，规律是多样化的，不同的活动层面和过程有不同的规律。如果要做大体的划分，则可分为三个层面：从宏观来看，思想政治教育有其产生和发展的规律；从中观来看，思想政治教育过程中有其工作的规律；从微观来看，思想政治教育对象的思想品质形成和发展的过程也有其规律。其中，我们最强调的是中观层面的规律，即有效实施思想政治教育工作的规律。但这个层面的规律与另外两个层面的规律密切关联。

从理论上分析，思想政治教育主体与思想政治教育规律的关系包括三个方面：揭示规律、掌握规律和运用规律。其中，"揭示规律"是指思想政治教育的学术研究，"掌握规律"是指思想政治教育的人才培养，"运用规律"是指思想政治教育的实际工作。由此，思想政治教育的科学化也包括三大领域：思想政治教育学术研究的科学化、思想政治教育人才培养的科学化和思想政治教育实际工作的科学化。

还有一个问题，那就是思想政治教育的实效性，它是作为目标和结果而包含在思想政治教育科学化的内涵之中的。思想政治教育主体揭示规律、掌握规律和运用规律的目的，是提高思想政治教育的实效性。这种实效性体现着思想政治教育科学化的成果。如果没有这种实效性，也就没有真正的科学化。

那么，什么是思想政治教育的实效性呢？如何从理论上来界定它呢？笔者认为，思想政治教育的实效性当然指思想政治教育工作的正面的实际效果，它包括三个方面的内容：一是教育效果，即受教育者是否学会、掌握和接受了我们所实施的教育。比如课堂教学有教学效果，开会做报告有现场效果。当然，这里还可以分为当下效果和长期效果。通常人们所说的实效性指的只是这个方面，我们也可以说这是思想政治教育实效性的狭义理解。二是工作效率，即投入与产出的比率。不但要看学生是否接受了我们的教育，还要看到底接受了多少教育；要把这种效果与我们在这方面的投入作一下比较，看看是否相称。这样，我们就会对实效性心中有数。三是社会效益，即受教育者在接受了思想政治教育后究竟对社会的稳定、进步和发展起到了什么作用，产生了什么样或多大的社会效益。教育效果、工作效率与社会效果通常是一致的，但也并不天然一致或永远一致。"文化大革命"时期，思想政治教育对年轻人的政治教育影响很大、效率也高，但由于教育内容和目标本身存在较大的问题，反而对社会造成了极其不利的影响。

（二）思想政治教育学术研究的科学化

揭示思想政治教育的规律，是思想政治教育学术研究的任务。这种研究应该是按照科学的规范而进行的，它不是零星的业余的研究，而是集中的系统的研究，即专业化的研究。这种研究已经从思想政治教育实践中分化出来，并成为思想政治教育另一个专门的领域了。

从前的思想政治教育实践活动，无疑也包含着一定的探索和研究的因素，因为思想政治教育工作者要想做好工作，总是要总结些经验，琢磨些道理的。但是，这些研究活动只是作为零星的现象和要素而存在，并没有成规模和系统化。它只是思想政治教育工作者业余性、附属性的工作，研究者本人也没有成为专门的研究者。后来，这种研究的成分不断增加，并随着实践的需要而最终从思想政治教育实践中分化出来，成为一个相对独立的领域。大致来说，思想政治教育学术研究出现在改革开放的进程中。思想政治教育在新的时代条件下遇到了很大的困难，简单套用传统的经验不能奏效了，实践的发展似乎不再那么一往无前，而是表现出某种迟滞状况。在新的时期思想政治教育如何做？许多人想不明白，感到困惑。实践中的困惑孕育着理论上的突破。也正是在这时，理论研究不断有新的进展，呈现出一种迅速发展的势头。在党和国家有关部门的支持下，经过广大思想政治教育工作者的努力，形成了思想政治教育学科，并得到不断发展。

在思想政治教育学术研究从思想政治教育的总体实践中分化出来之后，它具有了双重身份：一方面它是国家科学事业的一部分，另一方面它还是思想政治教育事业的一部分。不能将这个领域和工作排除在思想政治教育之外。

在学术研究方面，思想政治教育的科学化集中体现为思想政治教育学这门学科（学科群）的学术进展，体现为这门学科真正成为一门响当当的科学。

第二篇 思想政治教育的基本理论阐释

那么，从根本上讲，思想政治教育研究能否成为科学？如果能够，它将是怎样的科学？简要的回答是：它能够成为一门真正的科学，而这门科学将是一门精神科学。

首先，思想政治教育作为一种在社会中普遍存在的现象和活动，不能成为科学的盲区。人类科学探索和研究的范围是非常广泛的，它的研究范围和对象甚至已经扩大和延伸到普通人难以想象的领域。科学工作者不但要研究自然界，也要研究人类社会。而在人类社会中，思想政治教育作为人们的一种教育实践活动，普遍存在，古今中外，有目共睹。面对这样广大的社会活动领域，科学不能背过身去。思想政治教育作为一种独立的活动和领域，完全应该成为科学的研究对象。

其次，人类的思想政治教育实践已经积累了十分丰富的经验，为其科学化作了准备。科学的形成必须有相应的经验材料，这些材料是在实践中积累起来的。社会的每一个阶级和政治集团，每一个宣传团体，都积累了一定的宣传和教育经验。在不同的历史条件下，都有一些成功的思想教育活动。不论在政治教育方面，还是在宗教教育、道德教育、法律教育等方面，都是如此。特别是社会主义运动中，共产党人（比如中国共产党人）的思想政治教育积累了极为丰富的经验。

再次，人的思想及其改变规律需要有专门的科学去研究。人的精神现象丰富而复杂，关于人的认识活动，有认识论在研究，关于人的心理活动，有心理学在研究，等等。但是，关于人的价值观念、理想信念的形成和转变，以及这些观念的传播和接受，还没有哪一个专门的科学在研究。这说明人类精神现象的研究还是很初步的。毛泽东在延安时曾提出要"研究思想科学"，这是一项很重要的指示。从自然科学到社会科学，再到精神科学，这是人类科学发展的大步骤和大趋势。思想政治教育不仅可以成为一门科学，而且可以成为一门高级的科学。它是研究人的，比研究自然现象更高级一些，而且它研究的不是人的肉体的方面，而是人的精神的方面。这样的精神科学，不能不说是高级的。当然，思想政治教育并不能垄断精神科学，并不是人的精神科学的全部，但是从其性质上说，无疑是属于精神科学范畴的。只将其简单地归结为社会科学或人文科学，是不够的。

最后，这门学科在我国的发展具有广阔的前景。思想政治教育学在我国的发展，有其特殊的优越条件。从研究队伍的角度说，我们有三种

_115

系统：一是实际工作系统。全国上下有数万人从事思想政治工作，他们为这门学科的发展提供了新鲜的丰富经验，就像临床医生的治疗实践为医学提供了经验基础一样。二是学术研究系统。现在可以说已经有了一个由学者组成的科学研究系统，对思想政治教育进行着比较系统的学术研究。随着这门学科的发展，还会有更多的学者从事这种研究，研究水平也会不断提高。三是党政机关的政策研究系统。这个系统很庞大，不但有大规模的调查研究，而且有高质量的理论研究和政策研究。这对于学术研究是一个重要的补充。

在思想政治教育学术研究科学化方面有两项规范十分重要，一是研究范式，二是学术规范。前者主要是思想政治教育研究的基本方式和主要路向，后者主要是思想政治教育研究中应遵循的共同规则和技术约定。经过 40 年的摸索和积累，思想政治教育研究已大体形成了自己研究的特有范式，为众多研究者从事研究确定了大致的方式和方向，形成了思想政治教育研究的大体合理的格局。在学科建设科学化的过程中，还要进一步增强关于研究范式的意识，自觉地去进一步探索、把握和驾驭研究范式，使学术研究一步一个脚印地不断前进。同时，所有的学术活动要遵守学术规范。要结合马克思主义理论学科的特点，特别是思想政治教育学科的特点，制定和实施相应的学术研究规范。只有大家遵守学术规范，才能形成科学研究的合力，推动思想政治教育学科更好更快地发展。

（三）思想政治教育人才培养的科学化

思想政治教育的某种规律揭示出来之后，并不能自发地成为思想政治教育工作者手中的武器。因为思想政治教育工作者与研究者发生了分离，他们是两个领域中的两支队伍了。由于思想政治教育的科学研究从实际活动中分化出来，由于思想政治教育的研究者专门化了，因而研究者与工作者不再是天然合一的了。所以，研究者揭示了规律时，并不意味着工作者直接就能掌握规律，他们还有一个接受和学习的过程，有一个把握和掌握规律的过程。"掌握规律"指的就是思想政治教育的人才培养，包括思想政治教育专业教育教学活动，以及思想政治教育工作者的培训和提高。这个过程由于高校中思想政治教育专业的存在，由于学科的建设，思想政治教育学也在思想政治教育工作实践之外获得了独立的活动领域，成为一项相对独立的思想政治教育事业。思想政治教育的人才培养也具有双重身份：它既是国家的国民教育的一部分，也是党的思想政治教育工作的一部分。

思想政治教育工作者要成为受过专门训练，具有专业知识，并掌握相关规律的专业人士。以往的思想政治工作者通常是在工作中学习成长的，没有条件接受系统的专业学习和培训。但是，在新的历史条件下，仅仅依靠他们的自发摸索是不行的。特别是随着思想政治教育事业的发展，思想政治教育工作者的队伍不断壮大，工作者的素质如何也越来越成为关键性的因素。在这样的情况下，在我国高等教育事业不断发展的背景下，思想政治教育工作者的培养问题从实际工作中分化出来，成为一个相对独立的领域和工作。承担这项工作的是高校的思想政治教育专业和院系。培养思想政治教育工作专门人才，很大程度上是高校思想政治教育专业建设和教育教学的任务。

经过40年的发展，我国高校思想政治教育专业建设和人才培养已经形成规模，教育教学全面展开。从本科、双学士学生到硕士生，再到博士生以及博士后流动人员，培养层次不断提升，形成了一个完整的专业人才培养系列。这就为思想政治教育人才培养的科学化奠定了坚实的基础。同时，还有许多方面需要进一步研究和探索，这里既有一些具体的技术问题，也有一些宏观的规律性问题。比如，怎样才能更好地适应不同层次学生的需要，制定适当的培养目标和方案，把握好教育教学各环节，以取得好的教育教学效果；怎样才能更好地把思想政治教育学术研究领域中的最新成果及时引入到思想政治教育教学中来，把研究与教学结合起来；硕士生、博士生的招考问题，开设专业课程的问题，制定专业读书目录和研读基本文献的问题，设置专业研究方向的问题，撰写学位论文的问题，等等，都应该从科学化的要求去认真考虑和研究。同时，高校思想政治教育专业还承担着为党政机关和企事业单位培养培训思想政治工作干部的任务，这种培训任务与在校生培养有何区别？怎样面向社会，进行思想政治教育工作者的培训和再培训？总之，思想政治教育人才培养的科学化以往关注不多，有许多方面值得进一步研究。

（四）思想政治教育实际工作的科学化

运用思想政治教育的规律实际地去从事思想政治方面的宣传教育活

动，帮助人们形成正确的世界观、人生观和价值观，这就是思想政治教育的实际活动。在科学研究和人才培养分化出去以后，思想政治教育实践活动仍然存在，并成为思想政治教育科学研究和人才培养的最终归宿和目的。思想政治教育的科学研究和人才培养的成效如何，在很大程度上是通过实际的思想政治教育工作及其成效表现出来的。不言而喻，思想政治教育科学化的成效如何，也将集中地通过实际的宣传教育工作成果体现出来。正因为如此，人们通常局限在这个领域来谈思想政治教育科学化。可以说，狭义上的思想政治教育科学化，主要指思想政治教育实际工作的科学化。

思想政治教育实际工作的科学化，体现在思想政治教育的全过程和各个方面。在理念上，要科学论证和牢固确立思想政治教育在党和国家工作格局中的战略地位，摆正和处理好围绕中心和服务大局的关系，摆正和处理好思想政治教育在实施领导和服务群众上的关系。在学校教育特别是大学生思想政治教育中，要确立"育人为本，德育为先"的理念，把"全面育人"与"德育首位"相结合。

在目标上，要根据党和国家的要求，根据受教育者的思想实际，科学地确定教育目标和要求。既不能一味拔高，只讲高标准而脱离对象的实际，也不能一味放低要求，只讲底线不讲目标。要针对对象的不同情况，在目标设置上区分层次，从设置目标开始就注意把先进性要求和广泛性要求结合起来。同时，还要注重在目标的各层之间保持一定的坡度，以便顺利地从较低的层次向较高的层次迈进。

在内容上要深化、更新和注重转化。对内容进行科学的研究和创新，使思想政治教育的内容更加科学，使内容跟上时代的发展，要吸收最新的科学成就。同时，还要根据教育教学的要求，对内容进行加工[①]，实现从教材体系向教学体系的转换。

在方式方法上，要根据实际需要和条件，运用多样化的方法和手段。特别是要运用现代科技和传播手段，发挥网络等新兴媒体在思想政治教育中的作用。在高校的思想政治理论课教学中，在进一步普及多媒体教学的同时，要深入研究并进一步完善这种教学模式，使之更好地发

---

① 在这方面可以借鉴沈壮海教授提出的区分"思想政治教育内容Ⅰ"和"思想政治教育内容Ⅱ"的思想。参见：沈壮海. 思想政治教育有效性研究.3版. 武汉：武汉大学出版社，2016.

挥作用。要鼓励全国高校进行多样化的尝试和探索，及时进行经验总结，并推广成功的教育教学经验。诸如案例教学、科研式教学、互动式教学等，都值得关注。

在体制机制上，要科学地规划，进行合理的制度设计和建构。只有建立合理而完善的体制机制，才能使思想政治教育顺利进行，并实现可持续发展。应高度重视建章立制的工作，将实践中行之有效的规章制度和运转良好的体制机制逐步总结完善起来，以规约当前，并着眼长远。一方面要构建有效的即时应对机制，总结近年来思想政治工作在应对突发事件时的经验教训，从中寻找有效的办法和思路，形成应对机制。另一方面，要构建长效教育机制，形成学校、家庭、社会相结合的思想政治教育社会网络。

（五）在思想政治教育科学化方面需要处理好的几种关系

1. 思想政治教育的科学化与经验化的关系

改革开放以来，思想政治教育科学化的提出，其实首先针对的就是长期以来占主导地位的经验化的思想政治教育方式。所谓思想政治教育科学化，主要表现为思想政治教育工作从"经验型"上升为"科学型"。

所谓经验型，就是依据过去积累的工作经验来做工作，没有科学的理论指导和支撑。而经验一般来说并不具有普遍性，一时一地的经验到另外的时间和地点就不合适了。为此，思想政治教育工作要在科学理论指导下来进行，以突破思想政治教育工作者自身经验的局限，增强思想政治教育的实效性。这里包括两个方面：一是规范化，经验往往是不定型的，带有较大的随意性，而且难于实现人际传递和代际传递，因而思想政治教育要建立规范。二是理论化，经验的抽象程度较低，没有达到理论的高度，不能形成科学知识系统。

但是，思想政治教育的科学化并不是不需要经验，也不是完全排斥经验，而是给思想政治教育工作经验以一定的位置。在肯定思想政治教育科学化导向的前提下，还要提高对实际经验的重视程度，真正认识到它的宝贵价值。

首先，经验来自实践，是对实践成果的初步总结。当我们说到"经验"时，基本上说的是"实践经验"或"历史经验"。而"历史经验"归根到底还是实践经验，是历史上人们在实践活动中形成和积累起来的经验。马克思主义认为，在理论与实践的关系中，实践是第一位的。列宁说过：实践高于理论，是因为实践不仅具有普遍性的品格，而且具有直接现实性的品格。经验直接来源于实践，打着实践的印记，体现着实践的优越性。

其次，经验通常不是独立于主体之外的东西，而是与思想政治教育工作主体直接结合在一起的，并表现为思想政治教育工作者的能力和素质。经验既有它的局限性，也有其突出的优点。经验的缺点是，它并不具有普遍性，往往与特定范围和特定主体有关，而且经验的传承和积累比较困难。经验并不存在于主体之外，而是融于主体的素质之中，成为主体的一种能力和素质。因而它可以在主体的活动中直接地发挥作用。相比之下，科学知识并不与特定的主体相联系，可以独立存在于主体之外。经验的优点是具有普遍性，不局限于特定主体，谁都可以用，而且它可以实现代际的传承，从而使科学知识日益丰富和发展。但正因为如此，科学知识并不天然直接就成为人的能力和素质，还必须经过学习、转化和实践，并与经验相结合。

再次，经验是科学的基础，其中孕育和包含着科学的因素。科学的前身是经验，经验可以说处在实践活动与科学理论之间的中介位置上。一方面，它直接来自实践，但同时已经在一定程度上超越了特定的实践形式。另一方面，它没有达到科学理论的水平，但包含着科学的成分，为科学的形成奠定了材料基础。特别是"基本经验"，它可以说已经接近于规律，是规律的前阶。我们党善于总结经验，特别是善于总结基本经验。基本经验是经验中最重要的、最具有普遍性的部分，它在某种程度上已经使规律显出轮廓。另外，科学是分层次的，有理论科学，也有实证科学；有基础科学，也有应用科学；有抽象科学，也有经验科学。因而在科学的体系中，有经验的一席之地。

最后，经验还是科学知识被运用于实践的一个有利条件。有工作经验的人，如果学会了科学知识和科学理论，他就能比较容易地将理论运用于实践，能使科学知识和理论向实践力量的转化更为顺利。就思想政治教育工作来说，有这方面工作经验的人，在学习了思想政治教育理论后，能如虎添翼，很快找到理论与实践的交汇点，把理论恰当地运用于实践。而如果缺乏思想政治教育的工作经验，那么即使学会了很多相关的科学知识，懂得了很多相关的科学道理，当其运用于实践时，还会有一个过程，有一定的曲折。理论与实践的对接，理论向实践的进军，经验起着某种缓冲和搭桥的作用，能够减少理论与实践的碰撞，实现软着陆。思想政治教育工作者，要善于把学到的科学知识转化为自己的能力，融入工作经验之中。

当然，重视经验，不是搞经验主义（排斥理论指导），也不只停留于经验型，而是坚持科学化的方向，使思想政治教育的科学化更为完善。

2. 思想政治教育的科学化与政治化的关系

科学性与政治性、科学化与政治化的关系，也是思想政治教育及其发展中必须处理的一对关系。这里的政治性和政治化，集中体现着意识形态性和意识形态化。当我们强调思想政治教育的科学化时，意味着思想政治教育不能一味地强化意识形态性，否定客观性，而是把科学性与政治性结合起来。思想政治教育工作者当然要有坚定的政治立场，但这并不意味着仅仅从我们自己的立场去看问题，去教育对方。要善于客观地观察问题，实事求是地看待和分析问题，并能够与受教育者实现换位思考。

从精神实质上讲，马克思主义立场、无产阶级立场与客观性立场是一致的，尽管这种一致并不是在每一场合都自然显现出来，有时需要我们以很高的科学素质和灵活性去达到这种统一。我们一方面不能要那种脱离马克思主义指导和人民群众立场的所谓纯客观、中性化和去政治化，另一方面也不能一厢情愿地只会用党的语言来说话，用强势的政治语气来教训人，特别是在面对具有不同态度和立场的对象时，要善于把我们的价值立场体现在一种客观公正的语言和语气中。这不是放弃马克思主义，也不是背离无产阶级的立场，而是为了更好地体现和实现这一立场。

思想政治教育的科学化与政治化还具体体现在学科建设领域中，特别是体现在科研和写作活动中。要把握好学术性论文与宣传性文章的区别和联系。从事思想政治教育研究的人，不能拒绝写宣传性文章，因为宣传性文章为社会所必需，它本身就是一种思想政治教育。而且，即使是宣传性文章，也并不是没有任何学术含量，好的宣传文章可以包含学术的创新。但是，研究者所写的研究论文与宣传文章还是有区别的，学术论文要求有自己的观点，特别是要求有理论创新，完全排斥观点的重复；相比之下，宣传性文章则不是随意讲个人的观点，而是宣传党和国家的观点，而且不怕重复，因为重复也是宣传的一个方面。这就需要我们在科学研究和文章写作过程中，把握不同类型和文体作品的特点和要求，在不同的比例上达到科学性与政治性的结合，从而实现科学化和政治化的统一。

3. 思想政治教育的科学化与人性化的关系

所谓"人性化"，就是我们所说的"人文精神"或"人文关怀"。党的十七大报告就要求思想政治工作注重人文关怀。因此，也可以说在思想政治教育过程中要处理好科学精神与人文精神的关系。

从一定意义上讲，思想政治教育的科学化意味着标准化和精确化，体现了一种物性特征和数量特征。科学化往往是与规范化、程式化、标准化和精确化等相关的，要求形成尽可能规范的思想政治工作实际操作体系和思想政治教育研究学术规范体系。这些当然都是必要的。定量性的东西有它的优势。马克思说过：一门科学只有当它达到了成功地运用数学的时候，才真正成为一门科学。如果只停留于大而化之的考察，定性的研究，模糊的把握，是不能算作科学化的。但是，我们同时也要注意，思想政治教育是人的活动，不论是教育者还是受教育者，都是活生生的人，而不是自然物。而且，这里涉及的恰恰是人的思想感情等这些最不易确定和测量的东西。因此，科学化的实现不应是生硬的、见物不见人的"科学化"，而是体现一种人性化的、以人为本的科学化。

思想政治教育的科学化与人性化，突出地体现在清晰和模糊的关系上。在这方面，追求清晰是必要的，但一味追求所谓清晰也会走向歧途。首先，清晰和模糊是相对的，并没有绝对的清晰和准确。数学虽然要求精确，但现代数学中也有一支是模糊数学。在有的情况下，过度清晰和精确反而变成了模糊不清，失掉了事情的真面目。而一定程度的模糊把握，有时反而直接地更准确地把握了事物。因为一味追求清晰和准确，会使人走向局部和细部，而遗忘整体。模糊尽管有许多不好的地方，但有一点好处，即有时便于从整体上去把握事物。其次，人的思想感情和行为是难以完全数量化和精确化的。在这方面，我们要认识到数量化的局限，如果超出合理限度，越精确就越失真。上了多少次课，开了多少次会，写了多少字的读书笔记，以及考了多少分等，如果做出统计不能说完全没有意义，但如果以此作为标准去衡量思想政治教育及其效果，那就有很大的局限性。最后，在对人的思想感情做评估时，应该留出一定的余地和模糊度，为其向我们希望的方向转化发展留出自然的空间。思想感情的事情很难做到完全精确化和数量化，但退一万步讲，即使能够用高级科学的手段去做出精准的判定，也不要采用这样的技术。要给人性留出空间和余地，保留某种隐秘性，给人的思想感情的变动留出可能性。

科学与人文角度不同，致思方向也不同，但它们应该相互配合，在某一点上达到平衡。在这一点上，适合人性的，某种意义上也就是符合科学的。重要的是，要寻找这种结合点。

4. 思想政治教育的科学化与艺术化的关系

我们常说，思想政治教育工作既是一门科学，也是一门艺术。也就是说，它既具有科学性又具有艺术性。这似乎是相互矛盾的，那么究竟应该如何理解二者的关系，并实现二者的统一呢？

首先要明确思想政治教育的艺术性或艺术化指的是什么。笔者认为，"艺术"一词有三重含义：一是感情含义，它用来表现人的感情。艺术是感情的事情，正如科学是理智的事情、道德是意志的事情一样。这是一种基础性的含义。二是美学含义。艺术追求的是美，以审美为标准形成人类的艺术作品。这是艺术主要的直接的含义。三是技巧含义，指的是事情做得巧妙，有创造性。我们在做某些事情时，如果有创造性的方式方法，出人意料而又在情理之中，令人拍案叫绝，那么人们就会说：这简直是艺术啊！这是艺术的比喻性的、引申性的含义。

一般来说，通常我们所说的"思想政治（教育）工作艺术"，是从比喻和引申的意义上讲的，并不是从本来的意义上讲艺术，不是指将艺术形式引入思想政治教育或以艺术作为思想政治教育的载体，而是指思想政治工作的方式方法要巧妙、高明。所以，"艺术"在这里表达的是在运用思想政治教育工作的方式方法上达到的一种高明的境界和水平。任何一项工作，对于不同水平的人来说，都有做得高明与不高明之分。特别是对于那些本身比较复杂、难度很大而又有很大发挥余地的工作来说，方式方法的把握和运用就更有水平高低、境界高下之别。思想政治教育是做人的工作的，它当然要运用科学的道理和知识，但是科学知识并不能穷尽关于人特别是关于人的思想政治素质的一切方面，而且科学是掌握一般，而从一般运用于特殊还有很大的余地和空间。所以，在思想政治教育工作科学化的过程中，要让思想政治工作者发挥自己的主动性、创造性。

既然是在技艺的含义上讲思想政治教育的艺术或艺术化，那就容易理解思想政治教育的科学化与艺术化的关系，也就知道应该在哪些方向或方面去努力实现科学化与艺术化的结合。艺术化主要是在科学知识与科学方法的运用方面，是对科学方法和手段的最好的应用。这显然不仅不与科学化相矛盾，而且完全可以说是科学化在这方面的最好体现。在这方面，问题不仅在于方法和手段运用得熟练，更在于对于科学方法和手段要用心去体会，把它们变成自己肢体的延伸，变成自己身体和心灵的一部分。

从以上几对关系来看，科学作为这些对子中的一方，似乎是片面的，是单面的，而不是全面的。但这样理解并不符合我们中国人的科学概念，也不符合本部分的宗旨。在中国，"科学"不仅是一个正面的概念，而且也是一个全面的概念。比如，在科学发展观中并不都是"科学指向"的东西，相反它包含了"以人为本"并以此为核心。这就是典型的中国用法，惯于将科学与人文看作两极的西方人恐怕无法理解。所以，为了更好地把握思想政治教育的科学化，我们最好不要仅仅从某些方面去看待科学性和科学化，而要把科学化适当放大，用我们中国人的眼光去看待它。换句话说，我们要把实现科学化作为思想政治教育发展的战略方向，就不能从狭义上去看待科学化，而是应从广义上去看待科学化，使它更有包容性。这样，科学化作为一个大概念，它在扬弃经验化的同时保留经验于自身；在明确自身与政治性的区别的同时，保持与政治性的统一；在借用标准化和精确化的同时，仍然体现人性化和人文关怀；在尊重规律和实现专业化的同时，追求思想政治教育的艺术性。这就是思想政治教育科学化的完满含义。

第三篇　思想政治教育的知识体系建构

2022年4月25日，习近平在中国人民大学考察调研时发表重要讲话，系统阐述了加快构建中国特色哲学社会科学的时代背景、原则方向、目标任务和现实要求，他指出："加快构建中国特色哲学社会科学，归根结底是建构中国自主的知识体系。"可以说，在中国，思想政治教育是最具特色和典型性的社会科学学科之一。建构思想政治教育的自主知识体系，是当前本学科立足中国实际、发展中国理论、繁荣中国学术、培育自觉行动的必然要求与使命任务。

一、思想政治教育的学科独立性

思想政治教育学科是在改革开放过程中形成和发展起来的一门具有鲜明中国特色的新兴学科。从1984年学科设立到现在已经有40年的时间，经过思政人的共同努力，学科建设全面推进，以跨越式发展体现了自身的存在和价值。同时也不可否认，在学科建设与发展过程中也时常遇到一种或隐或现的对本学科的疑惑甚至质疑："思想政治教育"是一门真正的学科吗？它的独立性和独特性在哪里？为什么说它是不可替代的？不仅社会上和其他学科的人对此有所质疑，而且思想政治教育学科内部也有人存在疑惑，特别是在面对外人质疑的时候不知道如何说服别人和说服自己。因此，从本源上弄清思想政治教育的学科独立性，确认其独立性存在和独特性价值是十分必要的。大体说来，思想政治教育的学科独立性主要体现在学科对象、学科基础、学科地位、学科体系和学科价值等方面。

（一）思想政治教育的学科对象是独特而不可替代的

对于"思想政治教育"概念，可以从不同角度去把握其含义。它既可以指称一种教育实践活动，又可以指称一门关于这种教育实践的学问。作为一门学问或知识系统，就其是对这种实践活动规律的正确反映而言，它是一门科学；就其被列入国家学科专业目录而言，它是一门学科。事实上，它们是同一回事，是同一门学问。因此，当我们谈论"思想政治教育"学科的时候，同时指的也是思想政治教育科学即"思想政治教育学"。

任何一门学科或科学，都有其研究对象。这种研究对象通常是独有的，是区别于其他对象的，因而也是不同学科或科学的基本区别。当然，不同的学科也可以研究同一个对象。因为任何一个对象都是复杂的、多侧面的，完全可以由不同学科分别进行研究。特别是随着学科边界日益模糊，类似情况还会更多。但即使如此，各门学科因其关注的角度和视野不同，其研究对象呈现的方面也会有所不同。总之，一门学科总会有其独特的研究对象。

思想政治教育学有其独特的研究对象，即人类的思想政治教育现象。这里的"现象"其实是"存在"或"事实"的意思，不宜理解得过于狭窄，不能认为这门科学只研究现象而不研究本质。这一研究对象也可以表述为思想政治教育实践活动，但对此也不宜理解得过于狭窄，因为思想政治教育不只是一种狭义的实践活动，而是一种包含着认识、价值、实践在内的综合性活动。可以说，作为研究对象的"思想政治教育"，既包括现象又包括本质，既包括实践又包括认识，既包括认知又包括价值。这一综合性研究对象是独特而不可替代的。

首先，在人类实践活动中，思想政治教育活动具有独特性和不可替代性。实践是人的生存方式，人不是被动地适应自然，而是积极改变环境以适应自身生存和发展的需要。人类生存发展的实践活动是总体性的，其中包含诸多方面和内容。思想政治教育则是其中的一个重要部分和内容。它最初包含在人类生存活动整体中，并没有分化出来。即使如此，它也是存在的，并发挥着自己的作用。后来，随着社会的发展和其自身的发展，这种活动分化出来，成为具有自身独立性的存在。这种独立的活动尽管在不同的社会中有着不同的称谓，比如，有的称为"教化"，有的称为"政治教育"或"公民教育"，以及"精神教育"等，但它们属于同一类活动是没有疑问的。

其次，在社会现象中，思想政治教育现象具有独特性和不可替代性。社会现象是极为丰富复杂的，其中思想政治教育是一种有其自身特征的社会现象，与其他各类社会现象有着明显的不同。尽管思想政治教育现象有其集中性的显在形式和潜在性的隐性形式，尽管在有的社会中其隐性形式占据主导地位，但它的独特性仍然是可见的。尽管思想政治教育因其内容和方式的多样性而表现为不同的形式，而且在不同的国家和社会中哪种形式更为突出也并不相同，但它们都具有共同的属性，不论是政治宣传、道德教化、宗教灌输，还是价值观传播等，我们都能够加以分辨并确认它们属于同一类现象。

再次，在社会生活的各种矛盾中，思想政治教育的矛盾具有独特性和不可替代性。世界上充满了矛盾，人类社会中也充满着矛盾，是一个矛盾的体系。其中，思想政治教育作为一种社会实践活动，有其自身的矛盾，特别是基本矛盾，即一定社会对其成员的思想政治品德要求与该社会成员的思想政治品德现状的矛盾。这一矛盾体现了思想政治教育实践活动的本质特征，体现了思想政治教育学研究对象的特殊性。正如毛泽东所指出的："任何运动形式，其内部都包含着本身特殊的矛盾。这种特殊的矛盾，就构成一事物区别于他事物的特殊的本质。这就是世界上诸种事物所以有千差万别的内在的原因，或者叫做根据。……科学研究的区分，就是根据科学对象所具有的特殊的矛盾性。因此，对于某一现象的领域所特有的某一种矛盾的研究，就构成某一门科学的对象。"[①]

最后，在哲学社会科学中，只有思想政治教育学是全面研究思想政治教育现象的学科，是其他学科所不能替代的。对思想政治教育实践活动和社会现象进行直接、专门、全面的研究，是思想政治教育学科的特点和立身之本。虽然从一定意义上看思想政治教育现象也是多学科研究

---

① 毛泽东.毛泽东选集：第1卷.2版.北京：人民出版社，1991：308-309.

的对象，比如，社会学、教育学、管理学、心理学、文化学、新闻传播学等，都从不同角度或多或少地涉及思想政治教育现象，从而对此有所研究并作出自己的贡献，但是，所有这些相关学科都只是从特定角度对此有所涉及，而并不是以此作为学科的中心任务。这些学科的发展有助于推进对思想政治教育现象的研究，也有助于丰富和滋养思想政治教育学科的理论和方法，但都不能替代思想政治教育学科。

（二）思想政治教育的学科基础是独特而不可替代的

任何一门学科的设立，包括思想政治教育学科的设立，都需要有相应的基础。这种学科基础主要包括理论基础和经验基础两个方面。前者为学科建立提供思想指导和理念引领，后者为学科建立提供经验铺垫和材料支撑。思想政治教育学科的设立，有其深厚的理论基础和经验积累，这也是它一旦建立就能得到较快发展的原因所在。

首先，马克思主义理论特别是经典作家关于思想政治教育的论述，构成思想政治教育学科不可替代的坚实理论基础。马克思主义是科学的世界观和方法论，是关于自然、社会和人类思维发展一般规律的科学，对各门具体科学特别是社会科学具有理论奠基和思想指导作用。思想政治教育学作为一门专门研究思想政治教育现象的人文社会科学，是以马克思主义为理论基础和思想指导的。特别是马克思主义的唯物史观，深刻揭示了人的本质和社会发展的规律，对于思想政治教育学具有理论奠基作用。而且，马克思主义经典作家在领导工人运动和共产主义运动过程中，对思想政治教育做了大量论述。尽管他们并没有明确使用"思想政治教育"概念，也并没有写出关于思想政治教育的专门著作，但在许多不同场合对思想政治教育的不同方面做过许多论述，已经形成了比较系统的思想观点。特别是列宁和斯大林在领导世界上第一个社会主义国家建立和建设的过程中，关于思想政治教育有更为直接和具体的论述。所有这些论述在马克思主义基本理论的基础上，为思想政治教育学科提供了更为独特而直接的理论基础和指导。

其次，马克思主义中国化时代化理论特别是中国共产党领导人关于思想政治教育的论述，构成了中国特色思想政治教育学科不可替代的理论基础和思想指导。思想政治教育学作为一门学科在我国的设立，一方面体现着人类社会中思想政治教育发展的一般规律，另一方面也突出地

第三篇　思想政治教育的知识体系建构

体现着中国社会特别是社会主义中国的思想政治教育特殊规律。作为前者，它是马克思主义基本理论和经典作家一般论述的结晶；而作为后者，它则是马克思主义中国化时代化理论成果和中国共产党领导人论述的结晶。作为一门具有鲜明中国特色的人文社会科学，思想政治教育学直接地以马克思主义中国化时代化的理论成果，特别是党和国家领导人关于思想政治工作的论述为基础。党和国家领导人，从毛泽东到习近平，关于思想政治教育的论述极为丰富，为思想政治教育学科提供了深厚而不可替代的直接理论基础。

最后，国际共产主义运动积累起来的思想政治教育经验，特别是中国共产党百余年来积累起来的思想政治教育经验，为思想政治教育学科提供了丰厚的实践经验基础和取之不尽的源泉。理论来源于实践，是对实践经验的概括和总结。思想政治教育理论也来源于思想政治教育的实践经验，特别是无产阶级政党和社会主义运动中的思想政治教育经验。国际共产主义运动至今已经有170多年的历史，各国无产阶级政党在领导本国革命运动过程中都从事着思想政治教育工作，积累着思想政治教育经验。其中最突出的是苏联共产党和中国共产党。苏联是世界上第一个社会主义国家，苏联共产党在长期的斗争实践中积累了十分丰富的思想政治教育经验，但由于后来经历了国家解体和社会剧变，失去了国家政权，其实践创新和经验积累至少在国家规模上中断了。而中国共产党由于有强大的生命力和不断创新发展的能力，在思想政治工作经验上已经超越了苏联共产党，创造和积累了最为丰富的思想政治教育经验。

中国共产党积累的思想政治教育经验是极为丰富而独特的：一是因为它是100多年来连续不断地创造和积累起来的，并没有发生中断。中国共产党是世界上生命力最强和生命期最长的政党，许多大党老党陆续退出历史舞台，有的甚至完全消失，但中国共产党则历经百年而风华正茂，已经积累起100多年的思想政治教育经验，而且仍在继续创新和发展之中，这是独一无二的。二是因为中国共产党的思想政治教育经验经历了不同时期而具有内在的多样性。党的思想政治教育实践经验的积累并不只是一个简单的量的增加的过程，而是包含着新质的产生和部分质变的过程。革命时期的思想政治教育不同于建设时期，而建设时期的思想政治教育又不同于改革发展时期。这样，在不同的历史时期并围绕不同的中心任务而开展不同的思想政治教育，积累了丰富多彩而具立体性的经验。三是因为中国共产党的思想政治教育经验是成功经验,它比失败的教训更直接地体现着思想政治教育的规律,并具有更多的科学价值。所以,这些都为思想政治教育学科的创立和发展奠定了直接的经验基础。

(三) 思想政治教育的学科地位是独特而不可替代的

一门学科在一个国家的学科之林中是否具有自身独立的地位,关系到这个学科的建设与发展,以及作用的发挥。这种学科地位主要包括两个方面,一是它在国家的学科体系中所具有的法定地位,二是人们心目中对它的重要性的认可。前者是客观地位,后者是主观地位,后者以前者为基础。

首先,思想政治教育学科被纳入我国高等教育的学科专业目录,有着明确的法定地位。为了发展高等教育和培育专业人才,我国制定了《学位授予和人才培养学科目录》。这个目录是由国务院学位委员会、教育部依据《中华人民共和国学位条例》和《中华人民共和国高等教育法》,特别是具体依据《学位授予和人才培养学科目录设置与管理办法》而制订的,并根据需要进行修订。该目录简称《学科目录》或《学科专业目录》,其中包括三个层级即学科门类、一级学科、二级学科,并依此对每门学科进行定位。其中,学科门类是对具有一定关联性的若干一级学科的归类;一级学科是具有共同理论基础或研究领域相对一致的学科集合,原则上按学科属性进行设置;而二级学科则是组成一级学科的基本单元。2018 年 4 月更新的《学科目录》,共有十三个学科门类:哲学、经济学、法学、教育学、文学、历史学、理学、工学、农学、医学、军事学、管理学、艺术学。其中,法学门类下面包括六个一级学科,即法学、政治学、社会学、民族学、马克思主义理论、公安学。而在马克思主义理论一级学科内,包括马克思主义基本原理、马克思主义发展史、马克思主义中国化研究、国外马克思主义研究、思想政治教育、中国近现代史基本问题研究。由上可见,"思想政治教育"在学科目录中是法学门类,是马克思主义理论一级学科之下的独立的二级学科,有自己的学科代码。

当然,学科目录是经常修订的,特别是从 2018 年开始,国家只负责学科门类和一级学科的设置,二级学科可由各学位授予单位依据学科目录在一级学科授权权限内自主设置，但"马克思主义理论"作为一级学科，"思想政治教育"作为二级学科，属于国家规定和国家行为，是不可能取消的。如果说可能会有变化，也只能是学科地位的进一步提升。比如，将"马克思主义理论"提升为学科门类，将"思想政治教育"等提升为一级学科。

其次，思想政治教育学科作为一门科学，在我国科学发展体系中，特别是在我国哲学社会科学体系中具有一席之地。国家《学科目录》的设置，主要是为了服务于高等教育的人才培养，特别是学士、硕士、博士的学位授予工作，但《学科目录》的意义又不只如此。事实上，《学科目录》已经超越了学位授予和专业人才培养的范围，而成为国家科学研究和科学发展事业的学科体现。任何一个国家，都有其科学文化事业，特别是有其科学研究事业。为此，就需要有服务国家科学事业发展的学科体系建设。近年来，我国大力强调进行哲学社会科学学科体系、学术体系、话语体系建设，而这些建设至少在高校学术研究领域是以《学科目录》为基本依据的。马克思主义理论研究，特别是思想政治教育研究，是我国构建哲学社会科学学科体系、学术体系、话语体系的重要内容。马克思主义理论学科特别是思想政治教育学科地位的明确，为广大思政课教师明确自己的学者身份，并从事学术研究提供了学术依托。思想政治教育学研究，不仅是学者个人爱好，而且是国家哲学社会科学发展的重要方面，在我国哲学社会科学研究中有其地位和空间。

这种法定学科地位的获得，对于思想政治教育学科建设与发展是极为重要的，是最坚实可靠的前提和基础。这意味着思想政治教育的学科建设有了自己法定的地基，此后就可以放心地在上面进行建设了。对于搞建筑的人来说，有没有合法的地基是至关重要的，因为房子总是建在土地上。把房子建在别人的土地上，或者租借而来的土地上，总归是靠不住的。房屋建筑是如此，学科大厦的建设也是如此。思想政治教育学科已经有了一块法定的土地和地基，而且在上面建成了自己的学科大厦。别人可以说我们的房子建得不够好，但不能夺去我们所拥有的这块法定的土地。而只要有了这块学科的"地基"，我们就能够经过长期不懈的努力，建好自己的学科大厦，并逐步赢得人们对我们学科的尊重和重视。

(四) 思想政治教育的学科体系是独特而不可替代的

任何一门学科都是一个知识体系，是本学科在长期研究中积累起来的系统化知识。思想政治教育学科从设立到现在已经有40年的时间，其学科建设也经历了一个不断积累的过程。经过大家不懈的共同努力，逐步形成了比较成熟稳定的思想政治教育学科体系。可以说，我们在自己的学科地基上，已经建起自己的学科大厦，而且不是一个孤立的大厦，而是一个建筑群。这个建筑群主要包括基础理论、历史研究、应用研究、比较研究等学术领域。

首先是思想政治教育基础理论。它主要是"思想政治教育学基本原理"，这是这门学科的基本理论，在整个学科体系中处于基础和核心地位。如果说在本学科的系统中有一个部分能够代表整个学科的话，那么就是这个基础理论。通常，教科书是这个知识系统的最直观最直接的体现。因为教科书反映的就是一定学科的稳定而成熟的知识系统。经过多年的建设，《思想政治教育学原理》经历几代演进，并被纳入马克思主义理论研究和建设工程，作为重点教材。教材包含的内容相当丰富，包括思想政治教育的基本概念和范畴、思想政治教育的发生与发展、思想政治教育的本质与特征、思想政治教育的地位和功能、思想政治教育的过程和规律、思想政治教育的目标与任务、思想政治教育的内容与结构、思想政治教育的主体与对象、思想政治教育的原则与方法、思想政治教育的渠道与载体、思想政治教育的条件与环境、思想政治教育的管理与评估等。所有这些理论观点和话语表述，都是思想政治教育学科所特有的。它以马克思主义基本原理为基础，但并不等同于马克思主义基本原理；它与政治学原理相关，但也不等同于政治学原理；它与教育学原理相近，但也不等同于教育学原理。

其次是思想政治教育史学。对思想政治教育史的梳理和书写是思想政治教育学科建设的重要工作，主要包括三个具体领域，即中国共产党思想政治教育史、中国传统思想政治教育史、外国思想政治教育史。其中，最重要的是中国共产党思想政治教育史。党的思想政治教育已经过了100多年的历程，经过四个不同时期，即新民主主义革命时期、社会主义革命和建设时期、改革开放和社会主义现代化建设新时期、中国特色社会主义新时代。对于各个时期以及全过程的思想政治教育，已经形成比较成熟的知识体系。比如,《中国共产党思想政治教育史》教科书,纳入马克思主义理论研究和建设工程并作为重点教材;关于中国古代思想政治教育及思想演变,已经有了一些研究专著和大量论文;关于外国思想政治教育史也有了许多专门的研究。思想政治教育的历史虽然与其他方面的历史有交叉,但它与其他历史有明显的区别。

再次是思想政治教育的应用研究。思想政治教育学科具有很强的应用性,并逐步形成了系列性应用知识。其中,"思想政治教育方法论"具有统领性意义,这方面已有正式教科书并形成严谨的理论体系,主要包括:思想政治教育的认识方法,如思想信息的获取方法、思想信息的分析方法、思想政治教育的决策方法;思想政治教育的实施方法,包括基本方法、一般方法与特殊方法。基本方法有理论教育法、实践教育法、批评与自我批评方法;一般方法,如疏导教育法、比较教育法、典型教育法、自我教育法;特殊方法,如预防教育法、心理咨询法、思想转化法、冲突缓解法。此外,还包括思想政治教育的反馈调节和检测评估方法,以及思想政治教育的研究提高方法等。从应用领域来看,思想政治教育可以划分出若干分支知识,包括机关思想政治教育、学校思想政治教育、农村思想政治教育、企业思想政治教育、社区思想政治教育、军队思想政治教育等,所有这些都有相应的教材和书籍。

最后是思想政治教育的比较研究。这主要是中外思想政治教育的比较研究,这种比较研究的前提是对其他国家思想政治教育情况的掌握。在这方面,国内思想政治教育学界有一批学者主要从事比较思想政治教育的研究,经过多年耕耘,已经对许多国家,比如,美国、英国、德国、俄罗斯、法国、新加坡等,都有比较系统的研究。在此基础上进行国别思想政治教育的比较,特别是其他国家与中国的比较,以找出共同之处和不同之处,特别是找到可以为我所借鉴的有益的东西。所有这些研究都限定在思想政治教育领域中,所关注的也都是这类特定的活动,因而与其他关于国际方面的研究有明显的不同。

思想政治教育学科之所以能够形成独立的知识体系,是因为它已经形成了庞大的研究队伍和学术共同体。由于国内高校思想政治教育专业学位点分布广泛、数量庞大,因而我们有一支相当规模的教学与研究队伍,并形成了一个学术共同体,有学科认同,有共同的学术志向,有共同的治学理念,遵守共同的治学伦理,并使用相似的研究方法。

思想政治教育学科有其自身的研究方法。一方面，思想政治教育作为马克思主义理论一级学科下的二级学科，与其他二级学科共同适用马克思主义理论研究方法。这种研究方法不同于历史研究方法和实证科学的研究方法。可以说，马克思主义理论研究方法是思想政治教育最基本的研究方法。另一方面，思想政治教育研究也形成了自己的方法。比如，思想分析方法、理论阐释方法、经验总结方法、调查统计方法、教育实验方法等。其中，最为独特的应该是思想分析方法。这种方法以思想为对象，着眼于对人们的思想及其变化进行分析。思想政治教育学术研究着力于揭示人的思想及其变化的规律，特别是正确思想形成、巩固和发展的规律，因而其研究方法是一种思想分析方法。这种思想分析不仅着眼于个人的思想及其变化，而且着眼于整个社会的思想变化即主流意识形态的建构与传播，因而它是一种综合性的思想分析方法。它不同于心理分析和精神分析，也不同于社会学分析，但又把个体心理和思想联系起来，把个人精神状态与社会精神面貌结合起来。这种思想分析方法的分析前提、分析工具、分析步骤等，有待于具体化。当然，研究方法不是先验的，而是在研究实践中逐步摸索和形成起来的。思想政治教育所特有的研究方法，尚需在未来的研究中进一步明晰化和规范化。

（五）思想政治教育的学科价值是独特而不可替代的

思想政治教育学科有其独特而重要的价值，这是其他学科包括相近学科所不能替代的。思想政治教育学科的价值表现在多个方面，主要包括科学研究、人才培养和社会服务。

首先是科学研究价值。学科的设立以一定的科学研究为基础，又反过来成为科学研究的重要基地和平台。可以说，思想政治教育学科的存在是该领域大规模正规化研究的基础条件。虽然说如果没有思想政治教育学科，当然也会有一定的思想政治教育研究，但这种研究只能是零散的、小规模的，只有在具备了学科地位和平台之后，学术研究才能真正走上正规化、科学化、规模化的道路。有了思想政治教育学科，就能形成该学科的学术共同体，形成大家共同遵守的研究理念与方法，形成能够深度交流和研讨的学术话语。如果取消了这个学科，或使学科无法得到发展而萎缩，那么，我国的思想政治教育研究就会重回分散、自发的阶段。而且，思想政治教育学术研究要想具有可持续性，就需要大批后

第三篇 思想政治教育的知识体系建构

备人才和新鲜血液，而这也取决于思想政治教育学科的人才培养。

其次是人才培养价值。本来，学科的设立本身就是为了高校的人才培养和学位授予，它的功能和价值首先也在这个方面。思想政治教育学科的设立，是为了培养思想政治教育专门人才。随着我国思想政治教育学科的设立和发展，也逐步形成了思想政治教育专业本科生、硕士生和博士生培养体系。如果没有这个学科，就不会有这个学科专业的学生，从而也不可能培养出相应的专业人才。思想政治教育专业所培养的专门人才，既可以从事教育教学工作，也可以从事科学研究工作，还可以从事相关的实际工作。随着思想政治教育学科人才培养体系的形成和发展，我国高校为国家培养了大量的思想政治教育专门人才。

最后是社会服务价值。思想政治教育学科不仅属于学校特别是高校，也属于社会；不仅直接为高校教育教学服务，也直接间接地为社会服务。社会服务主要表现为三个方面，一是培训社会各界的思想政治工作者。这种培训虽然不具有学位教育的意义，但对于提高各行各业思想政治工作者的马克思主义理论素养和思想政治教育专业知识和技能，是十分必要的。二是进行社会宣传。思想政治教育学科的研究者和教育者，也承担着宣传党的创新理论和路线方针政策的职责。他们可以运用和发挥自身的专业知识和技能，以合乎宣传教育规律的方式，面向社会公众进行宣传教育，发挥自身独特的作用和优势。三是实现咨询方面的功能。思想政治教育学科能够直接为不同部门和行业提供咨询和帮助。

思想政治教育学科的社会服务功能，集中体现在我国社会主义意识形态建设中。思想政治教育是意识形态工作的一部分，本身具有意识形态功能，而这一功能的发挥又离不开思想政治教育学科的学理支撑。党中央一再强调牢牢掌握意识形态的领导权、管理权和话语权，而实现这一要求，不仅要靠执政党的权力，更要靠按意识形态建设的规律办事，为此，就需要思想政治教育学科的学理支撑和人才支持。在中国特色社会主义新时代，党和国家对意识形态建设更加重视，并以改革创新精神推进意识形态工作的发展，使我国意识形态领域的形势发生全局性、根本性转变，全党全国各族人民文化自信明显增强，全社会凝聚力和向心力极大提升，为新时代开创党和国家事业新局面提供了坚强思想保证和强大精神力量。这是党中央坚强领导的结果，是各行各业特别是意识形态领域工作者共同努力的结果，其中也包括广大思想政治教育工作者的贡献，包括思想政治教育学科的支撑作用。

二、思想政治教育的学科内涵及建设思路

20世纪80年代中期以来，思想政治教育学科经过多年发展，已逐渐形成了相对稳定的研究对象和领域，形成了相对明确的研究方法和相对集中的一支研究队伍，为学科的进一步发展奠定了良好的基础。随着2005年国务院学位委员会、教育部《关于调整增设马克思主义理论一级学科及所属二级学科的通知》将思想政治教育调整为马克思主义理论一级学科所属的二级学科，这个学科又面临着对自身学科内涵和学科定位进行重新思考、对自身的学科建设做新的筹划的任务。本部分就此进行一点理论的思考。

（一）思想政治教育的学科内涵

思想政治教育学科（简称思想政治教育学）是运用马克思主义理论与方法，专门研究人类社会中思想政治教育及其规律的学科。它以人类社会中广泛存在和发展变化的思想政治教育现象为研究对象，着力揭示思想政治教育的本质和规律。思想政治教育的本质取决于思想政治教育活动在人类活动体系中的特殊性，集中体现为阶级社会中的意识形态灌输。思想政治教育主要有三个方面的规律：一是人们的思想政治素质形成发展的规律，二是对人们进行思想政治教育的规律，三是思想政治教育产生和发展的规律。其中，前两个是微观的规律，主要属于思想政治教育活动过程中思想政治教育对象和主体各自的规律，而后一个规律是宏观的规律，是思想政治教育作为一个整体在形成发展过程中呈现出的规律。由于思想政治教育学科具有应用学科的性质，它的主要目的在于把马克思主义的科学理论和无产阶级政党的路线方针政策传递给人民群众，并为人民群众所掌握，因而在这三个规律中，第二个规律具有最核心的、最重要的意义。

思想政治教育学科是设在马克思主义理论一级学科下的二级学科。它的这种学科定位，在某种意义上决定着该学科的特定内涵与特点。一方面，思想政治教育具有马克思主义理论一级学科所共同具有的学科内

涵和特点，即它是属于马克思主义理论学科的，是一门马克思主义的学科。尽管它在名称上没有直接出现"马克思主义"字样，但实际上具有马克思主义的性质，是马克思主义思想政治教育学。另一方面，思想政治教育在马克思主义一级学科中具有自身的特点，不同于其他四个二级学科。这个特点主要是它的应用性或教育性。它是围绕"教育"来展开学科内涵的，可以说注重教育是它与其他相关学科的主要区别。

思想政治教育学中的"教育"是一个广义的概念，它不是特指学校教育或一定社会的教育部门所主管的教育事业，而是泛指能对人们起到思想影响的现象，更多地指的是党和国家的意识形态工作及其所产生的影响。因而，思想政治教育学科与教育学中的德育学科尽管有密切联系，甚至有某些对象和内容上的重合，但是二者有着比较明显的差别。一方面，思想政治教育学科尽管也带有教育学的特点，但更多是带有政治理论学科的特点，而德育学科则更多地体现的是教育学自身的特点，运用的是教育学的理论与方法。这种区别从研究队伍的学科背景上也能看出来：研究思想政治教育的学者大多具有马克思主义理论的学科背景，而研究德育的学者大多具有教育学背景。另一方面，尽管思想政治教育学科也研究道德教育的规律，但它同时还研究政治教育、法治教育、思想教育、心理教育等的规律，研究这些不同类型的教育活动的共同特征和共同规律。如果说思想政治教育学科的研究会在某个方面有所侧重的话，那么这个侧重点不是道德教育，而是政治教育。政治教育是标志思想政治教育鲜明特征的一个方面，从某种意义上讲，思想政治教育是以政治教育为核心的。而教育学所属的德育学，则集中研究道德教育的规律。当然，德育可以有广义狭义之分，广义的德育也包括政治教育等其他教育在内。但就教育界比较普遍的看法来说，狭义的德育概念更为常用，认为德育学主要研究道德教育。

思想政治教育学科包括马克思主义理论教育在内。以前，马克思主义理论教育和思想政治教育分别是两个独立的学科，后来二者合在一起，共同构成一个二级学科。现在，思想政治教育又分化出来，成为马克思主义理论一级学科下的独立学科。由于它在马克思主义学科中的定位，它的内容比过去有所扩展，也就是说它把马克思主义理论教育也包含在自身之内了。从学科界限的角度说，马克思主义理论教育虽然与马克思主义基本原理学科密切相关，但它并不属于马克思主义基本原理学科。因为马克思主义基本原理学科并不研究马克思主义理论教育的过程和规律,而只研究马克思主义的内容本身。只有思想政治教育学科才把马克思主义理论教育过程当作研究对象,去揭示理论教育的规律。而且,从逻辑上讲,马克思主义理论和党的路线方针政策等,都是思想政治教育的主要内容。不包括马克思主义理论教育在内的所谓马克思主义思想政治教育是不能成立的。当然,理论教育与思想教育、道德教育、法治教育以及心理健康教育等相比有自己的特殊性,它有更高的思维层次,但这并不影响它作为思想政治教育基本内容的身份,也正因为如此它才成为思想政治教育的基础内容。

准确地理解这一点,必须区分马克思主义理论与马克思主义理论教育。马克思主义理论或基本原理对思想政治教育有指导作用,是思想政治教育的指导思想,但不能说马克思主义理论教育是思想政治教育的指导思想。在这里,马克思主义理论教育只是思想政治教育中的一个内容,就像党的路线方针政策、法治、人生观、道德观分别是其中的一个内容一样。马克思主义理论教育的重要地位并不体现在它能够指导思想政治教育的进行,而是它比其他的思想政治教育内容有更高的理论层次。正像马克思主义理论对思想政治教育有指导意义一样,马克思主义理论也对马克思主义理论教育有指导意义。

思想政治教育学科具有政治性、科学性、综合性和应用性的特点。政治性是它突出的特征,失去了政治性它就不再是"思想政治教育"。思想政治教育学科的政治性取决于思想政治教育活动本身的政治性,二者有着密切的联系,它们的政治性都是社会主义的政治性,是无产阶级的党性和阶级性。当然,思想政治教育学科的政治性与思想政治教育活动本身的政治性在某些方面的表现上也有所不同。思想政治教育活动本身的政治性往往是直接的,表现为一种政治性活动,直接服务于党和国家的某种政治任务。而思想政治教育学科的政治性是在学科建设中体现出来的一种间接的政治性,是一种与科学性结合在一起的政治性,它更多的是表现学术研究中的政治理论立场,以及马克思主义世界观和方法论的指导。

思想政治教育学科具有科学性。它是一门知识,是一门新兴科学。它有自己特定的研究对象,有自己特定的研究方法,有自己的学者队伍,也有自己领域的学术成果,以及对这些成果的分享和评价方式。而且这门学科在我们国家的科学领域得到了承认，在我国的学科体系中占有了一定的合法位置。科学性是这门学科的生命线，它能否自立于学科和学术之林，最根本的是看它是否具备充分的科学品格。可以说，这门学科的政治性应通过它的科学性体现出来，越具有科学性就越能充分地体现出政治性。在这方面我们要足够重视，并努力探索这门具有很强政治性的学科的科学性，使之得到实现和体现。在不可避免地使用政治性术语的情况下，探索如何在话语方式上对学术研究与政治宣传进行层次上的区分。

思想政治教育学科具有综合性。它涉及的领域很广泛，必须综合运用不同学科的成果来研究和解决问题。这涉及许多相关学科的知识，如哲学、经济学、政治学、社会学、管理学、教育学、心理学等。由于学科的这种特点，我们不能孤立地从事思想政治教育的研究。相应的，思想政治教育学科的教师和学者，应该具有宽广的知识面和由此构成的合理知识结构，应该能够自如地综合运用不同学科的知识和方法来进行思想政治教育的教学与研究。当然，在强调思想政治教育学科的综合性时，不能抹杀它的独立性和特殊性，不能使它成为没有学科个性的东西。思想政治教育作为独立的学科，它的研究对象、研究方式和术语都是相对稳定的，这些应该是它的立身之本。它不应该在吸取其他学科有益因素的过程中迷失自己，失去自己的学科个性。

思想政治教育学科具有应用性，特别是相对于马克思主义理论的其他学科来说，这种应用性更为明显。向人民群众进行马克思主义的宣传教育，是马克思主义科学真理向实践转化的中间环节，它是直接地导向实践的，因而必然具有一定的应用性。把握这一点，有助于我们按照它的特点来进行学科规划和学科建设。

（二）思想政治教育学科的研究领域

思想政治教育学科的研究领域十分广泛，大体说来主要包括：思想政治教育学基础理论研究、思想政治教育应用研究、思想政治教育历史研究、思想政治教育比较研究、思想政治教育现实追踪研究等。

思想政治教育学科虽然与马克思主义理论一级学科内的其他几个二级学科相比，具有应用性的特点，但是它本身作为一个独立的二级学科也有自己的基础理论研究。如果它没有自己相应的基础理论研究，作为独立学科就立不住。它的基础理论研究注重于对思想政治教育原理层面有关问题的研究，致力于研究解决思想政治教育中的一些元问题和基本理论问题，从而为这个学科提供学理支撑。长期以来，国内关于思想政治教育基础理论的研究主要体现在《思想政治教育学原理》教科书的编写以及相应的学术拓展中。思想政治教育学科从20世纪80年代中期在我国产生以来，经历了基础理论从无到有逐步建构的艰难时期。基础理论研究的进展也主要体现在一版接一版的《思想政治教育学原理》教科书的编写和修订过程之中。从这个意义上讲，这些具有学科开拓意义的教科书不是普通的教材，而是某种意义上的研究专著，它们是若干本领域的领军学者集体攻关的结果。因为，普通的教科书往往主要是吸收和概括本学科已经取得的研究成果，而思想政治教育原理方面的教科书则是在缺乏现有研究成果的基础上，由编写者自己从头进行研究的结果。经过十几年的研究，进入21世纪之后，思想政治教育学科的基础理论研究走出了依托教科书的阶段，进入以学术论著推进的新阶段。新时代以来，研究者出版了多本有分量的思想政治教育基础理论研究方面的专著，发表了大量的讨论学科建设方面的论文，这就把基础理论研究引向了深入。应该沿着这条路踏踏实实地走下去。

  思想政治教育的应用研究，是在基础理论研究的基础上，面向现实生活中的实际问题进行的研究。它着力运用思想政治教育的基本理论，来解释和解决现实生活中的思想政治问题。在应用研究中，思想政治教育方法的研究占有很大比例，实际上具有某种核心地位。当然，这里对思想政治教育方法的研究，不是从理论层面上去解说方法的依据，或去建构方法论的体系，而是探索适用于某个特定领域和特定问题的有效方法，探索这些方法在特定情况下的有效运用。因此，应用研究中的方法研究与基础研究中的方法研究有所不同。在思想政治教育原理中，通常也包括方法的部分，也对方法、途径、载体等作出论述，但这里是从原理的角度来研究方法，主要是确定方法的理论依据，并建构思想政治教育的方法论体系。应用理论层面对思想政治教育方法的研究，应该结合当代国内外实际，向着更为具体的方向前进。比如，可以通过对思想政治教育案例的系统搜集和整理，建设规范的思想政治教育案例库，并由此使思想政治教育方法的研究走向具体化。再比如，通过借鉴西方管理科学方面的一些具体理论与方法，深化思想政治教育的应用研究。管理

第三篇 思想政治教育的知识体系建构

学是当代的显学，它已经积累了极为丰富的经验材料，并形成众多的管理学分支。这个学科中的若干理论、方法和案例有许多很实际的内容，值得我们吸取和借鉴。

思想政治教育的历史研究是对思想政治教育进行历史的考察，主要研究思想政治教育产生和发展的过程和规律，包括总结思想政治教育的基本经验和教训。其中，对中国共产党思想政治教育史的研究具有最为重要的意义。这是因为，一方面中国共产党长期开展思想政治教育，积累了极为丰富的历史经验，具有某种典型的意义；另一方面，我们又是在当代中国，在党的领导下进行思想政治教育学科研究的，因而我们当然首先要把中国共产党的思想政治教育历史研究透。事实上，思想政治教育学科的建立，主要是依托了中国共产党的思想政治教育历史经验。"思想政治教育"这一概念本身也是来源于中国共产党人的文献。国内这方面的研究成果很多，对中国共产党思想政治教育的历史做了系统的梳理，有的是史论结合，表现出相当的深度。当然，这些研究在总体性关照方面，在总结思想政治教育的基本经验和一般规律方面，还有不足。这也将是进一步研究中应重点注意的问题。思想政治教育的历史研究当然不只限于中国共产党人的思想政治教育史，还应包括中外不同国家和不同时期的思想政治教育史。关于中国古代的思想政治教育史，现在有了一些研究。其他方面的历史性研究相对较少，以后应该加强这方面的研究，特别是加强国外思想政治教育史的系统研究。

思想政治教育的比较研究，是对不同国家或地区的思想政治教育进行比较研究，主要是对中国与外国思想政治教育进行比较研究。这些研究是建立在对国外思想政治教育相关情况介绍的基础上的。近年来，我们掌握了国外特别是一些发达国家思想政治教育方面的大量材料，一些学者经过数年的研究也取得了不少成果，出现了不同国别的当代世界的思想政治教育专著。在此基础上，中外思想政治教育的比较正在兴起，并在一些点上获得了突破，比如在中外政治社会化、中外学校德育、中外爱国主义教育等方面。当然，距离学术研究的成熟，比较研究还有很长的路要走。对中外比较研究构成障碍的主要是对于外国思想政治教育状况缺少全面系统的了解。由于国外没有我们这样的概念和学科，也由于研究条件和时间的限制，我们对国外相关情况的了解还很不够，还缺少对特定国家思想政治教育状况的专门系统的研究。应该吸收一些外语好的青年学者投身其中，并争取在外国进行较长时间的研究。同时，注重加强与国外同行学者的交流，逐步探寻与外国学者对话交流的平台和途径。

思想政治教育的现实研究，主要是跟踪现实生活，随时观察和研究中外现实生活中出现的思想政治教育现象，也包括对当代一定时期的思想政治教育进行比较系统的研究。在这方面，要有思想政治教育的专业眼光，要善于对现实生活中思想政治教育现象进行观察，揭示其思想政治教育的内涵。这方面的材料是极为丰富的。仅就中国社会来讲，现实生活中出现的思想政治教育现象就非常多。要特别注意一些思想政治教育方面的热点现象和问题，并进行重点的观察和分析。思想政治教育的现实研究应该运用社会调查等实证研究的方法，尽可能掌握第一手资料。可以将社会学的社会调查理论和方法运用于思想政治教育的调查中，并总结长期以来思想政治教育领域中进行社会调查研究的成功经验，从中提炼出思想政治教育学科进行社会调查研究的特定方式和方法。

（三）思想政治教育学科的人才培养

思想政治教育学科的人才培养是多层次的，包括本科生、硕士生和博士生。本科生的培养，注重于打基础。硕士生的培养，是在进一步打基础的同时，培养他们研究问题的能力。博士生以研究为主，力争使他们在某一方面的研究上站到学术的前沿。

本科生的培养目标应该是：树立建设中国特色社会主义的共同理想；掌握马克思主义的基本知识，掌握中国化时代化马克思主义理论；掌握思想政治教育的理论与方法；掌握人的思想政治素质形成发展规律和思想政治教育规律；具有一定的自学能力和分析研究能力；能胜任党政、群团、学生教育管理等工作。

硕士生的培养目标应该是：具有坚定的马克思主义信念，树立建设中国特色社会主义的共同理想；比较系统地掌握马克思主义基本原理和中国化时代化马克思主义理论；全面掌握思想政治教育的理论与方法，熟悉人的思想政治素质形成发展的规律和有效进行思想政治教育的规律；具有一定的科学研究能力；较为熟练地掌握一门外国语并能够阅读本专业的外文资料；了解本学科的最新动态；能胜任一门学科相关的教学、科研和党政、群团、学生教育管理等工作。

博士生的培养目标应该是：具有坚定的马克思主义信仰和社会主义信念，树立建设中国特色社会主义的共同理想；系统掌握马克思主义的基本原理和中国化时代化马克思主义理论；全面掌握思想政治教育的理论、方法，把握人的思想政治素质形成发展的规律和有效开展思想政治教育的规律；掌握思想政治教育在人类社会中形成发展和演化的规律；善于运用马克思主义的立场、观点和方法开展思想政治教育的高水平研究，具有较强分析、解决人们思想问题与实际问题的能力；具有学科信息处理、学术交流能力与较强的文字、口头表达能力；掌握一门外国语并能够熟练地阅读本专业的外文资料和进行本学科的学术交流；掌握本学科的前沿研究动态与最新成果；能胜任与本学科相关的教学、科研和党政、群团、学生教育管理等工作。

确立研究方向是研究生培养中的重要问题。在这方面，我认为"马克思主义理论一级学科建设和人才培养方案研究"项目课题组取得了很好的成果，提供了合理的设计。该方案提出了硕士研究生的五个研究方向：思想政治教育理论与实践，思想政治教育历史发展，思想政治教育比较研究，当代思想政治教育发展研究，大学生思想政治教育。该方案还提出了博士研究生的四个研究方向：思想政治教育理论与方法研究，思想政治教育历史发展研究，思想政治教育比较研究，当代思想政治教育发展研究。这些研究方向既涵盖了思想政治教育研究的基本领域，又反映了思想政治教育研究的现状和进一步研究的重点方向。不同的学校可以根据自己的实际情况，以上述设计为依据进行探索。在经过一段时间的实践之后，再回过头来总结，会在这方面得到进一步的认识。

三、思想政治教育的内容形态

改革开放以来，思想政治教育的内容日益丰富，至今已成为一个包罗甚广的系统。对这些丰富多样的内容进行分类归纳，使之呈现为一个有机的结构，这是思想政治教育基础理论研究的重要任务，并经过大家努力取得了可观的成绩。但是，仅仅停留在对现有内容的分层分类和结构组合上是不够的，还需要进一步深入思想政治教育元理论的层面，对一些基本理论问题作出解答。比如，究竟什么样的信息能够成为思想政治教育的内容？从逻辑层次上看，思想政治教育的内容又应该具有怎样的基本形态？本书认为，思想政治教育的内容构成应该包括以下四种基本形态，而这同时也是一个更加宏大立体的开放性内容框架。

(一) 思想观念形态

当人们谈到思想政治教育的内容时，首先想到的是一系列思想观念，比如马克思主义理论及其中国化时代化的理论成果，或者世界观、政治观、道德观、法治观、人生观、价值观等。这说明，思想观念是思想政治教育内容最常见的形态。一定的思想政治教育主要向教育对象传递特定的思想观念。这一点在"思想政治教育"和"思想教育"概念本身上也体现出来，人们通常顾名思义地认为教育内容就是一定的思想特别是政治思想。因此，从理论上讲，思想政治教育内容的思想观念形态是我们首先要确认并加以分析的形态。

在这里，"思想观念"作为一个复合性概念应该作广义理解。可以说，它是一种认识，而又不限于认识。就其作为一种认识而言，它不仅包括理性认识，也包括感性认识。对于"思想"或"观念"，人们通常理解为一定的理性认识成果，它是以概念、判断、推理的思维形式来进行的，表达了一定的观点或观念，并凝结为一定的知识。这样的认识，特别是符合实际的真理性认识，必定是属于思想政治教育的内容的，而且应该说是其中最核心的内容。但这并不意味着一定要把感性认识都排除在外。当我们把"思想观念"作为一种基本形态来设定时，不能仅限于理性认识，而应包括感性认识在内。因为在现实生活中，人的认识特别是关于社会和人生的认识，很难完全把感性认识与理性认识区分开，它们往往是结合在一起的。而且，感性认识也并不是没有必要和可能成为教育内容，在特定情况下比如在必需的理性认识还不充分时，就需要向受教育者传递必要的感性认识。事实上，在教育过程中，感性认识特别是与教育主体自身体验相关的感性认识，比理性认识更容易为人们所接受。相比之下，理性认识，特别是上升到理论高度的理性认识，往往在缺乏感性基础时难以为人们所感知和理解。所以，将感性认识纳入教育内容也有助于受教育者对理性认识内容的理解和把握。

同时，思想观念并不仅仅是认识和知识，而且也是价值立场和价值观念，可以说是二者的结合体。思想政治教育与其他专业知识的教育有所不同，它虽然也必须依据一定的知识，并向受教育者传递相当的知识，但这本身不是目的，而只是传递价值观念的载体和途径。通过一定的知识传授来传递相应的价值观念和价值取向，或者说传递一定的核心价值观，才是思想政治教育的真正目的和本质所在。在思想政治教育内容的观念形态中，价值观因素始终存在而且无处不在。我们通常所说的世界观、历史观、政治观、道德观、法治观、人生观等，本身已经包含价值观的内涵和成分。可以说，价值观并不在世界观等之外，而是在其之内。我们把世界观、人生观、价值观相并列，只是为了在字面上突出价值观的地位，并不意味着它在世界观、人生观之外。可以说，所有这些"观"都是认识与价值的统一。

在思想观念形态中，包括多方面的思想政治教育内容。一是马克思主义基本理论和马克思主义中国化时代化的理论成果；二是共产党人的理想信念，即中国特色社会主义共同理想和共产主义远大理想，以及相应信念；三是党和国家的历史，即党史、新中国史、改革开放史、社会主义发展史、中华民族发展史；四是正确的政治观、法治观、道德观、人生观等；五是社会主义核心价值观。此外，还有许多其他形态的思想政治教育内容在思想观念上的反映。所有这些，都是我们思想政治教育的基础内容和核心内容。

正因为思想观念形态具有很大的包容性，我们有时用"思想教育"代表思想政治教育的总体，或把思想政治教育大体上归结为思想教育。也正是因为如此，思想观念的内部框架长期以来被当作思想政治教育内容的整体框架。

（二）精神品格形态

在思想观念之外，是否还有其他的教育内容？或者说除了思想观念形态，是否还有另外独立的形态？这个问题我们过去虽然已有所思考但并没有明确地提出来。因为长期以来，我们只是从思想观念的视野去理解和把握思想政治教育内容，虽然已感受到思想政治教育内容日益增加的多样性，但仍然是在思想观念范围内去理解这种多样性，甚至把思想观念内部的多样性看作不同的内容形态。其实，所有这些都是同一种形态，即思想观念形态，或只是这种基本形态内部的具体形态。

但是，思想政治教育内容的不断增加，不仅丰富着其思想观念形态，而且也在突破着这种形态。比如道德教育并不只是进行关于道德的思想观念教育，还有另外的内容。法治教育也并不只是进行关于法治的思想观念教育，也另有重要的内容。正是由于这种原因，有的学者认为道德教育和法治教育都是思想政治教育之外的教育形态。特别是民族精神和时代精神的教育，或中国精神的教育，作为近年来思想政治教育十分突出的内容，主要并不是一种思想观念的教育，而是一种精神品格的教育。这些"精神"并不能被涵盖在思想观念之中，也不能直接地归属于某个"观念"，而是有其自身独立的存在形态。因此，应该在思想政治教育内容中另辟出一片领地给"中国精神"，以及其他精神。这是一种重大改变，是对思想政治教育内容传统结构的突破和拓展，意味着在思想观念形态之外新增加了思想政治教育内容的精神品格形态。

精神品格形态是在思想观念基础上的升华形态，它体现为一种精神面貌、人格特质、作风风格。尽管这些品格和风格可以表述为一定的思想观念，但它的实质却并不在于这种表述。对应于精神品格形态的教育不是简单的知识教育甚至思想教育，而是品格教育。它不是一种知识和思想的灌输，而是一种人格特质的传递和塑造。

改革开放以来的思想政治教育发展中，特别是在新时代思想政治教育的创新发展中，有一个趋势就是精神品格性的内容所占成分越来越多，也越来越凸显。当我们研究精神品格形态的时候，就会发现它具有极为丰富的内容，是思想政治教育在新时代拓展内容空间的重要方向和领域。

大体说来，精神品格形态的教育内容包括：一是中华民族精神。中华民族在五千多年的奋斗史和文明史中，形成了自身突出的精神品质。它具有极为丰富的内容，我们可以对其作出简明概括以适应宣传教育的需要，但并不意味着已经穷尽了其内涵的丰富性。二是中国革命精神。中国共产党领导人民进行新民主主义革命和社会主义革命，所形成的革命文化包含着极为丰富的精神遗产，即中国革命精神，这些精神在新中国成立以来得到进一步丰富和发展。三是当今时代精神，即以改革创新为核心的时代精神。四是社会主义建设精神，特别是改革开放精神。在我国轰轰烈烈的大规模社会主义建设中，涌现出无数英雄模范，形成了社会主义建设精神。而改革开放以来，我们又形成了具有时代特色的改革开放精神。所有这些都展现出了中华民族和中国人民的精神品格，是新时代新征程上思想政治教育的重要内容。

（三）行为规范形态

思想政治教育内容的行为规范形态，是指它所传递的教育信息是一种对行为的指导性、规范性、约束性信息，是一种告诉我们什么应该做和什么不应该做，什么能做和什么不能做的信息。这部分内容也是建立在一定的思想观念基础上的，但它与精神品格不同，它是一些社会性的行为规范。这种形态可以说是思想政治教育内容的落脚点，因为思想政治教育就是要使教育内容内化于心、外化于行。思想政治教育内容中的行为规范主要包括道德规范、法律规范、纪律规范、制度规范，以及方法规范等。宗教规范虽然在国外是十分普遍而重要的行为规范和教育内容，在我国信教群众的宗教生活中也起着规约作用，是宗教团体内部的教育内容，但党和国家思想政治教育的基本内容，不包括宗教教育内容，也就不包括宗教的行为规范。

道德教育是思想政治教育的重要内容，而道德本身也是复合的，其中非常重要的是道德规范和道德约束。这是日常生活中最常见的行为规范，主要靠个人自觉和社会舆论来维系。道德规范既包括私德领域中的规范，即个人道德修养方面的规范，也包括公德领域中即公共场合的行为规范，即我们通常所说的遵守公共秩序和讲究文明礼貌等。2019年10月中共中央、国务院印发的《新时代公民道德建设实施纲要》对新时代公民的道德规范做了明确规定，包括以文明礼貌、助人为乐、爱护公物、保护环境、遵纪守法为主要内容的社会公德，以爱岗敬业、诚实守信、办事公道、热情服务、奉献社会为主要内容的职业道德，以尊老爱幼、男女平等、夫妻和睦、勤俭持家、邻里互助为主要内容的家庭美德，以爱国奉献、明礼遵规、勤劳善良、宽厚正直、自强自律为主要内容的个人品德。这些规范无疑是思想政治教育的基础内容。

法治教育也是思想政治教育的新内容和重要内容，法律规范是其中的核心内容。在当代，任何一个国家和社会都有大量的法律规定，为人们的行为提供了基本约束。我国也建立了以宪法为统帅的中国特色社会主义法律体系，形成了全面而系统的法律规范。法律是强制性行为规范，违法犯罪行为必然受到法律制裁，但法律并不是坐等人们违法而实行制裁，而是需要事先通过宣传教育，使人们了解法律、相信法律并自觉地遵守法律。思想政治教育就承担着这样的责任，它通过宣传教育把法律规范传递给受教育者，使他们接受和遵循。

纪律也是一种重要规范。邓小平高度强调纪律教育，认为一靠理想、二靠纪律才能团结起来。习近平对纪律和纪律教育也有全面论述。如果说法律规范是面向全社会的，那么纪律则主要是面向不同社会领域和人群的。在党内，特别是在党的干部中有政治纪律，党的章程和干部守则都有明确规定。新时代以来，我们党制定了严格的党内法规，对党员干部有着更强约束力。在国家机关中，公务人员也有严格的政治纪律。在军队中，军人必须遵守严明的纪律。在社会各行业中，除了职业道德和职业技术要求外，还有为该职业所要求的纪律规范。

从广泛的意义上讲，党和国家的制度、路线、方针、政策也是一种社会规范，是对个人和组织行为的约束。制度是背景性的公共性规范，我国的经济制度、政治制度、文化制度，以及其他各方面的制度，都具有根本性规范的意义。开展制度教育，让人们了解和认同我国的基本制度并接受制度的规约和引导，是思想政治教育的重要内容和任务。党的路线、方针、政策作为思想政治教育的重要内容，不仅具有政治属性，也具有行为规范的属性。此外，还有工作方法方面的规范，它对人的行为起着一定的指导和规约作用，也是思想政治教育的内容。当然，所有这些方面的内容，作为行为规范来说具有间接性，与更加直接的道德规范、纪律规范，特别是法律规范有所不同。

（四）心理情感形态

思想观念形态、精神品格形态和行为规范形态已经大体上形成了一个比较完整的内容体系。但如果我们更仔细地思考就会发现，在思想观念形态之前，还需要补上一种更为基础的形态，即心理情感形态。应该说，这也是思想政治教育内容的一种不可缺少的重要形态，尽管我们通常忽略了它的存在和意义。

根据我们通常的理解，思想政治教育主要是一种思想教育，它的起点就是思想观念，因而是一种高起点的教育。但思想观念不是凭空出现的，它是在个体心理特别是社会心理的基础上形成的。现在，人们越来越多地认识到，人的思想观念往往都有其心理基础，许多思想问题其实来源于心理问题，或与心理问题有关。因此，思想政治教育不能对人的心理层次上的现象视而不见。其实，在我们的思想政治教育中包含着很强的情感属性，比如爱国主义教育就是一种很突出的情感教育，而情感当然是属于人的心理层面的。因此，不仅思想观念和精神品格、行为规范能够成为思想政治教育的内容，而且人的心理现象特别是情感情操，也应该和能够成为思想政治教育的重要内容。大体说来，我国的思想政治教育内容在心理情感形态上主要包括个体心理、社会心态、仁爱情怀、爱国情感等。

心理问题是现代社会中普遍存在的问题，已经严重影响到人们的生活和工作，影响到了人的思想观点和价值观。面对普遍的心理问题，世界各国都在兴起和加强心理咨询和心理治疗。我国也是如此，特别是高校面向大学生开设了心理咨询。这些心理咨询是在思想政治教育之外出现和发展起来的，它具有自身特有的科学基础和工作方法。但仅靠这些是不够的，还必须从更广泛的角度提出心理健康教育问题。事实上，教育部已多次正式提出要求加强心理健康教育。对此，思想政治教育不能置身事外，而要为解决人们的心理困扰以及由此带来的"三观"问题提供解决方案。这样，心理健康教育也至少部分地纳入了思想政治教育的工作范围，从而心理健康教育也就成为思想政治教育内容的组成部分。

健康心理不只是个体的健康心理，也是社会的健康心理。良好的社会心理或社会心态，本身是思想政治教育的重要内容。将这些内容传递给社会公众，使公众展现出健康向上的社会风貌，是思想政治教育的重要任务。改革开放以来，党和国家的重要文件也多次提出社会心态及其培育的要求。党的十九大报告提出："加强社会心理服务体系建设，培育自尊自信、理性平和、积极向上的社会心态。"[①] 这是全面地提出问题，并作出工作部署。显然，思想政治教育应该是"社会心理服务体系建设"的重要方面，承担着阐述、传递和塑造良好社会心态的责任。

爱国情感是心理情感形态中的重要内容，并占有十分突出的地位。爱国教育在我国有悠久的历史传统，我们党和国家一直十分重视爱国主义教育。中华人民共和国成立以来，特别是改革开放以来，爱国主义教育始终是思想政治教育的基础性和核心性内容。新时代，习近平就爱国

---

① 习近平．决胜全面建成小康社会 夺取新时代中国特色社会主义伟大胜利：在中国共产党第十九次全国代表大会上的报告．北京：人民出版社，2017：49．

主义和爱国主义教育作出一系列重要论述，一再强调爱国主义的重要意义，2023年10月通过的《中华人民共和国爱国主义教育法》把爱国主义教育提到了前所未有的高度。爱国主义教育具有突出的情感特征，尽管其中也包含爱国思想、精神品格、行为规范的教育，但尤为重要的是爱国情感的教育。从这个意义上说，爱国主义教育的过程是一个爱国情感的传递、培育和激发的过程。在这个过程中，爱国情感就成为不可缺少的教育内容。

（五）四种基本形态的关系

上述四种基本形态依次递进、环环相扣，形成一个有机的整体。它们从低到高的顺序应该是心理情感形态、思想观念形态、精神品格形态、行为规范形态。由此可以看到，这四个基本方面实际上是人的思想行为的形成和展开过程的四个阶段或环节。这就意味着，四种内容形态的划分所依据的原则是以人为中心的。它展现的是人这个主体从内化于心到外化于行的全过程。这并不奇怪，因为一方面，人类所逐步形成和积累起来的文化成果本身就是以人为主体的；另一方面，思想政治教育的对象是人，特别是人的思想和行为。因此，思想政治教育的内容结构，也要符合受教育者的主体结构。只有这样，教育内容才能更容易地被传递给受教育者并为其所吸收，最终成为自身建构的一部分。

思想政治教育内容的四种基本形态的划分并不是绝对的，它们之间也没有不可逾越的鸿沟。事实上，这四种内容并没有特别清晰的界限，往往是相互渗透的，而且具有一些过渡性的中间状态。思想政治教育中任何一种内容的教育，本身都包含心理、观念、精神、行为四个层次。比如，爱国主义教育，不仅包括了爱国情感的培养，而且也包含着关于爱国思想和爱国精神的教育，以及关于报国行为养成的教育。再如社会主义道德教育中，既包含道德情感的教育，也包括道德观念、道德品格、道德行为的教育。同样，法治教育也是如此，它不只是一种行为规范的教育，也包含着法律信仰、法治意识等方面的教育。

而且，思想政治教育内容各个形态间是可以相互转化的，其中最重要也最常见的一种转化，是其他三种形态向思想观念形态的转化。思想观念具有反映功能，它能够反映世界上所有的事物和现象，当然也能反映人的心理、品格和规范。因而，通过这种反映，心理、道德、法律、制度、行为等都可以被表述为一定的思想认识，并用知识的形态呈现出来。从一定意义上可以说，思想观念形态是各种形态中的"货币形态"，它能够打通各种形态，并在一定条件下成为其他形态的共同形态。

正因为其他形态的内容也可以和有必要转化为思想观念形态，那么我们在进行思想观念教育的过程中，要注意把思想观念形态的教育内容还原为它的本有形态。这里包括两个方面的还原性转换：一是教育者在教育过程中，有意识地跳出思想观念教育的局限性，通过开辟其他的教育途径，特别是通过实践教育，把思想观念之外的信息带进来。比如在进行法治教育时，不仅要讲授关于法律的知识，让学生确立关于依法治国和尊法守法的思想观念，而且还要通过安排学生去法庭旁听，甚至组织学生实习法庭来进行法律体验教育，使他们真正体会到法律的规范作用。二是受教育者一方在接受了思想观念的教育之后，要在自己身上实现形态还原。比如，受教育者接受的是道德知识的教育，但通过这种教育不仅增强了道德认识，而且也提升了道德品质，并养成了道德行为。

四种基本形态所形成的体系具有整体性意义，它实质上构成了思想政治教育内容系统的新构架，或至少是这种新构架的主体，从而极大地突破了原来只是从思想观念形态上把握思想政治教育内容的局限。这种局限，使思想政治教育很容易变成某种单一的思想观念教育，甚至知识教育，而忽视或轻视情感教育、品格教育、行为养成教育等。如果仅仅用观念论的甚至知识论的眼界去看待思想政治教育内容，就会导致思想政治教育生命力的萎缩。因此，我们要从根本上改变思想政治教育内容的框架，跳出思想观念形态的限制，形成更加宏大立体的思想政治教育内容框架，让新时代思想政治教育内容更加全面、更加富有活力。

四、思想政治教育的理论研究方法

思想政治教育研究或思想政治教育学科的学术研究，是以人类社会中的思想政治教育现象为研究对象的综合性学术研究。既包括基础研究又包括应用研究，既包括定性研究又包括定量研究，既包括理论研究又包括历史研究，既包括实践史研究又包括学说史研究，既包括文本性研究又包括现实性研究，等等。大体说来，可以概括为理论性研究、历史性研究、文本性研究、实证性研究等基本类型，而其研究方法也相应地表现为理论研究方法、历史研究方法、文本研究方法以及实证研究方法等。其中，理论研究方法是基础性研究方法。

(一) 理论研究方法的内涵与特点

理论研究方法，是一种运用抽象思维、借助理论语言而进行的旨在把握事物整体、本质和规律的研究方法。马克思谈到《资本论》的研究方法时指出："分析经济形式，既不能用显微镜，也不能用化学试剂。二者都必须用抽象力来代替。"[1] 这就直接点明了理论研究方法与实证研究方法，特别是实验研究方法的关键区别。这里所说的抽象力即抽象思维的能力，属于理性思维，但又不完全等同于通常所说的理性思维，而是一种带有哲学高度的理性思维，用恩格斯的话来说是"理论思维"。恩格斯认为理论思维极为重要，"一个民族要想站在科学的最高峰，就一刻也不能没有理论思维。"[2] 这种"理论思维"主要是一种唯物辩证的哲学思维，它不只是那种以哲学概念进行哲学思辨的所谓纯哲学思维，而是具有广泛适用性并与其他具体学科相结合的理论性思维。

理论研究方法必须借助于理论语言和理论逻辑来进行研究。语言是思维的工具和外壳，理论语言是理论思维的工具和外壳。理论语言是指具有高度概括性的学术概念和学术命题，它源于日常生活但又高于生活语言，以经验为基础而又高于经验性语言，它以实证性语言为支撑但又不同于具体科学的符号化表达。马克思主义理论的语言表达是典型的理论语言。同时，理论研究方法必须借助于概念、判断、推理这些逻辑形式来进行，否则就只是思维的空转和语言的空转。这种研究以归纳与演绎为基础，主要运用分析与综合两种方法进行合理的理论思辨。所谓思辨，就是理论思维的运用，特别是深度运用和复杂性运用。"思辨"既可能是像黑格尔那样带有神秘色彩的唯心主义"思辨"，也可能是像马克思《资本论》那样在唯物主义基础上的合理的思辨。前者脱离事物的真实存在而把概念的运转变成自我循环的神秘游戏，而后者则是联系实际的思辨，是排除了神秘主义和主观主义的合理思辨。马克思主义理论

---

[1] 马克思，恩格斯. 马克思恩格斯选集：第2卷.3版. 北京：人民出版社，2012：82.
[2] 马克思，恩格斯. 马克思恩格斯文集：第9卷. 北京：人民出版社，2009：437.

和思想政治教育研究中的"思辨"当然是指合理的思辨。

理论研究方法不是一种对事物现象进行描述的方法,而是一种致力于对事物进行整体把握,并进一步揭示其本质和发展规律的方法。首先,它致力于从整体上把握事物,把握事物的性质和基本特征。注重整体性,是理论研究方法的重要特点。即使需要对事物进行分析并分别考察其各个部分,但目的还是对事物整体有更精准的把握。其次,它致力于透过现象看本质,从更深层的逻辑上把握事物的本质。现象的观察和描述在任何研究中都是需要的,但对理论研究来说更重要的是透过现象去揭示和把握本质,并进一步透过浅层的本质去把握更深层的本质。最后,它致力于从发展变化中看待事物并以揭示事物变化发展的规律为研究目标,以此把握事物演化的趋势和方向,并对未来作出合理展望。

理论研究方法不同于其他研究方法。首先,它不同于历史考察方法。历史研究主要是以史料为证据来还原历史真相,其方法主要是发掘、搜集、考证和辨别史料真伪,并根据可靠史料得出符合历史真相的认识。理论研究虽然也会重视和借用史料,但目的在于思想观点的创生和阐明,而不是具体史实的确认。历史研究注重时间线索,而理论研究注重逻辑联系。其次,它不同于经验总结方法。理论来源于经验,但它是对经验的升华和超越,而不直接等于经验。思想政治教育学科中包含着许多经验性知识,这些知识是从党的百年思想政治教育实践中形成和积累起来的,并经过了总结和梳理,是非常宝贵的。也有一些经验是从当下的实践中产生出来的,具有很强的现实性。但是,这些还不能算是理论知识和理论研究,而仍有待于上升为理论。最后,它不同于实证调查方法。实证方法是自然科学最基本和普遍采用的方法,包括实验的方法、测量的方法、调查的方法、建模的方法等具体方法。这些方法因其科学性和实效性而被引入社会科学并成为现代社会科学普遍采用的方法。这些方法有其重要价值,也是思想政治教育研究中可采用的重要方法,但它们不是理论研究方法,也不能离开理论研究方法而孤立地起作用。

理论研究方法总体上是一种定性研究方法,因为它着眼于事物整体性质的把握,着眼于理论深层本质的揭示,以及事物变化规律的把握。这种研究方法,抽象掉了事物量的特征,特别是大量细节性特征。但也不应把理论研究方法完全与定性研究方法等同起来。因为,理论研究也并不完全排斥数量，而是包含着一定的数量把握，特别是总体性、规模性数量的把握，以及具有量变到质变关键环节意义的数量变化的把握。

理论研究方法并不是一种无内容的形式主义方法，而是内容与形式相结合的方法。从形式上说它注重的是抽象力，从内容上说它注重的是思想力。在这里仍然是"思想为王"，理论研究及其方法都是以"思想"或"思想力"为轴心的。所谓思想力，就是持续、深度而有效思考的能力，是产生思想、运作思想、推进思想的能力。思想力不同于一般的思维能力，也不同于逻辑推理的能力，其重点在于"有思想"。所谓理论，不过是系统化的思想，如果缺少了思想，理论就是空壳，没有灵魂。同样，如果没有思想力，抽象力就是空壳。思想力内涵丰富，主要包括思想趋近力、思想敏感力、思想领悟力、思想分析力、思想阐释力、思想概括力、思想推导力、思想建构力、思想创造力，以及思想表达力等。其中最根本的是思想创新能力。运用和提升思想力是理论研究的根本，如果不懂得这一点，就只能把理论研究方法当作一种外在的形式和工具去套用，而不能使其在更高的思想层次上运行，因而不可能得到应有的研究成果。

思想和思想力本身也不是抽象的，而是有特定内容的，这就是马克思主义理论所具有的思想和思想力。马克思主义是人类理论思维的最高成果，是科学的世界观、历史观、人生观和价值观。不能离开马克思主义理论去抽象地谈论思想和思想力，谈论理论研究方法。要想掌握和运用好思想政治教育的理论研究方法，就必须有马克思主义理论功底，有马克思主义理论学科所培养起来的思想力。同时要注意，马克思主义理论学科是一门理论性学科，并集中体现为理论思维能力的培养。学习马克思主义理论，不只在于掌握相应的知识，更在于养成科学而高超的理论思维能力。

理论研究方法是思想政治教育学科的基本研究方法。首先，理论研究方法是一种普遍性研究方法，不论在社会科学还是自然科学中都是适用的，特别是在哲学社会科学中是最基本的研究方法。思想政治教育学是哲学社会科学中的一员，因而同样需要理论研究方法。其次，马克思主义理论学科具有理论属性，是一个典型的理论性学科。思想政治教育学科作为马克思主义理论学科中的一个二级学科，在总体性质上受到马克思主义理论学科的规定，从而也具有理论属性，并需要理论研究方法。再次，思想政治教育本质上是一种讲道理和以理服人的活动，必须建立在对人的思想形成发展及转化规律的研究基础上，而这种研究更适用于理论研究方法。最后，更重要的是，理论研究方法体现的是马克思主义立场观点方法，是马克思主义指导作用在学术研究方法中的集中体现。从这个意义上说，思想政治教育的理论研究方法，就是用马克思主义理论素养去观察、分析和解决思想政治教育问题的方法。

当然，理论研究方法并不排斥其他研究方法，而是与其他方法相互渗透、相互成就。它既是诸多方法之一，又是诸多方法的共同基础，正如五行之土，既是五行之一，又是其他四行的共同基础。它作为一种抽象思维方法，在运用时要处理好抽象和具体的关系，不能一味抽象，或为抽象而抽象；它作为一种逻辑思维方法，在运用时要处理好逻辑与历史的关系，努力做到史论结合，达到历史与逻辑的统一。只有把理论研究方法与其他研究方法结合起来运用，才能收到最好成效。

（二）思想政治教育学研究中的概念辨析

理论研究是借助概念进行的，没有概念就无从承载思想信息，无从进行逻辑推论以及理论建构。思想政治教育学科有一系列概念，有一些基本的甚至核心的概念。对这些概念有必要进行学术的考察，只有经过学理的打磨和锤炼，才能使其更加精纯，成为可靠的研究工具。而对概念特别是重要概念进行学术考察，是思想政治教育理论研究的一项重要工作，而其方法就是概念辨析的方法。

思想政治教育学中的概念，大多直接来源于人们的思想政治生活和思想政治教育实践活动，是对生动现实和鲜活实践的反映。这样的概念是有生命力的，与那些反映虚幻世界和主观幻想的概念相比，有着天然的优越性。但是，从实际生活中来的概念还需要转化为理论性概念，才能进入理论研究的运行系统。尽管这些概念已经过一些经验性或政治性打磨，具有了一定概括性，但从思想政治教育学科自身的建立和发展来看，我们对这些基本概念的学术辨析和打磨是不够的，并没有就每一个概念术语进行专门的辨析，因而许多概念含义不清，或者相互交叉。因而理论研究方法的一个起点上的要求，就是对概念本身进行考证辨析。

首先，要考察一个概念的起源、最初含义以及演变过程。概念不是天生的，也不是一成不变的，而是在特定条件下出现并经历了一定的演化过程。要紧紧抓住一个概念，运用概念史考察的方法，寻找其最初的源头。比如"思想政治工作"和"思想政治教育"是本学科两个最核心的概念，那么它们谁是最先被提出和使用的呢？这就是一个重要的学术问题。找到源头及其最初含义之后，还要考察此后如何演变为现在的概念。

其次，要考察这个概念的内涵和外延，对其作出理论界定。为此，需要给概念下定义。定义固然有其局限性，不能代替理论阐述，但仍是必要的。通常情况下是以种加属差的方式下定义，但有的情况下可以从自己的相对概念上得到规定。定义的深刻程度并不相同，有的定义带有一定描述性，也有的定义则是本质主义的。定义不仅可以出现在认识过程或理论研究过程的开头，而且可以再次出现在研究的结尾，但二者的要求和特点有所不同。在研究初期，人们需要对其探讨的概念先进行简要界定，以便人们明其所指。这时的定义往往是初步的，带有导入性质。而当理论研究到达终点的时候，又需要一个总结性定义，它实际上是全部研究过程的一个总结，因而比第一次定义更为充分。

要注意概念多义性，以及广义与狭义的区别。因为很多基本概念往往都会有多重含义，特别是有广义与狭义之分。之所以会比较普遍地存在这种情况，是由于现实世界和人类思想具有无限丰富性，而人类语言表达是有限的。我们不得不用有限词汇表达更多的含义，而且往往广义和狭义同时并存。因此，要从概念的多种含义中明确其基本含义，特别是其标识性含义，并辨明其广义与狭义及其相互转化。要关注和区别概念使用的不同语境，从不同语境的转换中把握概念广狭义转化的规律性。比如社会主义核心价值观中的"文明"理念，当其出现在"富强、民主、文明、和谐"的序列中时，它是狭义的，主要指的是精神文明，因为富强已经代表了物质文明，民主代表了政治文明，和谐代表了社会文明；可是，当"文明"一词单独出现的时候，它就是广义的，是包括物质文明、政治文明、精神文明、社会文明、生态文明在内的综合性概念。

再次，要考察一个概念与其他相近概念的关系。现实生活中往往会有许多相似的概念术语，当其被直接引入学科体系中时，就易于造成一系列相近概念同时并存、相互纠缠的现象。就本学科的核心概念而言，就有"思想教育""思想政治教育""思想政治工作""思想道德教育"

"宣传思想工作",以及"精神文明建设"等近义性概念。还有一些具体概念也存在类似情况,比如思想政治教育的"路径""途径""渠道""方式""方法"等。概念具有丰富性本来是好事,但如果概念之间外延不清、相互交叉,或者概念运用过于随意,就可能造成研究和表达上的困难和混乱,为此就有必要进行相近概念的比较和辨析,考察它们之间的共性和不同,弄清它们之间的细微差异,明确各自的特定含义和使用范围,使不同概念各安其位,共同形成本学科自主知识的概念体系。

最后,还要明确这个概念的运用原则,即在具体运用这一概念时应该注意的事项。概念不是死的而是活的,是在运用中体现自己的明确含义和价值的。当我们懂得了概念运用应该遵循的原则和注意的事项后,我们在使用概念的时候就会更加自觉和谨慎,更能符合概念运作规律和规范。比如,在概念运用中,要注意概念的大小及其使用语境,有的适用于宏大叙事,具有庄严感,而有的则适用于微小叙事,能精准地表达细节,因而要避免大词小用或小词大用。还要适当注意概念承载的社会文化价值和情感意蕴,区分概念的褒贬义,在不同情景下运用不同的概念。

(三)思想政治教育学研究中的命题阐释

概念是理论研究中的最小单位,并不能单独地表达一定的思想。为此必须使概念之间发生关联,形成一定的句子,以表达一定的理论判断。当然,并不是所有的句子都具有同样重要的意义。有些句子只是连接性、过渡性的,并不单独地表达重要的观点或思想。但有些句子则是直接表达一种观念或思想,因而本身就是一个重要的理论命题。对于这些重要命题,要予以理论的阐释。

首先,要对理论命题的内涵进行学理阐释和阐发。理论命题通常是简明的,而其思想内涵则是丰富的,把这些内涵阐释出来是理论研究的重要任务。在思想政治教育学科中,有许多命题直接来源于党和国家的重要文献,其本身就是非常重要的政治结论和理论命题。比如,"思想政治工作是一切工作的生命线","思想政治工作是党治国理政的重要方式","思想政治理论课是落实立德树人根本任务的关键课程","让有信仰的人讲信仰",等等。政治文件没有必要对这些命题进行解释,但思想政治教育的理论研究则需要做这种工作。这种理论阐释一方面必须具有学理性和学术的逻辑自洽性，能够展现出命题本身的丰富内涵和深刻思想，另一方面又必须符合命题原义，不能过度发掘和过度阐释，更不能随意阐发。

其次，要对命题表达的思想观点进行学术验证和理论论证。不但要阐释出思想政治教育重要理论命题所表达的完整内涵，而且还要去寻找其深层依据，从理论上对其进行论证。让人们不仅知道是什么，而且知道为什么。领导人讲话和政治文件是用来指导工作的，因而当其提出重要论断时不需要做论证。对此，人们通常能够理解和接受，因为一方面人们相信党中央的英明正确，另一方面党的语言是通俗易懂的，人们并不难以理解。但如果理论只是停留在经验性理解和常识性认同上，就不能算是科学理论。思想政治教育的学术研究，特别是理论研究，就是要从马克思主义基本原理的高度，从思想政治教育本质与规律的深度，对党关于思想政治教育的重大判断和论述作出深入的学理阐释和论证。

学理阐释和论证的过程同时也是一个学术验证和确认的过程。一般来说，党和国家领导人提出的重要论断和命题都是正确而周延的，因为它们并不是从天上掉下来的，也不是政治家随意提出来的，而是在实践经验的基础上，经历了前期的研究特别是调查研究，并在一定程度上吸取了学界研究的成果才提出来的。但这并不意味着凡是出现在党和国家重要文献中的话都是绝对真理，都只能阐释而不用验证。其实，理论命题就是需要在实践中和学术研究中得到检验并不断完善的。党的文献中的表述自身也是在不断完善的，比如以往讲"创新是一个民族的灵魂"，后来进一步完善为"创新是一个民族进步的灵魂"，就更精准了。其实，许多论断和命题并不都是党和国家领导人提出来的，而是在实际工作中形成或以往流传下来的，本身是否准确也是需要进一步从学术上加以考察和验证的。如果我们能运用理论研究的方法，特别是思想分析方法，对本学科每一个重要命题都进行检验和确认，就能大大提升学科的学术性和可靠性。

最后，思想政治教育学的理论研究不仅要科学地阐释党和国家关于思想政治教育的重要论断，而且还要基于新的实践和研究而提出自己的论断和命题。虽然学科中许多重大命题都是来自党和国家重要文献，但这并不意味着思想政治教育学科的知识全部都是政治结论和政治论断，也并不意味着思想政治教育学者在本学科知识体系的建设中无所作为，或不能作出创新性贡献。由思想政治教育学者组成的学术共同体在本学科自主知识体系构建中发挥着不可替代的重要作用。思想政治教育学者要做创新性工作，产生新的思想、做出新的概括、形成新的命题。在这里，理论概括能力是特别重要的，它是一种思维综合能力。要从现实生活的需要中，从社会实践的经验中，从时代精神的氤氲中，以及从人们的社会心理和心态意向中，把已经能够感觉到的思想概括出来，用理论语言表达为理论命题，从而推进理论创新。

（四）思想政治教育学研究中的体系建构

概念构成命题，命题进一步构成理论。理论之所以是理论，就在于它并不是一个孤立的思想观点，而是由许多思想观点构成的体系。也就是说，理论是由系列命题构成的体系。从命题到理论是一个学术建构的过程，所使用的方法就是理论建构的方法。

首先，理论建构需要相应的基础材料。概念和命题都是这样的材料，前者是最原始的材料，而后者是半成品或预制件。不论是概念还是命题，都需要有相当大的数量，才有必要和可能建构起完整的理论。如果只有少数几个可用的概念，或只有少数几个命题，那是不值得建构也无法建构的。而当相应的概念和命题已经足够多的时候，就需要对其进行分类整理，不然在杂乱的状态下，是很难一下子理出头绪，并形成有序结构的。

其次，理论建构需要找到核心观点并建构起核心内容。任何一个完整的理论，都有其内核和中心，它通常是最基础、最重要的命题和思想，对于其他内容和命题具有强大的吸引力和统摄力。围绕理论内核的，是一层又一层相对外围的观念。所以，对理论体系的建构和掌握可以从内核与外围的关系上来进行。就整个思想政治教育体系来说，原理性内容是最核心的内容，也是最基本的内容，其他内容则是围绕思想政治教育基本原理来设置和运行的。

再次，理论建构一般是围绕核心小结构形成理论大结构，并最终建成理论体系。这种核心与外围的关系，体现为核心小结构和整体大结构的关系。核心内容本身是有结构的，这是"小结构"，以这个"小结构"为基础和起点，通过不断的理论建构可形成整个理论体系的大结构，从而形成理论大厦。当然，理论体系的建构不只是间架结构的确定，也不只是逻辑关联的遵循，还需要在此基础上的更加细致的建设工作。理论体系不仅要有骨架，还要有血肉；不仅要有基本构件，还要不断地做添砖加瓦的工作。思想政治教育学科体系、学术体系、知识体系、话语体系的构建，是一个需要进行大量建设性工作的长期的过程。

最后，学科理论体系的建构需要以教科书的形态呈现出来。教科书通常是最具权威性的学科知识体现。尽管教材的编写不只考虑学科体系和逻辑关系，也考虑教学需要和教学逻辑，但至少从思想政治教育学科来说，它的理论体系的建构长期以来都是以教材编写的方式得到呈现和推动的。教材本身不是个人研究成果，而是集体成果，是思想政治教育学术共同体的共识性认识的汇聚。教材本身经过反复修订和精心打磨，更能够体现学科理论的体系建构。因此，我们要高度重视思想政治教育教材的编写，以此不断提高思想政治教育专业人才培养的水平，助力思想政治教育学科体系、学术体系、知识体系、话语体系的建构。

需要注意的是，批判与建构是一对矛盾，各有其不同意旨，同时又相辅相成。批判主要是一种评判和批评，是一种否定性思维，是审查和试图推翻一种理论，而建构本身则是一种建设性思维，是在承认和遵循原有知识基础上进行的建设性工作。理论批判是一种重要的理论研究方式，它主要面对错误观点和思潮，作出有理有据的批判。理论建构则主要适用于学科建设。在建构性工作中，需要一定的批判性思维作为补充。因为在建构过程中需要不断地自我审视，随时观察理论建构是否合乎逻辑，理论各部分之间是否有机衔接，等等，并时常进行必要的调整，因而，要把批判性思维与建构性思维结合起来。

（五）思想政治教育学研究中的分层叙述

学术研究包括研究成果的叙述在内，因为研究取得的成果必须用文字符号表达出来，为此就必须进行叙述。其中，最重要的是分层叙述。

其实，分层本身并不只是一个叙述方式问题，而首先是一种理论研究的方式。这是一种理论分析的方法，它用思想的解剖刀把一个研究对象进行解剖，把里面包含的不同层次的道理拆解出来，加以系列性逐层呈现。理论分析可以有两种不同的方式或进路：一是将对象从整体分解为若干个部分，再分别考察每一个部分和要素，最后把所有这些部分和要素组合起来；二是将对象中包含的逻辑层次分解开来，对每一个层次单独进行考察，最后再把所有层次综合起来。应该说，前者是为更基本和常见的分析方式，而后者则是更为高级的分析方式。对于人的思想感情及其变化这类研究对象，更适宜的是进行思想层次的分析。

层次分析是一种解决理论难题的得力方法。所谓的理论难题，当然有各种不同的情况，但很常见的一种情况是由多种不同层次的道理混杂纠缠在一起而导致的，就像一个由若干线段纠缠而成的死结。世界是多层次的，思想也是多层次的，在不同的层次上有不同的道理。在不同层次上的不同道理都是正确的、合理的，但把它们合在一起而放到同一个层次上去时，就会产生矛盾和纠结，于是成为理论难题。这样说似乎对，但又不全对；那样说似乎也对，但也不太对。人们找不到一个一以贯之的解释。如果我们能够用分解的方法，把它打开，揪住每一个线头而把每一根线段拎出来，最后就解决了死结和理论难题。我们平常所说的"抽丝剥茧"的方法，或所谓"剥洋葱"的方法，就是如此。

层次分析的方法，就是要在思想上善于分层，对混沌的理论现象进行细致分层，区分越细越好。这需要思想的敏锐性和一定的分析能力。在现实生活中，以及在普通的学术视野中，许多事情完全是一体的，不同层次融合在一起，并不被人们直接看到。但现实中分不开的事情，在理论上运用抽象力是可以分开的，这就是理性思维的力量。这样进行理论分析，就像精准的外科手术，"刀刀见血"，也像打开俄罗斯套娃，一个个娃娃都摆出来。

在层次分解的基础上，就可以进行分层叙述了。一般来说，理论研究所取得的成果是一个整体性的东西。为了把它恰当地叙述出来，需要相应分层进行，逐层叙述。这种叙述方法主要有三个要领：一是从抽象开始，逐步过渡到具体。马克思的《资本论》从抽象上升到具体的方法，从一定意义上来说也是一种分层叙述法，即先从最抽象的层次开始叙述，然后是具体一点的层次，一层一层，逐步过渡到更加具体的层次，最后实现完全的叙述。二是每一次叙述都只能在同一思维层次上进行，不要牵扯到另外的层次，更不能跑到邻近的层次上去。三是在每一层次叙述时都必须把全部要说的话说完。

最理想的理论叙述，就是层层推进，环环相扣，繁针密线，一丝不乱，滴水不漏。马克思在《资本论》中运用此方法最为典型的是对价值形式的分析和叙述，其分析细致入微、丝丝入扣，简直叹为观止，是理论叙述的典范，永远是我们学习的榜样。

五、选列思想政治教育的基本文献

在思想政治教育专业博士生培养中，文献阅读十分重要。为此，需要确定思想政治教育学科的基本文献和博士生必读书目。这项工作对于博士生培养，对于思想政治教育的科学研究，对于思想政治教育学科基本建设和长远发展，都是十分必要的。

（一）从中国人民大学开设博士生基本文献课程谈起

2008年，中国人民大学研究生院公布了一项博士生培养的新举措，要求全校各院系都必须为博士生开设本专业的基本文献（专业主文献）研读课程。之所以决定全校开设基本文献课，是鉴于有些专业特别是文科专业的博士生培养在本专业基本文献方面重视不够，造成学生文献功底不足。显然，这样的举措是正确和十分必要的。大量的专业阅读，是文科研究生教育质量的生命线。人们通常认为理工科的博士生比文科的博士生更辛苦一些，因为前者要做大量的实验，而后者大体上只需要看书学习就行了。其实，读书又何尝是那么容易的？文科博士生也是很辛苦的，因为文科博士生要看大量的甚至是海量的本专业的文献资料。这是博士生的基本功，没有很强的阅读能力，这样的阅读任务是很难完成的，博士学位论文当然也就不可能做得出来。这是一个关系文科博士生培养和论文写作质量的根本性问题。

可是，我们在选列思想政治教育专业基本文献的时候，表现出本专业和本学科的某种尴尬：缺少现成的经典文献可以列举。一些老牌的学科专业，如哲学、经济学等，经典文献汗牛充栋，不愁无文献可选，而苦于经典文献过多，难以取舍。假如没有自己的经典文献，思想政治教育怎么可以算作是一个学科，怎么可以培养博士生呢？

当然，思想政治教育专业已经过40年的发展历程，思想政治教育专家学者队伍也有了较大的规模，基本文献还是有的，学术经典也不能说完全没有，关键是做出选择和列举。这样，就提出了一个问题：思想政治教育专业是否有必要以及怎样来选列自己的基本文献？

（二）选列思想政治教育基本文献的必要性

什么是一门学科的基本文献呢？大体说来，无非是这门学科自创建以来最重要的研究文献或学术论著，这些文献不仅记录着这门学科走过的历程，而且更重要的是体现着这门学科的学术进步和成就。它们大多是这门学科的先辈学者心血的结晶，是这门学科顶尖学者的学术贡献，同时也包括当代学者在对这门学科的研究中产生重大影响的作品。从实质上看，基本文献应该就是经典文献，只不过"经典"过于沉重和严肃，平和一点说就是基本文献了。

任何一门学科都有自己的基本文献，这些文献代表着这门学科的过去，也确定着这门学科的性质和面貌。思想政治教育的基本文献，确定着这门学科的性质，提示着它进一步发展的方向。思想政治教育的基本概念、学术规范、基本观点和基本方法，都是在这些基本文献中形成和发展起来的。阅读和掌握这些文献，是学习这门学科的人最基本的功课，他们正是由此而掌握思想政治教育的学术规范和要求的。对于这个专业的博士生来说，他们不仅要了解这些文献，还要精研这些文献，并能够站在今天的学术水平上了解这些文献最有价值的东西，了解这些文献所具有的局限性。在此基础上，博士生才能进行真正的科学研究工作，才能写作本专业的学术论著。而学习和掌握这些文献，当然要在导师的指导下进行。导师对此要有明确的认识和高度的自觉。事实上，在许多学校都出现过这样的学术场景：一位博士生写出一篇论文，自认为有新的观点，就兴冲冲地向导师汇报。导师看了一眼，问他：某某的书你看过吗？答曰：没有。又问：某某某的书你看过吗？回答还是没有。于是，导师说：先老老实实回去好好读书，把书单上的书都读完，并做读书笔记，至于写论文的事嘛，以后再说。这样的情况应该有几个前提：一是该专业领域有经典文献，这些文献对后学来说是绝对绕不开的；二是导师对本专业的历史和各类文献，特别是基本文献非常熟悉，如数家珍；三是导师对学生的培养有明确的目标和计划，能够合理确定博士生的必读书目。

思想政治教育是一门新兴学科，历史不算长，因而学界对本学科的基本文献，尚没有形成一致意见。而且经典学术作品，是需要相当长的历史积累的，往往需要几代学者前后相继的努力。一方面，只有积累的时间长,才会有更多的经典作品,因为经典作品往往是长期积淀的学术结晶;另一方面,也只有经过长时期的淘洗,经典作品才显示出它的真面目,人们也才会形成共识。思想政治教育学科从 20 世纪 80 年代中期设立,到现在只有 40 年,也就一两代人的时间,为创立这门学科而呕心沥血的第一代学者至今仍站在学术前沿,带领中青年学者为推进学科发展而努力。在这样的情况下,尽管大家非常努力,写出了大量的研究论著,但是从中找出基本文献仍然有一定的困难。

但是,有难度不是放弃的理由。选列思想政治教育基本文献是学科建设的需要,是培养合格博士生的需要,是提高思想政治教育专业博士生专业理论功底和对他们进行严格而充分的学术训练的需要。当前,我国思想政治教育专业博士学位授予点数量众多,分布广泛,博士生导师的招生方向和研究方向也很多,为了保证在不同研究方向上的思想政治教育专业博士生有共同的水准,确定大体一致的博士生必读基本文献是非常必要的。

(三)选列思想政治教育基本文献的原则和做法

要选列思想政治教育的基本文献,首先必须确定选列的原则以及标准。而要确定选列的原则,又必须考虑到思想政治教育学科本身的情况:第一,思想政治教育是新兴学科,专业设置和招生时间短,学术积累总的来说还比较有限,但是由于大家的共同努力,思想政治教育的学术成果和学科建设有了跨越式的发展;第二,思想政治教育学科是马克思主义理论学科下的二级学科,它身上带有一级学科的性质特点;第三,思想政治教育学科具有突出的本土性和应用科学性质,以及意识形态的特征,等等。

考虑到上述因素,笔者初步提出以下几个方面的原则:

第一,在数量上,要有较大的规模,要大幅度增加博士生对本专业文献的研读量。太小的阅读量不足以支撑起博士生必要的学养,不足以完成本专业的学术培训。至于数量究竟多少合适,需要进行一定的实证研究来确认。总的原则是学生在三至四年的时间内,经过努力能够大致阅读完毕。

第二,在范围上,要包括自学科设立以来的当代中国学者的论著,要包括马克思主义经典作家的著作,还要包括党和国家领导人的论著,以及党和国家的有关重要文献。这是由思想政治教育学科的性质和特点所决定的。思想政治教育学科是马克思主义理论性质的学科，它以马克思主义的立场、观点和方法为理论依据和理论指导，并以马克思主义的思想理论教育为重点研究对象。因此，马克思主义经典作家关于这个方面的论述，当然属于思想政治教育学科的基本文献之列。而且，这部分文献具有真正"经典"的性质，对于学科来说是十分宝贵和重要的。同时，思想政治教育学科具有很突出的中国特色，它直接起源于中国共产党思想政治工作丰富的经验，并且是在适应改革开放条件下加强和改进思想政治工作的需要而产生和发展起来的。在思想政治教育的基本理论和观点中，包含着很多由中国共产党人在实践中探索出来并做了一定理论升华的东西。因此，中国共产党人的许多关于思想政治工作和思想政治教育的重要论述，理所当然也属于思想政治教育学科基本文献之列。党和国家的重要文件和领导人的讲话具有很强的政治性，但是这对思想政治教育学科来说并没有什么损害。因为思想政治教育学科本身，就是政治性和科学性的统一。

第三，对于当代中国学者的思想政治教育研究文献，要进行精选，尤其是精选出具有原创性的成果。由于各种原因，思想政治教育专业发表的论文虽然数量庞大，但重复性研究较多，甚至包括一些低水平的重复性研究，真正具有原创性成果的论文并不太多。这是学术资源的巨大浪费，也为思想政治教育基本文献选择增加了难度。基本文献的选取应避免重复，因为博士生固然不能阅读量太小，但大量阅读重复性的论著也是没有学术效率和意义的。博士生导师是思想政治教育研究队伍中处于高端层次的学者，他们的论著是选取基本文献时要重点关注的范围。在从中选取基本文献时，一方面，要考虑到这个学者群体的基本覆盖面，让每个博士生导师从自己出版的著作或发表的论文中挑出自己较为满意的成果，以备选用；另一方面，要以作品的质量和学术含量为标准。德高望重的学者，为学科创立作出过历史性贡献的学者，他们的学术精品无疑是非常宝贵的，要作为重点选入，同时也不论资排辈，使有实力的中青年学者的学术精品有机会进入基本文献。

第四，对当代中国学者的思想政治教育研究文献的选取，还要分领域进行。因为思想政治教育研究范围很大，面对众多研究领域的大量成果，不能笼统地取舍，最好分领域进行划分，在各自的分支领域中，确定相关成果的学术分量和学科重要性。学术领域的划分，可参考沈壮海教授在《改革开放以来思想政治教育研究的学术版图》一文中的七分法：思想政治教育基本理论研究、思想政治教育方法论研究、思想政治教育发展史研究、思想政治教育比较研究、领域思想政治教育研究、思想政治教育重大现实问题研究、思想政治教育跨学科研究。由于不同领域中涌现出的成果数量质量会有所不同，因此各研究领域的基本文献的数量应相应地有所不同。

第五，考虑到进一步扩展思想政治教育专业学生知识面的需要，以及按马克思主义理论一级学科的要求培养博士生的需要，思想政治教育基本文献的选列还可以进一步扩展。比如，可以考虑以基本文献为主轴，同时增加两个系列的文献，一是基础文献，二是扩展文献。所谓"基础文献"，主要是马克思主义理论一级学科内各学科共同学习和掌握的基本文献，在此基础上各学科再具体选定自己的基本文献。此外，为便于各二级学科学生扩展知识范围，每门学科如思想政治教育学科，也可以再编选一本以其他相关学科的文献为范围的扩展文献，以补思想政治教育专业知识之不足。

第六，基本文献的选取要有一定的权威性。教育部主管部门可以组织全国高校的力量来最后进行确定或确认。各个学校固然可以探索性地搞自己的基本文献，但这样的任务不是一个学校能独立完成的，应该由教育部主管部门出面组织，利用全国博士点的力量，逐步进行。在确定基本文献目录之后，各学校和导师可以根据自己的课程设置和研究方向以及培养计划的情况，作适度的灵活性调整，比如适度减少或增加某方面的文献。这体现了原则性和灵活性的结合。思想政治教育基本文献确定后，还要根据实际培养博士生的情况，不断总结经验，每隔几年做一次修订，逐步完善。

六、思想政治教育学理论基础的体系建构

思想政治教育学有没有自己的理论基础？这个基础具有怎样的内在规定性和学科功能？在思想政治教育的学科建设中，特别是在思想政治教育学自主知识体系建构中，如何把握这个理论基础的基本架构？这是

思想政治教育学科建设和教材编写中的重要问题。长期以来，学界对这个问题的学术关注并不多，甚至没有把它作为一个需要研究和解决的学术问题，通常只是在相关教材编写中有所涉及，而不同教材对其内容和体系的把握和表述并不相同，而且在近年来出版的思想政治教育教材中该问题似乎有进一步淡出的迹象。这对于思想政治教育学自主知识体系的建构无疑是不利的，应该加以改变。

（一）"思想政治教育学理论基础"的必要性

思想政治教育学的理论基础及其体系构建问题之所以长期以来被忽视，主要有两个方面的原因：一方面，人们觉得思想政治教育学以马克思主义为理论基础是一个不言而喻的事实，是天经地义的事情，并不需要研究和论证，仅凭政治常识就能够把握，因而不是一个有研究意义和研究空间的学术问题。另一方面，人们认为马克思主义理论作为思想政治教育学的理论基础，本身已有自己的学科归属即"马克思主义基本原理""马克思主义中国化研究"，而不必在思想政治教育学科中重复论述。

其实，"思想政治教育的理论基础"是思想政治教育学的基础性内容，是其极为重要而不能忽视的组成部分。这是由思想政治教育学科的派生性和应用性所决定的。一方面，思想政治教育学本身并不属于人类元思维、元理论的层次，而是在一定的世界观和社会历史观基础上产生出来的，因而具有派生性，在人类知识体系中是一门派生性的学科。另一方面，思想政治教育学具有突出的应用性，从根本上讲是一门应用性学科，它需要有基础性理论作为自己的理论依据和支撑。

思想政治教育学的理论基础并不是抽象的，而是具体而明确的，即马克思主义理论。之所以如此，是因为马克思主义是思想政治教育实践和思想政治教育学科的理论前提和思想指导。马克思主义是科学的世界观，揭示了物质世界普遍规律特别是人类社会的发展规律，为人们观察和把握人类社会中的思想政治教育现象提供了科学的思想理论指导。特别是对于无产阶级政党和社会主义国家来说，更应该自觉以马克思主义为理论基础和思想指导来研究思想政治教育现象，建构思想政治教育学自主知识体系。

以马克思主义作为理论基础，是正确处理思想政治教育学和马克思主义理论关系的需要。当"思想政治教育"作为一门学科或理论知识出现时，就必须解答它与马克思主义的关系问题。这一问题是客观存在的，不能回避和逃避。而用"理论基础"或"思想指导"来界定二者的关系，是最恰当和最自然的。

以马克思主义作为自己的理论基础，是由思想政治教育的学科归属所决定的。"思想政治教育"学科并不是独立的一级学科，而是"马克思主义理论"一级学科下的二级学科，也就是说"马克思主义理论"是"思想政治教育"的上位学科，"思想政治教育"的学科属性是受上位学科决定和制约的。即使将来"思想政治教育"有可能作为一级学科而独立建设，那也必然是因为"马克思主义理论"上升为学科门类。不论怎样，"思想政治教育"总是设在"马克思主义理论"学科之下并受其统领。将马克思主义作为思想政治教育学的理论基础，是落实马克思主义指导地位的必然要求。马克思主义对思想政治教育的指导作用不仅体现在实际工作中，也体现在学科知识体系的建构中。只有在马克思主义指导下，思想政治教育学科建设才能始终处在正确轨道上。

最后，以马克思主义为理论基础，是正确对待经典作家相关论述的需要。以往人们认为马克思主义经典作家关于思想政治教育没有什么论述，或只有个别的零星的论述，不值得在学科知识体系建构方面有所考虑和安排。但后来人们发现，经典作家也有比较丰富的关于思想政治教育的论述。这方面的研究成果也在不断增加。在这样的情况下，就会出现一个问题：在学科知识体系建构中，特别是在思想政治教育教材编写中，我们应该如何对待经典作家的这些相关论述？是把它不着痕迹地融入思想政治教育原理之中，还是给它一个单独而明确的位置？从原则上看，应该给它一个相对独立而明确的位置，这不只是一个教材编写的技术性问题，而是一个政治问题。因为这里涉及名分和地位问题，不能以融入原理内容为借口避而不谈。而且，二者并不矛盾，一方面要给它一个特定的重要位置，把它归属为思想政治教育学的理论基础，另一方面也要把其内容融入思想政治教育原理之中。

（二）"思想政治教育学理论基础"的科学内涵

在现代汉语中，"基础"一词是指"建筑物的根脚"，即"建筑物的地下部分"，亦即地基之义，引申为事物的根本或底层逻辑。在马克思主义经典作家的话语中,"基础"与"上层建筑"是一对普遍性概念,用于对一定事物体系进行最基本的结构分析。当这对范畴被运用于社会结构分析时,就表现为"经济基础"与"上层建筑"的关系。而当其被运用于知识体系分析时,同样可以形成"理论基础"与"上层建筑"的关系。在这里,"理论基础"即理论性基础。一方面,它作为"基础",是知识大厦的地基;另一方面,它作为理论性基础,是由理论构成的基础,而与实践基础、现实基础有所不同。"理论基础"通常具有三方面的功能:一是为知识大厦的存在依据提供理论论证,确证其学理上的合理性和价值上的合法性;二是为知识大厦本身提供理论依托和思想支撑;三是为知识大厦的建设提供理论指导。可以说,思想政治教育学的理论基础是本学科知识大厦的坚实地基,起着根本的支撑作用。

为了确切地把握"思想政治教育学理论基础"的含义,需要对一系列相近或相关概念进行辨析。

首先是"思想政治教育学的理论基础"与"思想政治教育的理论基础"。"思想政治教育"与"思想政治教育学"是两个不同的概念,前者主要指称思想政治教育的实践活动或实际工作,后者主要指称关于思想政治教育的学问或知识系统,即思想政治教育学或思想政治教育学科。在探讨"理论基础"问题时,用"思想政治教育学"更为准确。但长期以来"思想政治教育学"这个概念并不通行,人们通常是用"思想政治教育"一词来表达上述两种不同的含义。在我国学科目录中,本学科的名称并不是"思想政治教育学",而是"思想政治教育",但其含义应该是一样的。类似的情况并不罕见,比如"物理"与"物理学"、"生物"与"生物学"等,人们也往往不加区分。因此,正像我们把"物理"看作"物理学"的简称一样,也可以把"思想政治教育"看作"思想政治教育学"的简称。

其次是"思想政治教育学的理论基础"与"思想政治教育学的基础理论"。在日常性话语中,人们常常对二者不加区分。虽然这种混同也并不是完全没有原因,但从学理上考察时还是应该把二者区分开来。"理论基础"是在思想政治教育学自身体系之外,为该体系提供基本依据和指导的内容,具体地说是指马克思主义;而"基础理论"则处在思想政治教育自身体系之内,是其中的一部分,只是在层次上更为基本而已,通常指思想政治教育学基本原理。当然,构成思想政治教育"基础理论"的还可以是"思想政治教育哲学"。这是思想政治教育学科的一个理论性分支，目前还未建立起来，但它是可以成立的。它是在马克思主义指导下对思想政治教育的哲学思考，也能够对思想政治教育学起到理论支撑作用。但它也与"思想政治教育学的基本原理"一样，与作为"理论基础"的马克思主义有层次上的区别。

再次是"思想政治教育学的理论基础"与"思想政治教育学的指导思想"。当我们说马克思主义是思想政治教育学的理论基础时，同时会想到马克思主义也是思想政治教育学的指导思想或思想指导。那么，马克思主义的这两种身份之间是什么关系？显然应该是等同关系，只是角度不同而已。在语义上，"基础"是向下的，越向下就越重要，就越是深层的根基。"指导"则是"向上走"，指导思想是层次最高的思想，它体现着战略的高度和思想统领的作用。从语言表达上说，我们会说"基础上"或"指导下"，不宜把"上""下"搞颠倒或混在一起。既然二者都是合理性表述，那么我们在理论研究和教材编写中应该使用哪个概念呢？从以往和现有教材的表述来看，大体有三种做法：一是只讲思想政治教育的"理论基础"，而不单独讲"指导思想"，认为前者已经包含了后者，因而只用"理论基础"一词就够了。以往的教材多是这种情况。二是只讲思想政治教育的"指导思想"，而不再使用"理论基础"的表述。比如在近年来出版的马克思主义理论研究和建设工程教材《思想政治教育学基本原理》中就是如此。当然，该书使用了一个新词即"指导理论"，但意思应该是一样的。

最后是"思想政治教育学的理论基础"与"思想政治教育学的知识借鉴"。"理论基础"是指马克思主义，"知识借鉴"则是指马克思主义之外的学科知识，特别是国外的理论观点和方法。两者的区别在于政治标准，前者是指导思想范畴，而后者则只是相关知识的借鉴。后者比如政治学、教育学、心理学、管理学、社会学领域中相关理论和原则。在早期的教材编写中，曾一度把马克思主义相关理论与其他相近学科特别是现代西方社会科学中的某些理论放在一起，共同作为思想政治教育的"理论基础"。后来人们发现这是不合适的，不应该把政治属性和政治地位不同的理论简单地并列在一起，于是就创造出了"知识借鉴"一词来表述马克思主义理论之外其他学科的相关理论与方法，以便与"理论基础"相区别。当然，也有教材将"知识借鉴"改为"理论借鉴"，表示我们所借鉴相关学科"知识"不是具体的知识，而是理论性较强的知识。但不论怎样，"理论基础"是马克思主义专有的称呼。

(三)"思想政治教育学理论基础"的层次架构

思想政治教育的理论基础有其自身的结构和体系。把它的结构彰显出来，把其体系建构起来，是思想政治教育学自主知识体系建构的重要任务。大体说来，思想政治教育学的理论基础包括三个基本层次的内容，可以分别表述为"理论基础""理论基石""理论基点"。

1. 理论基础：马克思主义理论总体

从总体性上说，思想政治教育学的理论基础就是马克思主义。马克思主义是一个博大精深的理论体系，内容无比丰富，我们可以简要地从以下三个主要方面加以把握。

一是马克思主义基本原理。这是马克思主义理论体系中最基本的内容。把握马克思主义基本原理，一方面要着眼于整体性把握，避免简单化割裂，另一方面也可以从三个基本组成部分来把握。其中，马克思主义哲学是科学的世界观和方法论，为思想政治教育提供了最基本的世界观依据和方法论指导。马克思主义哲学的许多基本观点，比如世界的物质性和一切从实际出发的观点，社会存在决定社会意识的观点，人类社会发展规律的观点，人的本质是社会关系总和的观点，以及矛盾分析、阶级分析等方法，对思想政治教育具有比较直接的支撑和指导作用。政治经济学是马克思主义哲学在分析社会现实中的运用和证明，它表面看来与思想政治教育关系不大，但实际上对之起着十分重要的理论支撑作用。因为政治是经济的集中体现，不懂得经济就不能完全懂得政治，也就不能懂得思想政治教育。政治经济学揭示了人类社会特别是资本主义社会经济运行的规律，揭示了社会主义社会经济建设规律，为无产阶级思想政治教育，特别是为社会主义国家的思想政治教育提供了坚实的基础。科学社会主义揭示了无产阶级的历史使命和无产阶级政党的先进性，揭示了社会主义革命和新型国家建设的规律，揭示了社会主义建设和改革发展的规律，不仅为实践中的思想政治教育提供了理论指导，而且为思想政治教育学科知识体系建构提供了直接的理论支持和价值引领。

二是中国化时代化的马克思主义。当我们谈论马克思主义指导地位和作用时,不仅指马克思主义基本原理和经典作家的思想,而且包括马克思主义中国化时代化的理论成果。在 21 世纪的中国谈论马克思主义指导思想,就不能不谈到并突出强调中国化时代化的马克思主义。中国共产党之所以能,中国特色社会主义之所以好,归根到底是马克思主义行,是中国化时代化的马克思主义行。中国化时代化的马克思主义表现为一系列理论成果或理论形态,主要有毛泽东思想、邓小平理论、"三个代表"重要思想、科学发展观、习近平新时代中国特色社会主义思想。这些理论成果是马克思主义基本原理同中国具体实际相结合、同中华优秀传统文化相结合的产物,是更为直接的理论指导。这些理论成果,有着十分丰富的关于思想政治教育的论述。总之,中国化时代化的马克思主义是中国革命、建设和改革的理论基础和思想指导,也是我国革命、建设和改革过程中思想政治教育的理论基础和思想指导。

三是贯穿其中的马克思主义立场观点方法。马克思主义既是世界观又是方法论,当马克思主义及其中国化时代化的理论成果被用来指导思想政治教育时,科学理论体系就转化为立场、观点、方法。我们常说用马克思主义立场观点方法来观察和处理问题,指的主要是马克思主义基本原理中贯穿的立场观点方法,可以称之为基本的立场观点方法。但在当代中国来谈论这一问题,则不能仅限于最基本的立场观点方法,而是要把中国化时代化马克思主义的立场观点方法,特别是习近平新时代中国特色社会主义思想关于"六个必须坚持"的方法论要求包括在内。也就是说,这里所说的马克思主义立场观点方法,是两个层面内容的统一。

2. 理论基石:马克思主义若干相关理论

从重点性上说,马克思主义若干相关理论是思想政治教育的理论基石。它们是从马克思主义理论体系中精选出来的理论观点。理论选取的原则或标准主要有三个方面:一是着眼于理论的中观层次,以那些"不大不小"的理论为选择对象;二是必须与思想政治教育有较密切的关联,从而能提供更明显的支撑作用;三是这些理论通常在其他场合不太容易得到单独阐述,从而在思想政治教育学科视域中得以凸显。以此为标准,大体可以选出如下七个理论。

一是社会存在与社会意识辩证关系理论。这一理论在所有思想政治教育教材中得到普遍认同，并且都把它放在第一位。这个理论与思想政治教育有着密切联系，因为思想政治教育本身就是在人的社会意识上下功夫，是帮助人们形成和树立正确的社会意识。不论是社会心理的涵养、社会意识形态的建构，还是社会核心价值观念的培育和践行，都是如此。这一理论作为历史唯物主义基本原理，对思想政治教育具有根本性指导意义。一方面，这一理论揭示了社会存在对社会意识的决定作用，从根本上揭示了人的思想意识的社会根源和决定因素，揭示了人的思想意识形成发展的基本规律，为有效开展思想政治教育奠定了基础。另一方面，它揭示了社会意识对社会存在具有巨大反作用，从而确证了思想政治教育存在的依据和价值，为思想政治教育发挥自身作用提供了方向指引。

二是经济与政治相互作用理论。有的教材将之表述为"经济基础与上层建筑的关系理论"，这也有一定道理。但由于"经济基础与上层建筑"总是与"生产力与生产关系"作为社会基本矛盾而联系在一起，不宜不列后者而单列前者。而且"经济基础与上层建筑的关系"内涵较广，与"社会存在与社会意识的关系"有重合之处，故不如"经济与政治相互作用理论"来得直接而明确。这一理论深刻揭示了政治与经济的关系，指明了政治是经济的集中体现，论述了经济对政治的决定作用，以及政治对经济的强大反作用。只有懂得了这一原理，才能真正懂得什么是"政治"，也才能真正懂得什么是"思想政治教育"。因为政治性是思想政治教育的本质属性，决定着思想政治教育的方向和道路。

三是人与环境相互影响理论。这一理论在以往思想政治教育教材中少见提起，但也是马克思主义重要理论观点，揭示了人与环境特别是与社会环境的相互作用，对思想政治教育具有较为直接的支撑作用。一个人会成为一个什么样的人，与先天因素有关，更与后天因素有关。在后天因素中，既有个人主观努力，又有外部环境影响。环境对人的影响是不容忽视的，人所处的自然环境，特别是社会环境，对人有着巨大的塑造作用。在社会环境对人的影响中，既有社会现实对人的影响，也有像学校这样的场合对人进行的塑造。同时，人在环境面前又不是消极被动的，他们能够通过实践活动改造周围环境。而环境的改造，特别是特定环境的创设，不仅是改造客观世界本身的一部分，同时也具有帮助人们改造主观世界的育人价值。只有懂得这一理论，才能提升思想政治教育的育人效果，并发挥思想政治教育改造现实的作用。

四是人的本质与人的发展理论。在以往的教材中，是把"人的本质理论"与"人的自由而全面发展理论"作为两个理论分别论述的。这有一定道理，但考虑到二者之间有着高度统一性的内在关联，特别是考虑到教材编写的简约性原则，最好还是把它们合在一起，作为统一的理论来讲授。可以说这一理论是马克思主义关于人的学说的基本理论。它首先论述了"人"是什么和怎样认识"人"的问题，在人的自然属性和社会属性中着力强调人的社会性的根本意义，强调人的本质是社会关系的总和，避免孤立地、抽象地看待"人"。在此基础上，这一理论论述了人的追求和意义问题，在人的"生存、享受、发展"中，突出强调了"人的发展"的重要性，并从自由发展、全面发展、充分发展等方面对"人的发展"做了界定。思想政治教育归根到底是做人的工作的，人本原则也是思想政治教育的重要原则，因而该理论对思想政治教育具有重要指导意义。

五是社会主义意识灌输理论。虽然马克思主义经典作家都有与之相关的思想，但由于列宁对之作了最集中的阐述，因而人们通常称之为"列宁灌输理论"。该理论认为，工人群众虽具有天然的社会主义倾向，但不能自发形成科学社会主义意识。因此必须从外部对工人群众进行科学理论的灌输。这里的"外部"并不是工人阶级外部，"灌输"并不是由资产阶级或其他阶级来对工人阶级进行灌输，而是指在工人阶级内部，由先进分子向普通群众的灌输，特别是由马克思主义政党向工人群众进行的灌输。而且这里的"灌输"也并不是指"硬灌"或"填鸭式教学"，而是指"宣传""教育"。这一理论揭示了思想政治教育的政治本质，论证了思想政治教育的必要性和重要性，强调了思想政治教育内容的科学性，以及理论工作者的责任，是经典作家关于思想政治教育的直接论述。当然，这一理论不只是一个思想政治教育理论，而首先是马克思主义特别是科学社会主义的重要理论，因而它属于"理论基础"的范畴。

六是社会主义社会人民内部矛盾理论。这一理论是毛泽东基于新中国建立起社会主义制度后的现实而提出的，对于无产阶级政党在社会主义条件下开展思想政治教育具有重要指导意义。社会主义社会是迄今人类最进步的社会，也是最和谐的社会，但这并不意味着在社会生活中就不再存在矛盾，社会主义社会中也存在着复杂的矛盾。这些矛盾大体可分为两类：一是敌我矛盾，主要以阶级斗争方式来解决；另一类是人民内部矛盾，只能通过批评教育的方式来解决。在社会主义国家政治生活中，大量的矛盾是人民内部矛盾，解决人民内部矛盾成为主题。思想政治教育不仅在对敌斗争中具有自己的功能，而且在处理和化解人民内部矛盾方面发挥着不可替代的重要作用。社会主义社会人民内部矛盾理论向思想政治教育提出了处理矛盾特别是化解矛盾的方向、任务和原则，对于发挥思想政治教育在社会治理中的作用具有重大指导意义。

七是社会主义精神文明建设理论。该理论是邓小平基于我国改革开放的实际提出的，并不断得到丰富发展，是改革开放条件下思想政治教育的重要理论支撑。"精神文明建设"与"思想政治教育"性质相同，表达方式相同，有着内在关系。同时，这一理论比"思想政治教育"更大更宏观：一方面，"精神文明"比"思想政治"范围要大，因为它不仅包括思想政治道德，而且包括科学教育文化；另一方面，"建设"与"教育"范围更大，前者包含后者，后者是前者的一个方面或部分。正因为社会主义精神文明建设是比思想政治教育更大的概念，与思想政治教育相比更为根本，因而社会主义精神文明建设理论能够对思想政治教育起论证和支撑的作用。在社会主义条件下，要把思想政治教育放到社会主义精神文明建设事业中去认识和把握，并发挥其应有的作用。

3. 理论基点：马克思主义经典作家关于思想政治教育的具体论述

马克思主义经典作家虽然并未明确使用"思想政治教育"概念，也没有写出关于思想政治教育的专门著作，但他们在领导无产阶级政党进行科学理论和革命思想的宣传鼓动过程中，从多个方面和角度对无产阶级思想政治教育的诸多环节有所论述。比如，对封建统治阶级的思想专制、资产阶级的思想舆论，以及宗教蒙昧主义进行了批判；论述了思想政治教育的意义，指出每一时代占统治地位的思想都是统治阶级的思想；论述了无产阶级政党的先进性及其担负的思想政治教育责任；论述了思想政治教育的不同对象，如工人、农民、小资产阶级等；论述了思想政治教育的内容，如科学世界观教育、阶级观念教育、革命思想教育等；论述了思想政治教育的原则，如旗帜鲜明原则、物质利益原则等；论述了思想政治教育的方法，比如思想斗争的方法、理论教育的方法、自我批评的方法等；论述了思想政治教育的载体，比如报刊、通俗读物、传单等；论述了思想政治教育的策略和艺术，比如合法宣传与秘密宣传相结合、从事大量揭露工作、十分谨慎地与宗教偏见做斗争等。

马克思主义经典作家关于思想政治教育的具体论述，在中国共产党人那里得到极大的丰富和发展。毛泽东、邓小平、江泽民、胡锦涛、习近平，都对思想政治教育进行了丰富发展。这种丰富发展有其鲜明的演进逻辑，主要表现为三个方面的转变：一是从间接论述转变为直接论述。经典作家特别是马克思和恩格斯关于思想政治教育的论述大多是间接的，即在论述别的问题的时候涉及思想政治教育。经过列宁和斯大林到中国共产党人这里，关于思想政治教育的论述都成了直接论述。二是从散点论述转变为全面论述。经典作家关于思想政治教育的具体论述是散点式的，分散在关于各种问题的论述中。而在中国共产党人这里，关于思想政治教育的论述越来越丰富和全面。三是从理论基础转变为基础理论。经典作家关于思想政治教育的具体论述是他们的理论创造的一部分，是马克思主义理论体系中的相关内容，明显属于思想政治教育学理论基础的范畴。而相比之下，中国共产党人关于思想政治教育的论述，可以说恰好处在思想政治教育的理论基础和基础理论之间，因而具有双重属性。一方面，就其与经典作家论述相承接而言，应归属于思想政治教育的理论基础；另一方面，由于其是对思想政治教育的直接论述，因而又可以归属思想政治教育基本原理，属于思想政治教育的基础理论。可以说，中国共产党领导人关于思想政治教育的论述，上承马克思主义理论，下接思想政治教育，体现了从马克思主义理论到思想政治教育学的转变。

以上三个部分之间，即"理论基础""理论基石""理论基点"之间具有内在的逻辑联系。可以多角度把握三者的关系：首先，从范围大小看，三者是宏观、中观、微观的关系。马克思主义理论总体是宏观视野，是宏大的马克思主义理论体系；构成思想政治教育理论基石的诸理论，则是从马克思主义理论体系中挑选出来的中观理论，可以说是"不大不小"的理论；而经典作家关于思想政治教育的具体论述则是微观性的，涉及思想政治教育诸多环节和细节。其次，从逻辑层次上说，三者是一般、特殊、个别的关系。马克思主义理论，特别是马克思主义基本原理是普遍真理，具有一般性和普遍性；构成理论基石的诸理论则处于特殊性的层次，属于小范围的重点关注对象；而经典作家的具体论述则属于个别。再次，从规模数量上说，三者的关系也是一、几、多的关系。马克思主义理论作为"理论基础"是"一"，代表着整体和全部。它是唯一，除此之外并不存在另外的"理论基础"。思想政治教育的"理论基石"可以是"几"个，但也不能太多。因为"基石"是最基本的垫脚石，是"大石头"，而不是一些"小石头"。而"理论基点"当然是真正地"多"，它是十分具体而又丰富的。最后，从作用方式上说，三者之间是背景性支撑、间接性支撑、直接性支撑的关系。马克思主义理论是思想政治教育的一般理论背景，是从总体上为思想政治教育提供基础和烘托；而作为"理论基石"的理论虽然与思想政治教育的联系相对而言更为密切，但它们大多并不直接就是思想政治教育理论，因而对思想政治教育的支撑作用仍然是间接性的；至于"理论基点"，虽然较为具体和散乱，但它们大多比较直接地论述了思想政治教育，因而可以说是思想政治教育的直接理论支撑。概而言之，三者是一个从抽象到具体的递进过程。

七、思想政治教育内容体系的学理化建构

思想政治教育学科的自主知识体系建构是一个总体任务和系统工程，其中包括多个基本方面的具体建构任务，其中很重要的一个方面是思想政治教育内容的体系建构。从学理上辨析思想政治教育内容体系的相关概念，概括总结思想政治教育内容体系的基本特点，进一步明确思想政治教育内容体系的把握方式，并自觉地建构尽可能完备的思想政治教育内容体系，是深化思想政治教育学理论研究的需要，也是新时代新征程推进思想政治教育实践发展的需要。

（一）思想政治教育内容体系学理化建构的重要意义

思想政治教育内容体系的建构首先是思想政治教育实践推进的需要，同时也是在此基础上的思想政治教育理论研究的需要。与此相适应，思想政治教育内容体系的建构也有两种不同的思路和任务：一是工作导向的思想政治教育内容体系建构，二是学科导向的思想政治教育内

容体系建构。前者是根据思想政治教育的实践需要，在实际工作过程中，由主管部门和实际工作者进行的体系建构。后者则是出于思想政治教育学科建构与发展的需要，由本学科学术共同体通过学术研究而从学理上实现的体系建构。

工作导向的体系建构是新时代思想政治工作推进和发展的必然要求。新时代以来，党和国家事业和各项工作进入了新的历史发展阶段，各项制度和体制机制在全面深化改革中逐步走向定型和成熟，相应地党的思想政治工作也更加注重常态化、制度化、体系化。党中央多次提出和强调"完善思想政治工作体系"就是一种典型的体现。2019年1月21日，习近平总书记在省部级主要领导干部坚持底线思维着力防范化解重大风险专题研讨班开班式上发表重要讲话，首次提出这一命题；党的十九届六中全会通过的《中共中央关于党的百年奋斗重大成就和历史经验的决议》再次重申这一要求；党的二十大报告又一次强调"完善思想政治工作体系"。显然，这项战略任务本身就是一种工作导向的总体性体系建构，其中既包括不同行业领域中思想政治工作的建构，也包括各领域思想政治工作内容体系的建构。

在各领域思想政治工作的实际开展过程中，主管部门和实际工作者也一直在自觉或不自觉地进行着一定的体系建构。比如在高校思想政治工作中，就逐步形成了"十育人"的体系格局，包括课程育人、科研育人、管理育人、服务育人、文化育人、心理育人、实践育人、网络育人、组织育人、资助育人。这种建构虽然主要着眼于思想政治工作的实践分工方面，但也无疑包含内容上的拓展和建构。这表明，从实际的思想政治教育工作实践出发，本身就需要有内容体系的建构，而实际上也一直进行着这种建构。

学科导向的思想政治教育内容体系建构即学理化体系建设，与工作导向的思想政治教育内容体系建构有共同性，因为内容毕竟是共同的，但也有各自的不同特点。学理上的建构优先考虑的不是直接的工作需要，而是学术上的知识性、逻辑性、层次性、完整性、自洽性等。从知识性来说，内容体系与工作经验、工作指令有所不同，它在一定程度上与实践操作拉开一定距离从而使自身更加纯化，成为学科体系建筑的基本材料。从逻辑性来说，这种建构所优先考虑的是各知识点之间的内在的逻辑关系及其合理性，而不是行动的便利性。从层次性上说，建构过程和结果要呈现体系内部的层次性，每一个层次都是若干同等要素的集合，而不同层次相互结合而形成立体的网状结构。从完整性上说，它的内在丰富性是作为体系建构而得到体现的，可以说它是一个有机的思维整体的大厦。从自洽性上说，体系建构要求各个部分之间是相互衔接的，而且这种衔接应该像中国传统建筑的榫卯结构一样，是紧紧扣在一起的。总之，学理建构的目的和目标是形成知识系统或知识体系，它并不只是现实的直接体现，也并不直接服务于具体的实践操作。因此，当我们从学理上建构起系统完备的知识体系时，有可能发现它并不直接能够运用于当下的实践，或在运用于当下的实践时并不是最简明而有效的，而是需要相应的操作性转化。

（二）"思想政治教育内容体系"的概念辨析

表面看来，这里似乎并不存在什么概念问题，因为大家都能清楚地知道"思想政治教育的内容"指的是什么。也正因为如此，以往较少有相关概念上的辨析。这虽然并没有影响到思想政治教育实际工作的开展，或者暂时有利于实际工作的开展，但对于思想政治教育学科建设特别是知识体系建设是不利的。概念的辨析和厘清是知识体系和学科体系建设的基础性工作。这一点在思想政治教育内容问题上也是一样的，对此我们也要有概念意识和概念辨析的学术自觉。

1. "思想政治教育内容"与"思想政治教育学内容"

当我们立足思想政治教育学科来谈论"内容"问题的时候，会遇到两个相近的概念即"思想政治教育内容"与"思想政治教育学内容"，而二者的区别又来源于"思想政治教育"与"思想政治教育学"的区分。关于后边这对概念的关系，学界的共识是：前者是指思想政治教育实践或工作，后者是指思想政治教育理论或学科。可见，"思想政治教育内容"与"思想政治教育学内容"是不同的。前者在范围上小于后者。

"思想政治教育内容"通常指思想政治教育实践的内容。对此下面还会对其进行进一步辨析。而"思想政治教育学内容"指的是这门学问或学科的所有构成要素的总和，它包括该学科所具有的所有理论和知识，可以说是思想政治教育学的知识体系本身。这种概念用法虽然从逻辑上来讲是很合理的,但它并不常见。通常情况下我们并不说"思想政治教育学的内容",而直接说"思想政治教育学"、"思想政治教育学科"或"思想政治教育学概论"。显然,我们在这里所要论述的是"思想政治教育内容",而不是指"思想政治教育学内容",尽管"思想政治教育学"的学科名称也叫"思想政治教育"。

2. "思想政治教育内容"概念的广义与狭义

尽管"思想政治教育内容"相比于"思想政治教育学内容"而言已经是小概念,但它本身仍然有广义与狭义之分,而且有一个从广义到狭义的转化和定格的过程。

广义的"思想政治教育内容"是对思想政治教育实践活动全部内部构成的概括和反映,它涵盖了构成思想政治教育实践活动的所有因素,包括思想政治教育的主体、对象、中介、思想信息、方式方法、途径渠道等。从概念自身逻辑来说,"思想政治教育内容"的本来含义应该是这种广义用法。但在实际的概念运用中,人们却很少这样使用这个概念,反而更多地把它进一步缩小为狭义概念使用。狭义"思想政治教育内容"仅指思想政治教育实践活动中一个特定的构成要素,即教育者向受教育者传递的思想政治信息。就是说,"思想政治教育内容"概念在实际运用过程中,经历了一个从广义到狭义的转化,并最后定格在狭义用法上。也可以这样说,"思想政治教育内容"从概指思想政治教育实践所有构成要素的综合性概念,逐步演变为特指思想政治教育实践中某一个特定要素的专指性概念。

之所以会发生这种转化,有其内在的必然性和合理性,既与思想政治教育实践活动本身的特性有关,也与"内容与形式"这对概念实际使用中的语用逻辑有关。

首先,"内容与形式"这一对范畴在运用于"教育"和"思想政治教育"这一类事物时,有其一定的不足和局限性。内容与形式是一对具有广泛适用性的哲学范畴,它们分别指称事物的内部构成要素和外部表现方式。需要注意的是,它们通常指的同一事物自身的内在和外在,而并不涉及一事物与他事物的关系。当我们把这对范畴运用于某个相对单一和独立的事物的时候,它很简明而管用,但当把它运用到思想政治教育上而言说"思想政治教育内容"的时候,却发现含义却有些模糊了。

因为"教育"并不是一个独立或单一的物体或实体,它是一种主客体的活动或关系,是一种活动性或关系性存在。因而,当内容与形式这对范畴被运用于"教育"或"思想政治教育"时,本身就表现出某些复杂性。

其次,仅用"内容与形式"范畴难于全面完整地表达"思想政治教育"实践活动的丰富内涵。"教育"或"思想政治教育"本身是一种由多项因素相互作用而形成的复杂活动,特别是有极其明显的几个基本因素的区分,比如教育主体、教育信息、教育方式、教育途径、教育对象等。对这些主要构成因素分别进行探讨是学科的最基本要求。在这样的情况下,仅仅用"内容与形式"这对范畴来加以描述和分析,就远远不够了。就是说,在我们分析和描述"思想政治教育"活动时,使用"内容""形式"有其必要性,但也并不能包打天下,因而需要引进其他相对独立的义项,比如教育者、教育过程、教育对象等。于是"教育内容"、"教育形式"("教育方式")与"教育主体"、"教育对象"等一起,形成一组术语,以便共同描述"思想政治教育"。这就意味着,形式与内容这对范畴难以单独实现对思想政治教育构成的完整描述,而需要同时引入"主体与客体""系统与要素"等范畴来共同描述。

最后,当"内容"和"形式"被用来特指思想政治教育中特定要素的时候,它找到了自己的合适位置并确定了自己的概念角色。也就是说,"教育内容"和"教育形式"已经不是整体性综合性概念,而成为只是描述"思想政治教育"中某些特定局部和环节的专门概念。"思想政治教育内容"被用来特指教育者向教育对象传输的信息内容,于是从广义概念变成了狭义的概念。同样,"思想政治教育形式"也不再总体反映"教育"的所有外在表现,而只反映教育者向教育对象传输教育内容时的特定方式。进而,它也进一步分化为一组更具体的概念,如"方法""途径""渠道"等。

到此,我们才得到了通常意义上的"思想政治教育内容"概念,即所传输的思想政治信息。可见,这个约定俗成的概念含义,是经历了一系列概念演化而生成的结果,而不是一开始就是如此的。

3. "思想政治教育内容"与"思想政治教育内容体系"

这是两个既相同又不相同的概念。二者意思相近,所指有基本的共同性，都是指涉思想政治教育"内容"的，在许多情况下二者是同义的，人们也通常并不必刻意去区分。但二者的侧重点不同，前者侧重的是"内容"本身，而后者侧重的是"内容"的"体系"。从理论上讲，思想政治教育的内容既可以是成体系的，也可以是非体系的，或未成体系的。在一定条件下，思想政治教育的内容是碎片化而不成体系的，在实际工作中人们甚至刻意强调自身的非体系性。因为对于新媒体传播和新主体接受习性来说，碎片式显得容易而具选择性，体系性则显得沉重和压抑了。但从根本上讲，党和国家的思想政治教育内容本身具有一定的体系性。"思想政治教育内容"在一定意义上也就是"思想政治教育内容体系"，因为思想政治教育的"内容"本身是有体系的。

但是，即使"思想政治教育内容"本身具有体系性，即使这种体系性得到突出的显现，而当其未在概念上得到反映的时候，也就是说还没有形成"思想政治教育内容体系"这一新概念的时候，人们在使用"思想政治教育内容"这一概念的时候，也不容易特别地注意到它的体系性。也就是说，为了更突出地体现"思想政治教育内容"所固有的体系性，就需要出现"思想政治教育内容体系"这个概念，这个新概念的出现并不意味着代替和取消了原有的"思想政治教育内容"这个概念，而是两个概念同时存在，分别在不同语境中得到最恰当的运用。在一般地谈论思想政治教育内容的时候，比如在与"思想政治教育目标""思想政治教育方式"相并列的时候，就要使用"思想政治教育内容"概念。而在突出强调思想政治教育的体系性的时候，比如在进行思想政治教育学科知识体系建构的时候，在与"思想政治教育的目标体系""思想政治教育的方法体系"相并列的时候，就要使用"思想政治教育内容体系"的概念。

（三）"思想政治教育内容体系"的基本特点

思想政治教育内容特别是内容体系，有其基本特点，而且这些特点并不是简单的或单一的，而是具有辩证性，体现为对偶性概念的辩证关系。把握这些特点，有助于我们全面深入地把握思想政治教育内容体系。

1. 多样性与统一性

从历史上看，思想政治教育的内容都具有一定的多样性。这是由人们生活世界的多样性和社会文化的丰富性所决定的。特别是中国特色社会主义的思想政治教育，本身包含马克思主义的世界观及其中国化时代化理论成果，并服务于全面推进的社会主义事业，因而思想政治教育内容是十分丰富的。不论是从理论上，还是从实际工作中，我们都能清楚地感受到这一点。如果思想政治教育没有内容的多样性，就意味着没有内容的丰富性，从而就不可能有内容的体系性。

同时，这种丰富性和多样性并不是杂乱无章的，而是有着内容的一致性，并能够形成有机的整体。这也是由世界本身的统一性，由人们生活经验和文化系统的统一性所决定的。我们党和国家的思想政治教育，具有突出的统一性和系统性，并很集中地体现出体系性特征。思想政治教育的丰富内容是服务于教育目标的。教育目标是明确的、统一的，它引领教育的方向，而教育内容是服务于这一目标的，并由此而统合为一个整体。当然，思想政治教育内容的体系性有完备程度的不同，也会有显现程度的不同。比如，在思想政治教育的早期实践中，它的内容就可能是比较简单的，而当其内容不断增加的时候，它的体系性一定会更加突出。同样，思想政治教育内容的体系性还有一个显现程度的问题，比如在思想政治教育的早期实践中，思想政治教育内容的体系性往往处于潜在状态，没有得到应有的显示，但这种显示度会随着思想政治教育内容的发展而强化。

2. 结构性与层次性

思想政治教育内容体系本身肯定是有结构的，是通过一定的结构而实现体系构建的。要想把握思想政治教育内容体系，就必须把握其内在结构，特别是核心性结构。核心性结构是最基本的结构，是最深层或底层的结构，具有最稳定的性质和最重要的意义。在了解核心性结构的基础上，通过对已有四梁八柱的延展而形成更大的总体性结构。这种总体性结构就是内容体系的脉络和构架，以此为依托就可以带动起若干更小的结构模块，以及细节性内容，从而最终把所有的内容都统合到总体结构中，形成完整的内容体系。

思想政治教育内容体系结构既可能是树状的，也可能是网状的或同心圆状的。但不论哪种形式的体系，都由相应的层次组成，也就是说其内容有层次的不同。而不同层次的划分，既可以是因抽象程度和具体程度而实现的，也可以是因价值重要性的排序不同而实现的。从前者来说，理论性越强的部分，抽象性和概括性越强，就越处在体系的统领性层次上。而比较具体的部分，则处在低一些的层次上。从后者来说，在价值链条上越是体现核心价值的部分，越是更加重要的部分，就越是处在核心的位置上；而处在枝节和末梢上的内容，其价值意义就相对较低。

3. 稳定性与变动性

思想政治教育内容有其稳定性，其内容体系更具有稳定性。这种稳定性是统一性的必然要求。只要无产阶级政党的性质不变，只要社会主义的方向不变，那么培养目标的基本要求也是不变的，因而基本的教育内容也是稳定的。比如马克思主义基本理论教育，在任何时期都是必须坚持的。而且，只有保持相对稳定，内容才便于传承，体现"吾道一以贯之"，同时也便于在积累中改进和完善。

但稳定性也不是绝对的。教育内容不是一成不变的，更不能是固定僵化的，而是会在不同时代条件下，根据不同的社会需要和任务要求，有相应变化。基本内容虽然稳定，但不是绝对稳定的，本身也是需要发展的。更重要的是，在不同时期和条件下，会有新的内容增加进来，从而体现思想政治教育内容的与时俱进。既然有新的内容增加进来，就有可能有旧的内容被替代。正因为内容本身是变动的，因而内容体系也具有一定变动性。并不是一旦形成体系，就一成不变了。当然，并非任何内容上的变动都直接地在体系上体现出来。如果说内容的变动是随时可能发生的，那么内容体系的变动则是相对缓慢的。内容体系的变动可以是微调，也可以是大的调整，甚至可以是整体性重构。但不论怎样变化，都应该体现内容的内在统一性。

4. 全面性与重点性

思想政治教育内容在总体上是全面的，而不应该是片面的或残缺不全的。特别是系统的思想政治教育，更应该注重这种全面性，而不能随意取舍，以偏概全。这是全面育人、促进受教育者全面发展的要求。我们之所以强调内容体系，也是为突出其全面性。这种全面性并不只是同一种维度上的全面性，而是多维度、多层次内容的全面性，也就是说是立体的。不应用平面性思维去理解全面性。

同时，在不同时期的思想政治教育中，内容的全面性包含着重点性。有些内容会成为某一时期的重点的甚至核心的内容，而具有更为重要更为凸显的地位和作用。列宁说过，在不同的历史时期和根据不同的需要，马克思主义的不同部分会分别提到首位。同样，在思想政治教育中，因为不同时期的社会条件不同，人们的思想状况不同，党的工作重点和目标不同，必然会使那些与当下需要最直接相关的部分成为重点内容，并得到突出强调，成为一定时期最流行的内容和话语。也就是说，在不同的时期和条件下，根据不同的需要，思想政治教育的不同内容会分别提到更加突出的地位。

5. 逻辑性与叙事性

思想政治教育内容并不是杂乱状态，而是本身有其思想逻辑，并因此构成一种结构和体系。由于我们的思想政治教育具有理性主义特征，其内容的学理性较强，因而教育内容本身就有其逻辑体系和秩序。这其实就是我们通常所说的学科体系。思想政治教育的丰富内容，实际上包含着若干个学科体系或知识体系，比如马克思主义基本原理、马克思主义中国化时代化理论体系，特别是习近平新时代中国特色社会主义思想，都是科学的思想体系和知识体系。此外，还有其他学科知识，也是有逻辑和体系的。

但是，这种体系还只是学科体系和知识体系，而不是教育体系和教学体系。也就是说，教育的主旨不在于人类知识的积累和科学知识大厦的建构，而在于思想知识的传递和传输。这是两种不同的逻辑理路。学科导向的思想政治教育内容体系建构有其独立的价值，但这并不意味着它与工作导向的思想政治教育内容体系建构之间没有通道。沈壮海教授曾区分思想政治教育的"内容Ⅰ"和"内容Ⅱ"，前者是原有内容，相当于内容的逻辑性构成，后者是为了教育教学而加工过的内容，体现的是叙事性。"思想政治教育的内容可以划分为两个层面：第一个层面即特定的社会和阶级所要求、所确定的思想政治教育内容（我们称之为思想政治教育内容Ⅰ）；第二个层面即在具体的思想政治教育活动中，思想政治教育者根据相应的思想政治教育目的，按照思想政治教育规律的要求，对思想政治教育内容Ⅰ进行组织、编制，以直接用于思想政治教育活动的内容（我们称之为思想政治教育内容Ⅱ）。思想政治教育内容Ⅰ具有给定性，思想政治教育内容Ⅱ则是对思想政治教育内容Ⅰ加工、组织的结果。如果说，思想政治教育内容Ⅰ更多地表现为一种思想理论体系，那么，思想政治教育内容Ⅱ则更多地表现为由这种理论体系加工而成的教育信息体系。"① 这种区分是一种学术创新，是很有价值的。这是学科体系向教学体系转变的体现，也是学科导向的内容体系向工作导向或教学导向的内容体系的转变。

（四）"思想政治教育内容体系"的把握方式

那么，应该怎样来把握"思想政治教育内容体系"呢？怎样来表达和展现"思想政治教育内容体系"呢？对此可以有多种把握方式，大体说来有以下四种，它们的依次过渡是一个由低到高的递进过程。

1. 单项列举的把握方式

人们把握思想政治教育内容及其体系的最简单最原始的方式就是列举，即列举出一项一项的内容。比如，马克思主义理论教育，党的路线方针政策的教育，道德品质的教育，艰苦奋斗精神教育，等等。通常情况下，特别是在实际工作中，这样的列举是有一定意义的。它可以让人们很直观地了解到教育的内容。

列举有简单与复杂之分，简单列举就是只举出很少几项，再多就举不出来了；复杂列举则是可以举出许许多多内容。这两种列举各有优长和不足：简单列举能让人一目了然，但由于内容太少，并带有偶然性，因而缺少代表性，更无法让人得到内容的全貌；复杂列举虽然可以让人们了解到更多一些内容，但因其多而可能显得杂乱，无法使人得到统一的印象。

不论简单列举还是复杂列举，特别是后者，又有无序与有序的区别。无序列举就是随意地列举出一些思想政治教育内容，但多少不一，没有章法，没有顾及各项内容间的衔接；有序列举则是考虑到了所列举内容的顺序，体现出一定的顺序或逻辑性。在进行这种列举时，尽管在列举出的若干项上有一定的顺序，但它本身并不要求有严格的逻辑顺

---

① 沈壮海.思想政治教育有效性研究.3版.武汉：武汉大学出版社，2016：81.

序。就像举例说明一样，只要举出一些思想政治教育内容，大体上没有太大的冲突或跳跃就算可以了。

2. 简单序列的把握方式

该方式是对所列举的诸项内容特别是一些重要内容进行分类，并进行一定的归纳和整合。但这往往形成一些局部性内容组合和不完全序列，并不能形成一种能够涵盖所有内容的完整体系。比如"三个主义"教育，即爱国主义、集体主义、社会主义教育；"三观"教育，即世界观、人生观、价值观教育；"三念"教育，即理想信念、价值理念、道德观念教育；"三信"教育，即对马克思主义的信仰、对中国特色社会主义的信念、对中华民族伟大复兴中国梦的信心这三方面的教育；"三个文化"教育，即中华优秀传统文化、中国共产党人革命文化、社会主义先进文化教育；"五史"教育，即中共党史、新中国史、改革开放史、社会主义发展史、中华民族发展史教育等。

这样的分类十分简明，语言表达有概括性，能比较全面和直观地说清楚教育内容的基本构成，也在一定程度上体现了内容的层次性。而且由于其中的有些序列具有较强概括性和代表性，比如"三观"教育、"三个主义"教育、"三信"教育等，往往是我们在许多场合对思想政治教育内容的简明表达。但是这种分类也有其不足：一是只按某一维度来进行整合，从某一个特定角度形成内容序列，并不能多维度地体现内容体系的全面性和完整性；二是在某一维度上的序列，也往往并不完全，是一种不完全序列；三是有些平面化，难以体现思想政治教育内容的立体性。

3. 板块架构的把握方式

该方式着眼于思想政治教育内容体系的核心结构，形成几个板块，能够体现内容体系的核心结构和基本架构。对此，学界有不同的架构方案。比如有人从功能性角度设计了板块架构。武汉大学熊建生教授提出了由基础性内容、主导性内容、拓展性内容三个板块构成的逻辑结构。其中，"思想政治教育的基础性内容是体现社会对个体思想政治品德的基本要求的内容，思想政治教育的主导性内容主要突出教育的先进性、方向性、超前性的内容，思想政治教育的拓展性内容是根据时代变化和社会发展及时调整、充实、更新的内容。"① 这是一个比较明晰的逻辑结构,对内容的基本构成部分作了分类,同时它既体现了思想政治教育内容的稳定性,又为其变动性留出了空间。

笔者从形态性角度进行了板块架构设计。认为思想政治教育内容可以分为四种基本形态:心理情感形态、思想观念形态、精神品格形态、行为规范形态②。主旨是在说明,思想政治教育内容不限于思想观念形态。而我们以往所讲的各种教育,往往都是思想观念形态内部的区别。世界观、政治观、道德观、人生观、价值观等,虽然有内容差异,但都属于思想观念层次。但如果仅仅局限于思想观念形态,有些新内容就无法补充进来,比如民族精神和中国共产党人精神谱系的教育,心理健康的教育等,无法在思想观念中得到归类。而四种内容形态的提出,使我们对思想政治教育内容的把握有了更大的空间和框架,在学理上也更加严整。

4. 体系建构的把握方式

仅仅有基本的板块结构还不足以形成完整的内容体系。为此还需要在基本板块的基础上进行更具体的内容建构,也就是说,进一步展现出每一个板块里的下一级内容。比如熊建生教授进一步列出了"三个板块"各自的具体内容。基础性内容,包括传统美德教育、公民道德教育、爱国主义教育、艰苦奋斗精神教育;主导性内容,包括思想理论教育、理想信念教育、民族精神和时代精神教育、荣辱观教育、形势政策教育;拓展性内容,包括诚实守信教育、心理健康教育、公民意识教育、民主法治教育、创新精神教育、生命伦理教育、生态道德教育、国际意识教育。这样就形成了比基本板块更具体而丰富的内容体系,而且还可以对每一项二级内容进行第三级展现,从而使思想政治教育内容体系更加丰满。

(五)思想政治教育内容体系的建构方案

思想政治教育内容体系的建构可以有多种思路和方案。事实上,学界已经有人提出过多种建构方式。这里不再重复已有诸种设计,而是以

---

① 熊建生.思想政治教育内容结构研究.北京:中国社会科学出版社,2012:196.
② 刘建军.思想政治教育内容的基本形态.思想理论教育导刊,2020(9).

笔者对思想政治教育内容四种基本形态的划分为依据，进行新的尝试性体系建构。主要是分别对心理情感教育、思想观念教育、精神品格教育、行为规范教育四个层面进行展现和呈现，概括性提出其所包含的下一级内容。

心理情感教育，主要是对思想政治教育对象进行健康心理心态的教育，并培育人们健康的个人情感和社会情感。这是最低层次的教育内容，但又是最基础性的教育内容，在底层发挥着本源性支撑作用。主要包括：一是心理健康教育，对人们进行常规性心理健康理念和知识技能教育，以及开展一定的心理咨询和心理治疗；二是社会心态培育，主要是在全社会进行自尊自信、理性平和、积极向上社会心态的教育；三是爱人爱家教育，帮助人们培育亲密而健康的亲情、友情、爱情；四是爱党爱国教育，培育人们对党、人民、民族、国家的深厚而理智的热爱之情；五是艺术审美教育，通过体现真善美的艺术欣赏教育，培养人们健康高雅的爱美心理和审美情趣。

思想观念教育，主要是对人们进行正确思想和观念教育，这是思想政治教育内容中最核心最重要的层次，也是内容最为丰富的层次。主要包括：一是世界观教育，对人们进行马克思主义科学世界观教育，帮助人们掌握唯物辩证的世界观和方法论；二是历史观教育，主要是对人们进行唯物史观教育，以及在此基础上的大历史观和正确党史观教育，使人们能够正确看待人类历史，特别是正确看待"五史"；三是政治观教育，进行党的创新理论和路线方针政策教育，使人们确立坚定正确的政治立场和政治观点；四是信仰观教育，进行理想信念基本知识的教育，特别是进行科学理想信念教育，帮助人们树立起对马克思主义的信仰、对中国特色社会主义的信念、对实现中华民族伟大复兴中国梦的信心；五是价值观教育，主要是进行社会主义核心价值观教育；六是道德观教育，主要进行社会主义道德观念教育，培养人们的道德认知和道德品格；七是法治观教育，培养人们的法治信念、法治思维和尊法守法意识；八是安全观教育，主要进行总体国家安全观教育，树立人们的国家安全意识；九是人生观教育，正确解答人生的意义和目的问题，帮助人们树立正确人生态度。

精神品格教育，主要是对思想政治教育对象进行崇高精神品格的教育，这是在思想观念基础上进行精神升华的层次，是思想政治教育内容中极为重要而以往重视不够的，是当前大力加强并引入学科体系和学术体系的思想政治教育内容。主要包括：一是人的精神追求和精神品格教育，使人们认识到"人是应该要有一点精神"的；二是以爱国主义为核心的中华民族精神教育；三是以伟大建党精神为源头的中国共产党人精神谱系教育；四是以改革创新为核心的当今时代精神教育。

行为规范教育，主要是对思想政治教育对象进行各种正确行为规范的教育，这是思想政治教育内容中落地收尾的部分，是"内化于心"基础上"外化于行"阶段的教育内容。主要包括：一是道德规范教育，使人们掌握并遵行社会主义道德规范，把道德意识和道德情感转化为道德意志和道德行为；二是法律规范教育，使人们掌握我国法律法规的基本体系和重要规范，并自觉尊法守法用法；三是纪律规范教育，让人们了解并自觉遵守政治纪律和各种纪律规定；四是职业规范教育，使人们掌握和遵守相应职业规范和要求；五是处世规范教育，使人们特别是青少年掌握并遵守在日常生活中合理的交往规则，促进人际交往的和谐。

最后需要指出的是，以上四个基本层面的教育内容只具有相对的独立性，而不是完全隔离的，它们之间更没有什么鸿沟。任何分类都是相对的、有局限的。一方面，许多教育内容本身兼有多种层次，比如爱国主义教育，既有心理情感层面，也有思想观念层面即正确的爱国观，以及爱国主义精神和行为教育等方面的内容。另一方面，可能会有一些现实中的教育内容无法在其中得到简单归类，比如国家安全教育等。但不能以存在这些不足为由而否认这种内容分类的合理性和价值。而且，以上关于建构方案的论述，只是一个梗概，其中所列举的内容未必全面，而且所列举的每一项内容都包含着丰富的更加具体的内容，都可以后续进一步具体展开。

八、哲学思维在建构思想政治教育学原理中的运用

在思想政治教育学科建设全面铺开并不断取得新进展的今天，思想政治教育学原理的进一步建构成为学术研究的重要任务。而这一任务的完成，离不开哲学思维的运用。在思想政治教育学原理的进一步建构和完善中，特别是在思想政治教育学原理的教材编写中，哲学思维的运用

有没有必要的原则和限度？怎样才能把握好运用的度并取得有益的效果呢？笔者认为，在这方面还存在着一定的问题，需要从理论上加以总结。

（一）思想政治教育学原理建构中哲学思维运用的必要性

思想政治教育学原理的建构是思想政治教育学科建设与发展的基础工程，思想政治教育学科群中的其他诸学科的建设有赖于这样一个基础。但是，这项基础性工作并不像通常以为的那样，是初步的、简单的、容易的，相反，是困难的或最困难的。原理（或基本原理）看似平常，却往往最难研究。一方面，原理必须是从众多的思想政治教育现象中找出的规律性的东西，并具有理论的规范性，因而需要艰难的理论提升和概括。另一方面，原理又是成体系的，各项原理间要有严谨的逻辑联系，形成严密自洽的体系。显然，原理体系的建构是一个长期的过程，需要共同努力才能完成。面对思想政治教育学原理建构的上述困难，哲学思维是很好的工具。可以说，哲学思维的合理运用是思想政治教育学原理得以合理建构的重要条件。

概念的辨析和澄清离不开哲学思维的运用。要建设宏伟壮观的思想政治教育学原理大厦，首要的是要有好的砖石即思想政治教育的相关概念。这些概念的形成，特别是基本概念或核心概念（人们通常称之为范畴）的形成，须经过哲学思维之火的煅烧。哲学分析的方法，特别是西方分析哲学所运用的逻辑分析和概念语义分析的方法，对于提炼思想政治教育学的基本概念是很有帮助的。学界关于思想政治教育学范畴的研究，从一定意义上说是一种哲学性研究。只要看一下学界那些影响较大的论文，就可以知道。学者们先是分别考察思想政治教育学的若干基本概念，然后又逐步建构思想政治教育学基本范畴的体系。这就为思想政治教育学原理的建构提供了基础。当然，思想政治教育学基本范畴的体系，并不等于思想政治教育学原理的体系。建构思想政治教育学基本范畴体系对于建构思想政治教育学原理体系究竟具有何种作用和意义，还有待进一步研究和确证。

观点的概括和提炼离不开哲学思维的运用。原理的体系总是由一系列观点或定理构成，而提炼和概括诸多观点，使之具有规范的表达形式，这是原理体系建构的另一项基础性工作。在这方面，同样离不开哲学思维的运用，离不开哲学思维强大的抽象概括能力。在这个抽象概括过程中，有一个从简单到复杂，又从复杂到简单的过程。对于表面看起来是十分简单的事情，哲学的眼光可以透过外观而看到内部的复杂性，看到该事物与他事物相互联系和影响的复杂网络。从这方面说，是把简单问题复杂化。同样，哲学也透过纷繁复杂的现象及其相互作用的网络，尖锐地找出其中最关键的东西，把握住事物的实质。而当抓住了事物的根本时，事物看来就变得简单了，就能达到以简驭繁的效果。应该说，观点的提炼包括这两个思维的过程，而特别突出地表现为第二个过程，即从复杂的关系中概括出简单的结论。对于思想政治教育学原理中的每一个基本观点，每一条结论和每一个定理，都可以用哲学的眼光加以审视，使之进一步精练。当然，这不只是哲学思维的问题，还涉及其他方面，比如驾驭文字的素养等。

体系的构建和论证离不开哲学思维的运用。将既有的概念和定理变成理论的大厦，需要有整体性思维和总揽全局的眼光，需要有谋篇布局的战略性学术能力。在这方面，哲学有其独到之处，特别是马克思主义哲学，它不是仅仅考究琐细事物的哲学派，而是具有宏大的眼光和战略性思维的世界观。在这方面，马克思主义哲学与政治战略有相通之处。马克思主义是讲政治的，这个政治不是政客的小算盘、小手腕，而是无产阶级和人类解放的大战略。这样，政治家学一些哲学，正如哲学家学一些政治一样，都能起到扩展心胸、开阔视野的作用。研究思想政治教育，不仅要懂得教育，还要懂得一些政治和哲学，这对于全面把握思想政治教育的性质特点，特别是对于建构得体的思想政治教育学原理体系，是很有必要的。同时，体系的建构不仅需要大眼光，还需要严密的逻辑思维。如果原理之间以及概念的使用上，缺乏严密的持续的逻辑性，那么原理的体系就还没有达到比较完善的地步。绝对的完善当然是没有的，但在相对的程度上，就一定时期所能达到的程度而言，应该尽可能在逻辑上严密而自洽。这方面当然离不开哲学的推理和逻辑的探究。

对体系的反思与调整需要运用哲学思维。体系不是封闭的，而具有开放性。任何体系都是不完全的，也会随着内容的变化而出现相应的调整和改变。研究者应该时时对原理的体系进行反观和反思，检查和发现其中存在的问题，并适时作出调整。在一定时期和条件下，现实中的思想政治教育会出现新的重大变化,这些会对原理以及原理的理解产生影响。在现有原理及其理解不能合情合理地解释新的思想政治教育现象和趋势时,就有必要对原理及其理解作出相应的调整或修改。基本原理虽然是稳定的,但不是绝对稳定的,更不是一成不变的。认识到这一点,就要明白,与其被动地变,不如主动地变。在这方面,哲学的优势在于其"反思"传统,它总是一再回过头来对原有的基础和前提性问题进行新的思考,以求正本清源,强基固本。进一步建构和完善思想政治教育学原理的体系,也特别需要这种反思的态度和能力。

(二)把握好运用哲学思维特别是哲学概念的度

经过 40 年的建设与发展,思想政治教育学原理在今天已经有了相对成熟的形态。这个成绩的取得,是与哲学思维的运用,特别是恰当地运用分不开的。但是,在思想政治教育学原理的研究和教材编写中,也会不可避免地出现某些对哲学思维的运用不足或过度的情况,这两种情况都带来了相应的不良后果。

从哲学思维运用不足的方面看,有下列一些情况和现象。比如,对思想政治教育学领域中存在的诸多相近概念,在学理的界定和辨析方面有所不足。比如标志这门学科的主概念"思想政治教育"就有一系列相近概念,思想教育、思想理论教育、思想道德教育、德育、思想政治工作以及精神文明建设等。它们各自究竟有何含义,边界在哪里,各自的理论定位和出场语境等,不够清晰。

再比如,原理体系有时把不同层次的逻辑关系搅在一起。这往往与"思想政治教育"概念的广义与狭义搅在一起有关。在原理教材中,广义狭义同时并存,而且甚至还有更广义、更狭义等多种层次。它们在原理中的同时并存有时是不可避免的,但是它们之间应该有规范的逻辑和语言上的过渡和转换,而不能在不同层次间随意转换。比如在给"思想政治教育"下定义时,言之凿凿地称这是"一定的阶级和社会集团"所具有的东西,可以包括不同的阶级和社会集团,这显而易见是广义的定义。可接下来论述思想政治教育的目标时,不加任何过渡地直接说思想政治教育的目标是"培育社会主义'四有'新人",而不顾及其他阶级和社会集团是否同意把这作为他们的培养目标。

诚然,在建构思想政治教育学原理的过程中没有哲学思维是不行的，但哲学思维的运用也应该有其原则性要求和必要的度。还有一种不好的倾向是，不是从思想政治教育实践中，从历史与现实的大量现象中去提炼重要的论题，而是从马克思主义哲学原理的体系中直接地把问题套过来，戴上"思想政治教育"帽子，作为思想政治教育学原理的基本论题。诸如，思想政治教育的本质、思想政治教育的价值、思想政治教育的主客体，以及思想政治教育的基本矛盾等等，其出现都具有一定的先验性。这些问题不能说是"假问题"，但它是直接从哲学原理中套过来的，而不是从实践中提升出来的，因而人们对这些问题的研究也很容易从概念出发，从概念到概念，在哲学原理中兜圈子。这表面看来很热闹，但事实上许多无谓的争论脱离了思想政治教育本身的实践和需要，成了某种新的经院哲学。这不仅没有为思想政治教育原理的建构澄清问题，提供帮助，反而给原理建构以及教材编写造成了很大的麻烦。

比如，关于思想政治教育的本质，现在争议很大，事实上许多是无谓之争，字眼字面之争，抽象议论之争。不论理论争议多大，透过这些争论可以看到，大家对于什么是思想政治教育，在理解上基本并没有多大差异。比如，大家都承认思想政治教育在性质上是科学性与意识形态性的统一，但上升到哲学高度，就引起了极大争论。在教材中，对"思想政治教育"的定义基本相同，大体上都说它是一定的阶级和社会集团为实现自己的政治和经济利益，而对人们进行有意识有计划的思想政治道德教育的实践活动。其实，这样的定义即是本质主义的定义，它已经体现了争论中大多数人关于思想政治教育本质的看法。在下了这样的本质主义的定义之后，再去另找思想政治教育的"本质"，其实是骑驴找驴，徒增烦恼而已。

再如，关于思想政治教育的价值，也有类似问题。本来，关于思想政治教育的功能和作用，不论是对个人的还是对社会的，大家基本上没有不同意见，学生也很容易理解。但是，只要把这个问题变成"思想政治教育的价值"，那么问题突然就复杂起来了。甚至不用看学术上的讨论文章，只看一下思想政治教育原理教科书本来应该十分简明的相关章节，就可以看出，它把一个简单明白的问题弄得高度复杂化了。先从什么是"价值"讲起，接着是一系列连绵不断的哲学思辨，诸如价值的一般和特殊，价值的主体和客体，价值意识和价值实现，等等，当叙述终于转到思想政治教育的价值上时，又是一系列的推演和定义。至于思想政治教育究竟具有什么样的价值,已不知所云了。

所以,不仅不应直接从哲学原理中套取思想政治教育的基本论题,而且对哲学概念的运用,也要遵循"少即是好"的原则。哲学思维不等于哲学概念。哲学思维的运用可以通过哲学概念来进行,但也要尽可能少用哲学概念,它更多地表现为一种看问题的眼光和视野,表现为一种分析问题的能力,一种理论思考和推理的方式等。如果说在专业的哲学研究中,大量的哲学概念是不可避免的,那么在哲学运用于其他领域的时候,比如在运用于思想政治教育领域的时候,就不能完全依赖大量哲学的概念了。而且,过多使用哲学概念,表明了哲学思维的笨拙。真正高明的哲学思维,是在阐述真正的思想政治教育问题时体现出来的,它是尽可能避免哲学概念的。特别是那些新出现的生涩难懂的哲学概念,更不应随处运用。

(三)必要的分支学科:思想政治教育哲学

思想政治教育学科是一个庞大的学科群,其中包含了若干门学科。笔者认为,思想政治教育学科群中应该包括一门新的分支学科即思想政治教育哲学。这门分支学科与思想政治教育学原理虽然都是思想政治教育的基础理论学科,但它们应该有所区别。不能把这两个学科混同起来。目前原理领域中出现的许多理论混乱,与这种混同有关。不言而喻,思想政治教育哲学具有一定的哲学属性,可以说是哲学与思想政治教育学的交叉学科。

思想政治教育哲学具有更高的理论抽象层次,它某种意义上包含着思想政治教育的"元理论",它集中探讨思想政治教育理论与实践中的哲学问题,特别是带有根本性质的问题,以及前提性质的问题。比如,思想政治教育的本质和依据问题,思想政治教育是否可能和合法性的问题,思想政治教育的道与术的问题,思想政治教育与人和社会的关系问题,思想政治教育的普遍性与特殊性问题,思想政治教育与思想自由原则的关系问题,等等。为此还要借鉴西方和其他国家的教育哲学。西方教育哲学特别是道德教育哲学等,提出了许多有价值的问题和看法,值得我们去研究和借鉴。

不言而喻,新出现的这个分支学科,将是一个不平静的、充满挑战的领域。这不仅是因为大家关于思想政治教育本质、价值、主客体和基本矛盾等问题的烦琐争论会转移到这里，而且也因为，在这个极其抽象的理性王国里，许多问题具有很大的不确定性。特别是在学科刚开始建立时，许多论题需要从头开始界定。但是，这对于充分地研究思想政治教育学的前提性"元问题"是必要的，只有经过充分的长期的研究，只有经历了繁杂的争论，许多深层的问题才可以充分地显示出来，并获得逐步的解决。有了这个新的更开阔的平台，一些爱好哲学思辨的思想政治教育研究者，就有了用武之地。他们可以大展拳脚，而不必顾及是否会影响思想政治教育原理教材的稳定性。

在把抽象争论转移出去之后，思想政治教育学原理的研究，特别是教材编写，就清静多了。人们可以就思想政治教育本身来研究和阐述问题，展示思想政治教育自身的内在丰富性，并对思想政治教育的基本道理做出简明而基本稳定的表述。

当然，思想政治教育学原理与思想政治教育哲学的区别是相对的。原理的阐释会涉及相关的"元问题"，会求助元理论的研究成果。同时，思想政治教育哲学也不能脱离思想政治教育的基本内容。因此，二者之间必然会有一定的联系、沟通和交流。一方面，思想政治教育哲学从思想政治教育学原理中提取问题，另一方面，当其自身的哲学研究取得成果之后，特别是得出了比较成熟的结论之后，这些结论就可以自然而然地进入思想政治教育原理中，甚至进入原理教材之中。这二者的相对分离和互动，会进一步将思想政治教育基本理论的研究引向深入。

九、思想政治教育学自主知识体系的建构

2022年4月25日，习近平总书记在中国人民大学考察时指出，加快构建中国特色哲学社会科学，归根到底是建构中国自主的知识体系。这一精辟论述，是我们党在繁荣发展哲学社会科学问题上继提出加快构建学科体系、学术体系、话语体系之后的又一重大判断和要求。它直接抓住了问题的根本所在和关键环节，像一道闪电瞬间照亮了加快构建中国特色哲学社会科学三大体系的正确道路，使长期以来在构建三大体系的探索中徘徊的人们，一下子看清了大方向，找到了"总抓手"。我国哲学社会科学各门学科都面临着建构自主知识体系的任务，而思想政治

教育作为中国特色哲学社会科学之林中的一门新兴学科，更迫切地面临着建构自主知识体系的任务。

(一)"建构中国自主知识体系"的思想内涵与基本要求

关于如何理解"建构中国自主知识体系"的科学内涵和实践要求，目前学界尚有不同意见。笔者认为，关键是要把握三个关键词："自主""知识""体系"。具体地说，"建构中国自主知识体系"就是要深刻认识学科"自主性""知识性""体系性"的重要意义，努力实现学科建设的"自主化""知识化""体系化"。

首先，要注重自主性，努力实现自主化。人类哲学社会科学的进步，既是不同学科各自发生发展的结果，也是不同民族和国家在学科建设上各自作出贡献的结果。从哲学社会科学所具有的一般人类属性和意义上讲，它具有普遍性和超越特定国家范畴的意义；但同时也要看到，人类的哲学社会科学是由不同国家、不同文化的人们创造而形成的，而在这个过程中不同国家所起的作用又是不平衡的。就现代世界所通行的知识体系来说，主要还是西方国家起主导作用，但人们通常把"西方性"知识系统当作人类哲学社会科学的一般原理，而没有注意到其自身的局限性，并忘记了自己民族和国家在这方面应有的自主性。中国近代以来大量引入西方哲学社会科学并以此为主流，这本来有一定必然性和合理性，但在中国式现代化取得巨大成功，中国特色社会主义进入新时代的历史条件下，中国哲学社会科学的自主性和自主化就成为一个突出而重要的问题。

所谓自主性和自主化，就是在发展和繁荣哲学社会科学上自己做主，即扎根中国大地，适应中国社会发展的需要，立足中国革命、建设、改革的实践，创造性转化和创新性发展中华优秀传统文化的思想精华，打造具有中国特色、中国气派、中国风格的哲学社会科学知识体系。就是说我们要形成一套自己的知识系统，而不是完全照搬西方的知识系统和逻辑体系。当然，我们强调学科知识的自主性，并不是画地为牢、拒绝外来，或搞自我循环，而是反对那种一切以西方理论为圭臬，把西方话语当作科学知识来无条件遵循的倾向，是为了扩大中国的话语权和影响力，维护中国利益和意识形态安全，在哲学社会科学上创造新知识，为人类认识世界特别是认识人和社会做出自己应有的贡献。

其次，要注重知识性，努力实现知识化。知识是人类认识世界的成果的结晶，是人类科学体系构成的基本成分。人的认识活动是变动而复杂的，认识成果也是多样而易逝的，为了使人的认识成果形成一种稳定态而得以保存和传承，就需要把认识成果知识化，使之成为一种规范性知识。从最一般的意义上讲，知识包括一切认识成果，其中既有科学的、可靠的知识，也有非科学的、幻想性的知识。宗教文化中关于天堂地狱和鬼神世界的知识，对宗教文化传承和宗教信仰表达有其意义，但本质上是非科学的，并非真正可靠的知识。而通常意义上的知识即狭义上的知识，则主要指具有科学性的、可靠的知识。在此意义上，知识本身体现了理智性、客观性、普适性，它是理性的产物，它是讲求客观性的真理性认识，具有普遍适用性的价值。

改革开放特别是新时代以来，我国哲学社会科学事业取得长足进步，但在世界上影响并不够大，未能匹配中国在世界上的地位和贡献。之所以如此，固然与长期以来我们只是简单追随西方而未能系统形成自己的内容体系有关，同时很重要的一个原因，是我们从自身实践中形成的思想内容的知识化不够，未能形成规范化的知识和系统化的知识体系，未能形成普适性话语，因而难于进行国际传播，难于在人类知识殿堂登堂入室并占据一席之地。正因为如此，有学者提出，中国缺少自主性的知识体系。也正因为如此，党和国家明确提出建构中国自主知识体系的任务要求。因此，每一门中国特色哲学社会科学都必须充分重视知识化问题，大力推进自身学科积累和学科信息的知识化。

最后，注重体系性，努力实现体系化。光有知识不行，还要自成系统，形成有机的知识体系。对任何一门科学来说，知识体系都是极为重要的，如果只有一些杂乱的知识而没有形成自身有机的体系，就不能算是成型科学，更不能算作成熟的科学。体系体现着知识的丰富性和全面性，它不是零星的知识或片面的知识，而是包含多方面知识的完整知识系统。体系体现着知识间内在的逻辑关联，具有知识系统建构的逻辑合理性，能够使知识具有最大的稳定性和体系建构的可操作性。体系不是封闭的而是开放的，是动态的而不是僵化的，它可以随时接纳新的知识并实现自我更新。

要想实现知识的体系化，一是要有足够多的可靠的知识点。如果知识点不够多，就谈不到形成体系。为此要注重实践经验总结，注重学科知识的生产和积累，不断增加知识的丰富性，同时也对其进行规范性加工，比如对基本概念进行打磨，对基本命题进行阐释，对思想观点进行验证和论证等，使其成为可靠的学科建筑材料；二是要有自己的逻辑结构和知识架构。结构的安排和体系的建构并不是主观任意的，而必须是科学合理和逻辑自洽的。大体说来，其逻辑结构有大小之分：一方面是核心小结构，它是学科核心内容的内在结构，构成学科知识的坚硬内核；另一方面是学科体系的大结构，它是在核心小结构基础上并围绕小结构而形成的更大的体系结构；三是要在这样一个框架内不断进行添砖加瓦、精雕细琢的建设工作，让这个体系有血有肉，不断完善。

（二）增强思想政治教育学科的自主性意识

思想政治教育学科的自主性包括两个方面：从世界范围来说，指中国相对于其他国家特别是西方国家的自主性；而就中国范围来说，则是指本学科相对于其他学科的自主性。思想政治教育作为一门具有鲜明中国特色和学科个性的新兴学科，在这两个方面都要进一步增强自主性意识，达到主体性自觉。

习近平总书记在提出建构自主知识体系时，指的是建构"中国的自主知识体系"。很明显，这里的自主性是从世界范围来讲的中国自主性，它是最重要的根本性的自主性。思想政治教育学科具有天然的中国自主性，因为它是在中华大地上形成起来的，是适应中国改革开放和现代化建设而设立起来的，是以中国共产党百年奋斗中思想政治教育实践经验为直接基础的，是自觉贯彻党的领导并具有鲜明社会主义属性的学科。与那些从西方移植而来或在西方学科影响下形成的学科相比，思想政治教育学科具有突出的中国特色和中国自主性。思想政治教育学科的这种特点，以往曾被看作是学科缺陷并加以攻击，因为在一些人看来，缺乏西方知识学科基础的学科是先天不足而没有科学性的，只能是中国人自己的自娱自乐。现在，这种不正常的学术氛围已得到根本扭转，而思想政治教育学科的中国自主性被看作最大的学科优势。

既然思想政治教育学科天然具有中国自主性，那么是不是在这方面就已经无事可做了呢？绝非如此。一方面，我们要更加自觉地增强本学科的中国自主性意识，充满自信地建设自己的学科。因为对一些人来说，天然具有中国自主性还只是一种自发现象，还需要进一步上升到理性自觉。要增强中国自信和学科自信，深刻认识中国共产党思想政治教育实践经验的典型意义，深入发掘其中蕴含的思想政治教育一般规律和特殊规律。另一方面，要在坚持中国自主性的基础上，多做让思想政治教育学科走向世界的工作。思想政治教育学科产生于中国，但并不只属于中国，也不只适用于中国，因为它不仅揭示了中国共产党思想政治教育的规律以及无产阶级政党和社会主义国家思想政治教育的特殊规律，而且在一定程度上揭示了人类社会思想政治教育的一般规律，因而具有一定的普遍适用性，为人类哲学社会科学知识宝库增添了新的内容。做好这项工作是增强本学科中国自主性意识的应有之义。

另外，思想政治教育学科作为我国哲学社会科学中的一门具体学科，在我国学科和学术之林中也有一个自主性问题，这是一种更加具体的学科自主性。在我国学术界，思想政治教育能否作为一个独立的学科，是人们关注的问题，也是一个一度有过争议的问题。曾有人对思想政治教育学科持有一种偏见，认为它不够科学或根本不是科学，造成了很坏影响，妨害了思想政治教育学科的正常建设与繁荣发展，使一些学者和学生缺乏学科自信。因此，有必要进一步强调思想政治教育学科的独立性和自主性，深刻认识思想政治教育有自身特定的研究对象、学科基础、学科地位，以及学科体系，并在社会发展中发挥着不可替代的重要作用。思想政治教育学者要不断增强学科自信，自觉承担起学科自主性建设的任务。

（三）注重思想政治教育学科的知识化

知识化的一个优点，是能够使学科信息在不同价值主体间传递，使处在不同价值氛围中的公众也易于接受。知识形态易于体现一种客观性。就知识之为知识而言，就其自身规定性而言，它本身并不直接就是价值立场，而只是能够成为一定价值倾向的载体，至少它并没有刻意或突出地体现价值立场和政治倾向，因而易于被不同文化背景的人所接受。相反，如果一门学问带有过多的情感信息和信仰信息，带有强烈的价值导向性，那么它虽然会更宜于为信仰相同或价值观相近的人们所接受，但却不易使处在该价值立场之外的人们所接受。西方一些哲学社会科学著作，因其具有突出的知识化特点，因而使人们更容易接受。我国学界之所以受到西方学术如此大的影响，原因之一也是因其具有的这种看似客观的知识化特点。

在马克思主义理论学科中,特别是在思想政治教育学科中,要注意转换观念,深刻认识知识性和知识化的重要性。因为在马克思主义学院的语境中,特别是思政课教师的话语中,"知识"并不是一个很通行甚至很重要的概念,"知识化"有时还具有负面含义。因为我们在谈到思政课教育教学时,往往强调它不是知识传授,而是价值观塑造和思想引领,并认为后者是比前者更高的层次,是我们真正的追求。这当然是对的,但如果走向极端,把二者分割开来甚至对立起来,就可能导致一种轻视知识的错误倾向,轻视知识的创造、生产和传播,最终使价值引领失去知识载体。现在我们要建构自主知识体系,实际上就是要把知识和知识化当作目标来追求。

思想政治教育学科信息和学科内容的知识化主要包括以下几个方面:

首先,实践经验的知识化。实践是认识的来源,实践经验是知识的来源。党和国家的思想政治教育实践以及从实践中形成的经验,是思想政治教育学科知识的基础,这是没有疑问的。也正因为如此,在思想政治教育学科中包含着大量的实践经验层次的内容,也包含着大量经验性表述。这些内容虽然有其经验性存在的价值和必然性,但也有待经过概括和升华而凝结为学科知识。如果这些内容只停留在经验的层面,哪怕是基本经验的层面,而没有达到一种理论化、知识化的程度,那么它们必定具有经验的局限性,难以得到普遍传播。我们以往善于总结经验,这是好传统,但如果这种总结只是停留在把握经验教训并用以指导工作的层次上,就没有达到科学知识的高度。因此,思想政治教育研究不仅要"总结经验",而且要"研究经验"和"升华经验",使之成为普遍性知识。

其次,政治要求的知识化。思想政治教育学科具有鲜明的政治属性,是站在党和人民立场上的学科,是以马克思主义为指导的学科,是体现党的领导的学科。这种政治性是它的本质属性,是不能淡化和丢掉的。但从学科建设角度看,政治要求还需要实现学理化、知识化,用学理讲政治,用知识讲政治。政治与学术是有区别的,政治性内容本身通常是不必论证的,也不必做阐释和展开论述,而只需要发出明确而有力的号召或要求就行了。但在学科范围中，政治性内容需要学理化阐释和学术化论证，并表述为相应的客观化知识，其中就包括政治术语的知识化，因为有些政治术语虽然可以直接作为思想理论性学术术语来使用，但也有一些特定的政治式表达不易从字面上去理解和把握，因而需要另行表述。

再次，思想智慧的知识化。在我们党的治国理政中，特别是在作为治国理政重要方式的思想政治工作中，无疑包含着许多高明的思想智慧和精神境界。这些思想性、智慧性、境界性的东西，比通常的知识层次更高，也是我们中国人历来追求的东西。但它们往往只可意会不可言传，依赖于个体性体悟和领会，很难像通行的知识那样得到传播和流行，也不易像知识积累那样实现自身传承和发展。可见，思想智慧和精神境界不能脱离知识载体而存在和传递。习近平总书记强调"自主知识体系"，而没有强调自主智慧体系或自主精神境界是有其道理的。正像灵魂不能脱离身体而存在一样，智慧和境界也不能脱离知识载体而孤立地存在。在这里，重要的不是比较认识成果的层次高低，而是要确立认识成果的基本形式和坚实基础。认识的理智性、客观性和普适性是智慧提升的坚实基础，是不能被忽略的。深刻的洞见、精妙的智慧，也需要沉淀和凝结为知识形态。这是一个费神的过程，需要沉下心去做。

最后，价值情感的知识化。思想政治教育是有价值立场的，因而是带有一定情感的，不仅实际生活中的思想政治教育实践是如此，而且思想政治教育学科建设也是如此。这种情感倾向和情感表达，就像思想政治教育的政治立场和价值倾向一样，是不能被取消和淡化的。同时也要充分注意，这些情感倾向也有必要化约为知识，并通过相应的知识得到表达，而不能就感情而谈感情或停留于感性表达。我们有自己的民族自豪感，有自己的价值观，也有自己的主导意识形态，这些对我们自己来说是很容易接受和认同的，但对于国际传播来说，却有一个知识化转述或表达的问题。一个国家的意识形态，只有依托于客观化系统化的知识，才能行之久远。西方的意识形态渗透在其庞大的知识体系中，不知不觉间就得到了广泛传播。我们的意识形态也应该有自己庞大的科学知识体系作后盾和载体。

无疑，知识化会失去一些东西，失去一些非知识性信息，因而也有其局限性和限度。但知识化能稳定地保留最基本的信息，并通过体系建构来承载更丰富的学科信息。而且由于其存储和传播功能，能够使本学科的成果得以长久保存和广泛传播，从而发挥其应有的价值。特别是知识化能够使信息固定起来并规则化，从而有助于体系化建构，就像用砖块建构房屋那样。只要我们辩证地把握知识的优长和局限，知道知识化并不等于一切，而且能够在知识基础上加载情感和建构价值观，知识化就不会使我们有大的损失。

（四）推进思想政治教育学科的体系性建构

思想政治教育学科信息知识化之后，还有一个知识体系建构的问题。这是最后一个步骤，也是前面几个步骤的综合和最终实现。如果没有最后这一步，思想政治教育学科本身就是不完整不成熟的，因为碎片化的或杂乱无章的知识并不具有系统的科学性，也不能建成科学的大厦。自从1984年本学科设立以来，经过40年的建设和发展，思想政治教育学科已经形成了自己的学科知识体系，并以此为基础形成了本学科专业本科、硕士、博士以及博士后全链条人才培养体系，为国家培养了大批专业人才。这是必须充分肯定的。虽然我们经常说思想政治教育学科是一个新兴学科，但它并不是"一穷二白"的，而是具有自主性的知识体系。但是，从自觉"建构中国自主的知识体系"的更高要求出发，我们仍然需要对本学科的知识体系建构进行梳理和省察，更加全面地把握和推进体系建构的工作。

思想政治教育学科的体系性建构工作主要包括四个方面。

第一，思想政治教育学科群体系的建构。尽管从国家学科专业目录上看，思想政治教育只是马克思主义理论一级学科下的一个二级学科，即具体学科，但就其包容的内容领域而言，它实际上是一个相对自足的学科体系，其中包括思想政治教育学原理、思想政治教育方法论、中外思想政治教育史、中外思想政治教育学说史、中外思想政治教育比较研究，以及应用思想政治教育等。涉及中外内容的，又可以分别形成中外两个系列，比如中国思想政治教育史与国外思想政治教育史、中国思想政治教育学说史与国外思想政治教育学说史等。而应用性学科则因领域不同而形成诸多分支学科，比如学校思想政治教育、农村思想政治教育、社区思想政治教育、机关思想政治教育、企业思想政治教育、军队思想政治教育等。在学校思想政治教育中，又可以分为教师思想政治教育和学生思想政治教育；在学生思想政治教育中，又可分为大中小学不同学段的思想政治教育等。由此可见，思想政治教育作为一个学科实际上是一个学科群体系，有着自我展开的极大空间和广阔前景。把思想政治教育从二级学科上升为一级学科，对本学科的充分发展是十分必要和有利的。

第二，思想政治教育各门具体学科的知识体系建构。在思想政治教育学科群中，任何一门具体性学科都有其自身的知识体系建构问题。不论是思想政治教育学原理、思想政治教育方法论，还是思想政治教育史、思想政治教育学说史，以及各种分支性学科，都应该具有相对完整的知识系统，能够形成一定的知识体系。其中，思想政治教育学原理是思想政治教育学科的基础和核心，其知识体系的建构具有根本性意义。这种原理性知识体系的建构，并不只是现有知识的分类整理，而是体现着思想政治教育自身的内在逻辑和底层逻辑，表现为具有内在贯通性的完整逻辑系统。

学科知识体系最直接的体现就是教科书，它能够直观地展现出该知识体系的架构、脉络和内容。需要说明的是，教材知识体系的建构遵循着双重逻辑，一是学科知识的内在逻辑，二是学科知识的教学逻辑。就前者来说，体现的是事物本身的逻辑，也是知识建构的内在逻辑，而后者则是教学过程的需要，是知识传授过程的逻辑体现。知识建构的逻辑与知识传授的逻辑通常是统一的，但并不完全等同。好的教材必须同时兼顾二者的要求。思想政治教育学科成立40年来，其知识体系的建构主要是靠统编教科书的形式推动和展现的，我们很容易从中看到学科自主知识体系的构成和完善过程。当然，在新时代新征程，适应思想政治教育自主知识体系建设的新要求，我们还要进一步推进新时代思想政治教育学科教材建设，特别是思想政治教育基本原理教材建设。思想政治教育原理的范围认定要有新时代的视野，思想政治教育原理的理论表述要有新时代的气息，思想政治教育原理的学理阐释要结合新时代的实际，思想政治教育原理的重心凸显要体现新时代的需要，思想政治教育原理的丰富发展要概括新时代的经验。总之，思想政治教育原理等教材要展现新时代的风貌。

第三，思想政治教育学术体系的建构。学科体系与学术体系不易区分，它们之间有交叉，学界的认识并不一致。一般来说，学科体系侧重于对知识体系及教育教学权利的国家确认，通常是由国家相关部门设立相应学科，并确定其学科等级，从而赋予其相应的教育教学和人才培养权利。从这个角度来说，思想政治教育在我国学科体系中属于法学门类下马克思主义一级学科之内的二级学科。这是它的学科定位，是被国家和社会所认可的地位。而学术体系通常侧重于学术研究过程，即学术共同体及其学术规则的形成和运行，实际上是思想政治教育学科的知识生产过程。思想政治教育学科的发展，特别是本学科知识体系的建构，必须有坚实的学术支撑和充足的学术动力。为此，必须建构起本学科完整的学术体系和运行机制。包括思想政治教育学者的培养和成长、思想政治教育学术共同体的形成和发展、思想政治教育学术研究与成果发表的平台和规则、学术成果的评价，以及学术发展的指导等等。

第四，思想政治教育学科话语体系的建构。话语是思想和知识的语言表达，由于其自身的相对独立性和特殊重要性，可以单独加以考察，并作为一个体系来建设。话语本身包括术语、命题等。每门学科都有其自身的术语和概念，这些是知识建构的最小单元。恩格斯说过，科学的革命中包含着术语革命。思想政治教育有其自身的术语和概念，而且相对来说自成一体，与其他学科明显不同。思想政治教育学科内的概念术语、命题表述大多来自中国语境，来自党的话语系统，而较少受到西方话语系统的影响，这是值得肯定的。当然，也需要改造和吸收国外的有益概念，以及其他相关学科的概念术语为我所用。特别是新时代以来，党和国家理论创新和话语创新步伐加快，在思想政治教育理论与实践中提出了许多具有时代气息的新概念、新术语，还有待于以学术的方式充分地吸收并运用于知识体系的建构之中。

此外，还要注意对于某些术语和命题表述进行学术上的考察和锤炼，使之更加准确精练。从现有情况看，思想政治教育学科的诸多术语和命题往往直接来源于现实生活和实际工作，或者来源于党和国家指导工作的文件表述，未经过充分的学术考察和学术打磨，因而存在着概念交叉和内涵外延模糊等问题，需要从学术上加以澄清和辨析。同时，还要注意文件语言的学术转化。在思想政治教育学科话语中，存在较多的文件语言和文件式表述，虽然这些表述大多经过了文字上的锤炼，并形成了经典性政治表达，因而是十分有意义的，但从学科建设角度来说，还需要进行学术阐释或学术加工。总之，对学科概念和命题表述进行学术的梳理和加工，是思想政治教育学科自主知识体系建构的应有之义和重要任务。

第四篇　思想政治教育的时代创新发展

思想政治教育是中国共产党设立的新兴学科。实质上，这一学科的起源可以追溯至中国共产党建立早期——向党内外传播马克思主义，就是在进行思想政治教育活动。思想政治教育自面世以来，就呈现了突出的时代特点，并适应时代的需求作出了重大调整变化，集中体现在教育导向、功能职责、话语体系、发展趋势等方面。全过程考察思想政治教育的时代创新成果，及时总结其理论创新、实践创新、制度创新的经验，研究亟须解决的重大理论问题，提出思想政治教育在新时代新征程上进一步改革创新的探索路径，是我们面临的重大课题。

一、新时代思想政治教育的精神气质

精神气质即我们通常所说的"精气神"，它是生命力的表征，是意志力的显现，也是活的灵魂的状态。人有人的精气神，思想政治教育也有自己的精气神。充足的精气神使人精神抖擞、眼睛明亮、动作有力。同样，充足的精气神也使思想政治教育者神态自信、思想明朗、话语富有魅力。进入中国特色社会主义新时代，思想政治教育的一个重大时代任务，就是从整体上调整自身的精神状态，以党的十九大所昭示出的新时代精神充实和武装自己，以新面貌和新气象走向新的征程。

(一) 学习把握新时代的新思想、新论断、新提法

中国特色社会主义进入新时代，习近平新时代中国特色社会主义思想应运而生。这是我国当前和今后长期坚持的指导思想，也是我国思想政治教育需要融入的重要内容。对这个内容的把握，并不限于对党的十九大和二十大报告精神的基本概括，而且还包括十八大以来习近平在系列论述中所形成和阐发的极为丰富的思想。

同时，思想政治教育还要体现和融入新时代所展现出来的精神状态和精神面貌。谁也不会否认，党的十九大的召开在全党和全国营造出一种新的精神氛围，体现出前所未有的精神面貌。这种精神面貌大体上说，就是一种自信、昂扬、豪迈、欢快的精神状态。应该说，这种精神状态和精神面貌，是新时代的一部分，而且是非常重要的一部分。就当前大家对新时代的理解来看，就思想政治教育领域解读新时代的教育实践来说，引领大家体会和体验新时代的精神状态，应该说，做得还不全面。

党的十九大提出中国特色社会主义进入了新时代，这是一个非常重大的命题，是党的十九大报告中最核心最重要的思想内容，也可以说是理解十九大思想内容的一把钥匙。而要真正理解好"新时代"，就必须有自信、昂扬、奋进、豪迈的精神状态。因为所谓"新时代"，它不仅是一个标识时间跨度的概念，更是一个体现和提升人的精气神的判断。"新时代"体现的是一种新的时代精神，是完全不同于此前的精神状态。新时代的中国人就是要以这样全新的精神状态去投身于新时代的伟大斗争。如果没有这样一种精神状态，只是从概念上、学理上去理解"新时代"，是不可能得到"新时代"的精髓和真谛的。

当习近平总书记在十九大上宣告中国特色社会主义进入新时代的时候，大家欢欣鼓舞。大家觉得习近平总书记关于"新时代"到来的宣告，正好印证了自己在生活中的感受，正好说出了自己的心里话。因为人民群众确实在生活中感受到了一种新的与过去不一样的东西，虽然他们不能从理论上说出这种不一样的东西是什么，但当他们一听到总书记的宣告，马上就觉得这正是自己最真切的感受。

(二) 新时代的精神状态与风貌

新时代的精神状态是怎样的一种状态呢？总体来说是一种昂扬豪迈

的状态，具体来说包括几个方面。

首先，新时代的精神状态是一种自信的状态。党的十八大以来，我们党就开始反复强调要坚持中国特色社会主义的自信。党的十九大召开的时候，我们全体中国人真正体会到了什么叫作"自信"。这不只是理论上和学理上的自信，更是一种中国自信，中华民族的自信。所以，我们要以党的十九大为历史的契机，把自信心真正树立起来，让它洋溢在我们的心中，体现在我们的神态和行为上。

其次，新时代的精神状态是一种昂扬的状态。虽然我们面前还有各种各样的困难和挑战，甚至是十分巨大而严峻的国际性挑战，但是我们有以习近平同志为核心的党中央的坚强领导，有改革开放奠定起来的坚实国力基础，有全国人民不懈奋进的精神，我们对未来充满着必胜的信心，并具有一种昂扬向上的必胜精神。中国人以这样的精神状态投身于国家事业和各项工作中，以奋斗的姿态对待每一项工作。一些外国青年到中国来创业和做事，他们亲身体会到这里的氛围与国外不同。这里没有丝毫的倦怠和悲观的情绪，没有对未来的迷茫，而是一切都热气腾腾，充满着生机和活力，大家一门心思、全力以赴地干一番事业。新时代要求我们的，就是这样的精神状态。

再次，新时代的精神状态是一种豪迈状态。豪迈是一种大气的气度和风格。我们中国是大国，共产党是大党，我们干的又是大事业，我们要不息奋斗和追求，追逐星辰大海。中国人就是要有这样的气概，尤其是中国知识分子和学者要有这样的气概。当以这样的精神气概面对我们的事业时，就不会被一时的困惑和困难所压倒，而展现出一种不怕困难、勇于迎接挑战的精神。

最后，新时代的精神状态是一种欢快的状态。党的十九大召开期间，我们社会中所表现出来的是一种喜气洋洋的欢乐状态。全国人民高高兴兴，像过一个盛大的节日。这是一种建立在高度自信基础之上的心情放松的状态，因为我们心里有底气，有十分强大的内心世界。我们的学者和思想政治教育工作者，也要能够体会到这种快乐，并把这种快乐带给学生。忧国忧民是应该的，但是我们没有必要整天愁眉苦脸，没有必要整日处于心理压抑和精神压抑之中。我们应该以高度振奋和乐观的精神状态，面对学生，面对生活，面对世界。

总之，自信、昂扬、豪迈、欢快的精神状态，体现和昭示了中国特色社会主义新时代的精神，这是真正的新时代的精气神。我们新时代的思想政治教育，就是要体现这样的精气神。

（三）新时代思想政治教育的精神气质

新时代的思想政治教育应该承担起新时代的历史使命，体现出新时代的精神气质，展现出新时代的精神风貌。

首先，新时代的思想政治教育应该是充满自信的。自信是一切事情取得成功的前提，尤其是思想政治教育工作取得成功的前提。思想政治教育致力于信念的传播和价值观的培养，它尤其需要思想政治教育主体具有自信。没有自信的人说出话来自己都觉得缺少底气，又怎么能让听众信服和认同呢？有充分自信的人，他们内心充实，心理能量充足，说出话来一字一句都充满着力量。教育教学应该是信念与知识的统一，思想政治教育工作者在向人们讲道理的时候，缺少知识性和信息量固然是不行的，但如果只有知识性和信息量也是不行的。在没有信念相伴时，语言是轻飘的，知识是苍白的。我们在生活中也能见到那样的人，他们话都说得十分得体漂亮，令人感到舒适，却总是让人觉得缺少点什么。其实，他们缺少的是诚意，是感情和信念，是真正的自信。

我们有些思想政治教育工作者，缺乏充分的自信，有的甚至缺乏必要的自信，总处在一种自卑自怜、自怨自艾的状态。这种情况的发生，某种意义上说是思想政治教育工作自身地位和作用的一种反映。因为在改革开放和现代化建设的过程中，特别是建立和发展社会主义市场经济的过程中，虽然党中央对这项工作高度重视，并在顶层设计层面有重要举措，而且许多方面的思想政治教育工作也开展得有声有色、令人振奋，但由于国际大环境的不利影响，由于国内社会环境的急剧变动和日趋复杂，由于市场经济的强势影响和消极作用，也由于传统思想政治教育与新环境的适应和对接存在一定问题，思想政治教育工作创新性和活力不足，因而在微观工作环境和实际工作过程中，思想政治教育工作者感受到的往往是一种无能为力的状态。这种状态使他们信心不足，甚至有些自卑。

现在，我们已经进入了新时代。新时代之所以新，很重要的一个原因就是它有一种新的精神面貌和状态。这首先就是一种自信的状态，是一种自信力的巨大提升。每个普通的中国人，都为国家的迅速发展而自豪，感到扬眉吐气。思想政治教育工作者更要关注国家的发展，为我国取得的每一个进步感到自豪。欲干事，先提气。现在，中国人的人气和心气已经提上来了，这将彻底改变思想政治教育的消极和不自信状态。我们一定要以高度的思想自觉，调整自己的精神状态，夯实自己的信念之基，以自信的神态走上自己的岗位，并以自信的状态向人们传播新思想和正能量。此外，还要保持这样的状态，来改变思想政治教育学科体系和话语体系的整体面貌，使之在自信的基础上焕发出活力和魅力。

其次，新时代的思想政治教育应该是昂扬向上的。在现实生活中，那些具有正能量，具有昂扬精神的人最能够带动和鼓舞人们前进。无产阶级的、社会主义的、马克思主义的思想政治教育，本来就应该是昂扬向上的，应该是对困难充满斗志、对未来充满乐观的。这既是由无产阶级彻底革命的精神品格所决定的，也是由社会主义事业开拓前进的精神气质所决定的，还是由马克思主义致力于改变世界的鲜明特征所决定的。党的思想政治教育只要保持自己昂扬奋斗的精神，就能使自己在工作中处在积极有为的状态，从而带来积极的效果。

思想政治教育工作当然不是一味地唱高调、唱颂歌，也不是一味地在伟大成绩中陶醉，而是要面对困难和矛盾，面向人们可能存在的心理困惑和问题。因为这项工作是要解决问题的，要解决人们的思想和士气的问题，因而它必然会接触负面现象，会面对一些一时无法解决的难题，在这样的情况下，思想政治教育者不能灰心，不要畏难，更不应丧失斗志。同时，我们固然要提醒人们居安思危，培养人们的忧患意识，但这与树立昂扬向上的精神并不冲突。真正具有昂扬斗志的思想政治教育，就应该是勇于直面危险，不为困难和危险所吓倒，以一往无前的精神去克服困难，战胜困难的。

思想政治教育工作者要增强新时代的使命感，以高度的热情和意志投身工作，不辜负这个新的伟大时代。新时代是我们党领导人民长期艰苦奋斗所得到的成果，它是来之不易的。我们生逢其时，赶上了这个伟大的时代，是十分幸运的，应该倍加珍惜。这是一个干事业的时代，是一个出成绩的时代，是一个成就伟大事业的时代。作为思想政治教育工作者，我们在这个时代具有重要而不可替代的位置，应该发挥应有的作用，作出应有的贡献。在这个事业发展的新时代，思想政治教育也要担负起自己的新使命，与新时代同向同行，为这个新时代凝心聚力，在新时代发展的历史上，在党的思想政治教育发展的历史上，留下自己出彩的一笔。

再次，新时代的思想政治教育应该是豪迈向前的。豪迈，体现的是一种宏伟，一种大气，一种强劲有力的节奏。思想政治教育应该有这样的气度，这样的风格，也应该有这样的节奏感。新时代是一个巨人，它大步向前，豪迈自恃，引领着社会主义事业走向未来。在这个新时代，中国特色社会主义事业将呈现更加恢宏的气势、雄伟的景象，有着更快和更加铿锵有力的节奏。思想政治教育要紧跟这个时代，伴行这个时代，甚至引领这个时代。用习近平新时代中国特色社会主义思想武装自己，武装人民，武装全社会。在这样的豪迈气概和强劲节奏中，生活中那些细小的不如意、不理解就可以被超越，那些局部性的困难和不利就会被碾压。一些平时难做的工作就有了有利的条件和时机，思想政治教育的整体性优势就更容易得到发挥。

新时代的思想政治教育，在面对数之不尽的微观问题时，一方面要关注细节，在细小处努力，另一方面也必须保持和发扬自己宏大叙事的风格和能力。社会生活中既需要有大道理，也需要有小道理。思想政治教育当然不能忽视小道理，而且还要结合日常生活的实际，善于讲好小道理。但是，党的思想政治教育始终不应忘记，自己是党和人民宏伟事业的一部分。要善于从党和国家发展的高度看问题，善于从世界形势和社会趋势中看待问题，谋划对人们的思想引领。要善于引导人们开阔眼光和胸怀，从个人生活琐事的纠结中解放出来，完善自己的人格，提升自己的境界，将个人的苦乐融入社会的事业，融入党和人民的整体事业之中。这既是消除个人烦恼的捷径，也是实现人生爬坡的必由之路。那种试图让人放弃宏大叙事，只关心个人生活琐事，只讲生活小道理，不讲社会大道理的倾向是错误的，不符合党的思想政治教育本质，更不符合新时代思想政治教育的使命和要求。要坚持并不断完善思想政治教育的宏大叙事，引领和容纳小微叙事，把二者结合起来，更好地凸显新时代思想政治教育的魅力。

最后，新时代的思想政治教育应该是心境欢快的。趋乐避苦，人之常情。快乐的事情总是给人以积极的影响，带给人美好的感受。遇事乐观、心态阳光的人，也总是最有亲和力和感染力。党的思想政治教育，也应该是快乐的事业，是一首欢快的进行曲。思想政治教育工作者应该具有一种这样的乐观而欢快的情怀和心境，以自信乐观的态度去投入工作，以自身的快乐去带动身边人的快乐，不断地向人们传递快乐美好的能量。

思想政治教育当然是担负责任并背负重担的，思想政治教育工作者当然也应该是忧国忧民的，但是思想政治教育不应该陷入沉闷甚至苦闷的状态，不应该陷入枯燥乏味的状态，而是要始终保有一种快乐的心境，一种欢快的气氛。世界上当然不会只有令人高兴的事情，而遇到不好的事情时感到不够开心也是正常的，但是，从党的思想政治教育的自信、昂扬、豪迈和乐观的品质上看，我们的思想政治教育不能失去快乐的能力。特别是在学校思想政治教育中，我们面对的学生都是青春烂漫的少年，他们出生和成长在改革开放不断取得伟大成绩的大环境中，天然就有一种乐观自信的态度和气质。我们不仅不能去破坏他们的这种美好状态，而且要以更有思想内涵的乐观精神去感染他们，把教育教学过程变成充满乐趣和趣味的学习过程，促进他们健康成长。

二、激活思想是思想政治教育的重要功能

通常，我们认为思想政治教育的职责或功能只是传授思想，这是不够全面的。事实上，思想政治教育不仅是要向受教育者传授或传递正确的思想，而且要激活受教育者已有的正确思想。也就是说，激活思想也是思想政治教育的重要功能和任务。

（一）思想政治教育不仅要传授思想，而且要激活思想

在思想政治教育过程中，我们经常会遇到这样的情况：教育者想要传递给受教育者的那些思想，受教育者其实早就有了；教育者想要告诉受教育者的那些道理，受教育者早就知道和明白了。但是，这些思想和道理却并没有成为他们的精神动力和行动指南。在这样的情况下，继续传授那些思想和道理已经没有多大必要。但这也并不意味着思想政治教育在这里无所作为，因为教育者还有更重要的事情要做，这就是激活受教育者既有的正确思想，发挥这些思想的实际引领和指导作用。

思想政治教育对象的头脑并不是处于空白的状态，相反，他们头脑

中往往有大量的思想积淀。其中自然有许多是错误的或不合时宜的思想观念，是应该予以纠正和改变的，但也有许多是正确的思想。这些既有的正确的思想，很可能是前一阶段思想政治教育的结果。值得注意的是，这些既有的正确思想似乎是不起作用的，它们并没有成为塑造人们心灵的有效力量，也没有成为人们行动的动机和指南。从某种意义上说，思想政治教育所传递的一些思想观念，他们是接受了，但只是存储在大脑中，只是处于一种静止的、被动的知识状态，没有活跃在他们的脑海中，体现在他们的言行中。于是，激活这些思想，就成了思想政治教育的重要职责和任务。

不论是个体的思想活动还是社会的思想运动，都有一定的周期性。这种周期性现象来自人的精神活动和生命活动本身。人是能思考、有思想的生命体，人的思想可以说是人的生命和生活的一种反映和升华。因此，在一定意义上说，人的思想也具有"生命"，具有自己的生命周期。当一种思想刚刚形成的时候，虽然出生艰难，但潜藏着一种强大的生命力。而当这种思想形成之后，就进入上升期或活跃期，思想在这个时期放射出一种耀眼的光芒，对人们的心灵有着巨大的震撼力和吸引力。这种上升时期持续时间或长或短，这取决于这一思想本身的创新性、科学性、实践性等。随着时间的流逝，思想不再处于那种鲜活的高度活跃的状态，而是开始进入一种平缓的、静止的甚至僵化的阶段。在这个阶段，思想逐步与实际生活拉开距离，人们更多地注重思想理论的精致化、体系化，注重细枝末节上的完善，以及表述上的一致性和固定化。这样一直发展下去，就是思想僵化和教条主义盛行，进而导致思想丢失生命力，走向消亡。这样，从形成、上升到下降、消失，就是思想运动的一个完整周期。

当然，思想运动的周期不会这样简单和明显，而是具有很强的复杂性。有的思想似乎是消失了，但又在一定条件下复活了；有的思想则在不断的创新发展中保持长久的生命力。马克思主义是一种思想，无疑也会遵循人类思想运动的一般规律，同时又有自身独具的特点。它作为对世界客观规律的反映，是科学的世界观和方法论，它不会轻易地被现实的变化所超越，而它的消失也只有在它本身完全融入人类生活的时候才有可能。但是，马克思主义的持久的生命力也是在长期的历史过程中得到体现的，是在一代又一代马克思主义者的创新和推进中实现的。因此，就一定时期来说，这一理论中的某些思想充满着新奇性，是鲜活的思想，它的传播和发展势如破竹。但在另一时期和另外的条件下，它的新奇性会消失，变成一种不再那么鲜活的观念，甚至由新思想变成旧思想。因此，马克思主义的许多思想在其发展和传播的过程中，也需要不断地激活。

思想政治教育是一个长期的连续的过程，在这个过程中，教育者不仅要向受教育者传授新思想，而且还要守护这种思想，并在这种思想开始僵化和出现怠惰时重新激活它。新思想当然好，思想政治教育当然要努力传播正确的新思想，但我们并不是生活在新思想的海洋中。即使是以探求新知为生的思想家，也并不是总是有喷泉一般的新思想，更何况思想政治教育者呢？在多数情况下，我们是生活在已有的思想中，或者说生活在旧有的但又是很必要的思想中。而这些思想需要时时被激活。

不仅思想本身有周期性，人们对思想的态度也有一定的周期性。当一种新思想出现在人们的视野中时，人们就会有一种新鲜感，对这种新思想表现出浓厚的兴趣，有强烈的学习和吸收的愿望。而时间一长，人们的新鲜感和新奇感就会减弱甚至消失。于是，这种旧有的思想对他们就不再有强烈的吸引力了。这里所说的"人们"，主要指受教育者，但广义上看也应该包括教育者本身。毕竟人的心理有相近的规律性。教育者在开始其教育活动的时候，也有一种新鲜感，对自己从事的事业充满着热情和激情。但是，随着教育活动的持续进行，特别是随着教育活动的重复和再重复，教育者本身在心理上也会对这种教育工作失去新鲜感，产生倦怠感。这种情形在教育者对待某种特定的思想内容的宣传教育方面，也是经常出现的。

显然，思想政治教育的效果受到这两种周期的影响。从思想本身来讲，在思想刚刚出现的时候，特别是在该思想处于上升和活跃时期的时候，思想政治教育有十分有利的条件。在这种时候，思想政治教育向社会成员传递思想的效果无疑是明显的。由于这种思想本身具有极大的新颖性和吸引力，使思想政治教育本身变得容易了。但是，当这种思想随着时间的不断推移而变得不再新颖的时候，特别是当这种思想开始出现僵化和教条主义现象的时候，再来做思想政治教育工作，就相当困难了。从人们对思想的感受性方面讲也是如此，在人们刚刚接触到一种新思想而充满着好奇和新鲜感的时候，来做这种思想的宣传教育工作，就很容易取得成效。而当人们对这种思想的感受性降低的时候,再来做思想政治教育工作,效果自然要差得多。总之,人们接触新思想的初期,思想政治教育工作比较好做,也易于取得成效;而当思想开始沉寂和僵化的时候,在人们对思想习以为常的时候,思想政治教育往往不易于取得成效。

思想政治教育,如果都是在思想活跃时期和人们心理敏感时期来进行,那是非常幸运的。但是,事实往往不是这样。在很多情况下,我们还需要传播和讲授既有的思想。自然,对于那些已经真正过时的旧思想,可以不必再进行宣传教育了,这样可以为思想政治教育减轻包袱。但是,有些既有的思想并没有过时,只是不再像原来那样洋溢着活力,人们对这种思想也并非从根本上排斥,只是不再有新鲜感。在这样的情况下,我们不应该因为遇到宣传教育的困难而放弃,要迎难而上。这时,激活思想就变得十分重要了。

(二) 激活思想就是让既有思想重新具有活力

从一定意义上讲,思想从来不会真正死亡。不仅那些正确的思想时时占据社会舞台,就是那些过时或错误的思想,也可能一次次地死灰复燃。在人类思想史上,思想的激活或被激活,是一个普遍存在的现象。从思想政治教育的角度看,激活思想包括两个方面:一是激活思想本身,赋予思想以新的生命,让思想重新充满生机和活力。二是激活人们对既有思想的感受性,使人们对于思想重新具有新奇感和向心力。

人的思想的存在,也正像一些事物的存在一样,具有不同的形态或状态。比如说,活跃的状态和静止的状态。水在平静的时候是死水一潭,但当风起之时就形成波浪,遇到阻碍还会激起浪花。思想也是这样,当一种思想作为一种被动的知识和沉睡的观念时,就发挥不出什么作用,而当这种思想在新的条件下被激活时,它就成为一种强大的精神力量。

那么,思想怎样才会被激活呢?

首先,思想来自现实,并在与现实的互动中保持活力,当新的现实因素再次击中某一思想的时候,这一思想就会迅速活跃起来。思想作为对现实的反映,在现实中形成,而它一旦形成就具有相对的独立性和自身发展的轨迹。思想的提炼和加工,思想的系统化和理论化,只有在暂

第四篇 思想政治教育的时代创新发展

时脱离现实过程的情况下才能进行和完成。但脱离现实又有失去活力和生命力的危险。思想的生命活力归根到底是来自社会现实，来自它所反映的社会实践，因而最能够激活思想理论的也还是现实的因素。社会中的现实趋向，生活中的现实问题，人们的现实需要等，都能够成为现实的刺激性的因素。

其次，思想是人创造的，为人服务的，只有当思想与活生生的人联系起来时，思想才能被激活。没有人当然没有思想，但是当思想从人的头脑中产生出来后，就会作为一种精神产品或精神现象在社会文化领域中相对独立存在。正像人的体力劳动的产品能够离开人而存在一样，人的脑力劳动的产品即思想，也会附着在其他载体上而独立存在。书籍就是一种比较典型的形式。思想家把自己的新思想写进书里，而书则面向全社会出版发行，并保存于公共的图书馆等机构中。当思想走上这条道路后，就可能变成一种脱离人的客观化的知识，从而失去自己的活力，不再像口耳相传的时候那样，活跃于人们的语言中，体现于人们的习俗中。人们的思维是活的，人的语言是活的，人的行为也是活的，当一种思想处在人们的活生生的思维过程、语言表达和社会行为中时，就是高度活跃的，具有活力和影响力。如果离开了这些，无人问津，思想就进入沉睡状态。因此，思想的激活与人息息相关。

在很多情况下，一种思想被激活，事实上就是它由一种知识变成了人们的一种信念，因而具有了信念的力量。信念是人类的一种主观能动性，是一种强大的精神力量。在信念中，人们不仅深信某种思想的真理性，而且把热情、激情以及行动的意志加进来。这样，思想就活跃起来了。

再次，思想是在交流和冲撞中保持活力的。思想应该是一种活泼的力量。水要处于流动之中，才不会成为死水，同样，人的思想也不能处于封闭的状态，否则也会成为僵化的思想。人类社会的思想生态是十分多样和复杂的，一种思想产生之后固然要在与其他思想的冲突中争取自己存活的权利，但是如果因为有生存的风险就把这种思想与社会的思想斗争隔离开来，甚至放入保险柜里，那么，它不仅不能得到发展壮大，而且还会失去生命的活力。因此，使既有的思想重新具有活力的途径之一，就是把它放回思想界的原生态中，使其在不同思想的交流以及碰撞中，焕发出新的活力。现代社会各种思潮风云激荡，这正是各种思想可以大显身手的舞台，也是激活思想的试验场。

最后，要想激活思想，就必须进行思想的创新。思想是在创新中生长发展的，也是在创新中保持生命力的。创新不是对思想的完全否定，而是根据时代的发展和条件的变化，对思想做进一步的理解、阐释和丰富发展。僵化的思想会受到现实的冲击甚至打击，这本身也是一种有益的刺激，提供了某种激活思想的动力因素。从某种意义上讲，对思想的"激活"也是一种刺激，给僵化的思想以深深的触动，"猛击一掌"，只有这样才能激起思想本身的力量。

（三）思想政治教育要善于激活思想

首先，思想政治教育要激活思想，必须善于发现思想与现实的联系，使思想在与现实的互动和激荡中激活起来。最能激活思想的往往是现实的因素，当现实中的某种因素出现与某一思想的对应联系时，受到触发的思想就会突然复活。思想政治教育要善于发现现实与理论的对应点，让人们意识到这种联系。将现实因素引入理论之中，又将理论引入现实生活。这一点对高校思想政治理论课具有重要启示。思想政治理论课是大学生思想政治教育的主渠道，这些课程的内容对许多学生来说并不是全新的，其中许多基本内容他们在中学阶段已经学习并考试过了。但是，由于应试教育的影响，马克思主义的许多理论观点对他们来讲不过是一些考试的知识点而已，并没有多少心灵上的共鸣。大学里的思想政治理论课，不仅要更全面深刻地讲授马克思主义的基本观点，补充学生们所不了解的新的理论观点，而且要着力激活他们所掌握的思想观点。在这方面，要直接从现实中寻找工具，用在现实中发生的有影响的事件来触动和刺激相应的理论，触动和刺激他们的心灵，把他们的思想观点与现实热点沟通联结起来。要善于从大学生关心的热点难点问题出发，去进行思想理论的讲授。当然，学生在校的时间是有限的，他们可以带着学到的理论知识走向社会，相信在将来的实际生活中许多思想观点会被激活。许多毕业生的回顾都说明了这一点。

其次，思想政治教育要时时根据变化了的条件更新和创新思想，解放和发展思想，防止思想僵化，始终使马克思主义的思想活跃在思想理论界、学术界和宣传教育界。马克思主义产生以来，经历了世间的风风雨雨，有上升有下降，有高潮有低谷。值得世界关注的是，当马克思主义在世界范围内遇到困难的时候，当代中国改革开放的伟大实践激活了马克思主义，使这一理论在当代中国释放出巨大的思想能量。马克思主义在中国的理论创新，中国特色社会主义理论体系的形成，都使马克思主义思想空前活跃。这种理论背景是我们从事思想政治教育的有利环境，思想政治工作者应该着眼于马克思主义中国化时代化的伟大创造，用党的创新理论这一中介实现马克思主义基本原理与当代中国社会现实的对接和沟通。

再次，思想政治教育要着力展现思想的魅力，激发人们对思想的兴趣，引导人们的思想向着信念转化。人们对思想的兴趣受多方面的影响，现代社会中人们对物质财富的过度追求，对感性欲望满足的过度追求，极大地影响着人们对思想理论的兴趣。同时，人们理论兴趣的缺乏也与理论宣传教育的常规化和空洞化有关。思想政治教育者要通过自己的思想力、信念力、行动力，来使他所传达的思想具有魅力和活力。尤其是，思想政治教育者不能只是思想的传声筒，还应是思想者和思想家。他们并不是简单地把某个思想拿来教育别人，而是要经过自己头脑的理解，把思想用自己的语言表述出来，传递出去。不经过自己的思考、理解和认同，思想的表述就没有力量，就没有生命力。更重要的是，在自己理解的过程中，也包含着一定的思想创造。人们在表达自己经过深入思考而得到的思想时，在表达自己深信不疑的道理时，总是表达得最好，最有影响力。

最后，思想政治教育要提倡独立思考和重新思考，提倡思想交流和理论争鸣，通过不同观点的碰撞来激发灵感，加深对理论的理解。即使是已经有定论的思想，已有精当表述的思想，也要让人们通过自己的头脑和感受去独立思考，通过这种思考使外在的思想变成他自己的思想。通过思想讨论、交流，甚至思想斗争，使思想活跃起来。马克思主义理论工作者和理论教育工作者，应大胆介入关于社会问题的讨论和争鸣，发出马克思主义的声音。这不仅是用马克思主义占领思想阵地的问题，也是激活马克思主义的许多思想观点的需要。

三、减压是现代思想政治教育的新职责

思想政治教育具有怎样的功能或作用，取决于思想政治教育本身的

性质和结构，同样也取决于社会的条件和需要。社会生活是发展变化的，思想政治教育的功能或作用也不能固定不变。当社会生活对思想政治教育提出了新的需要时，思想政治教育就会承担起新的任务，形成和开发新的功能，发挥出新的作用。"减压"功能就是这样一种在新的历史条件下思想政治教育形成的一项新的功能。研究和逐步开发这一功能，对于拓展思想政治教育的新领域，提高思想政治教育的实效性，很有意义。

（一）思想政治教育既要为人们增动力又要替人们减压力

所谓思想政治教育的减压功能，是指它能够帮助人们减轻压力，特别是减轻思想上、心理上和精神上的压力，从而维护人的身心健康，形成良好的社会心态。可以说，这是现代思想政治教育的重要功能和职责。

以前的思想政治教育，特别是改革开放以前，强调调动人们的积极性，增强人们生活和工作的动力。可以说，思想政治工作是给人一种精神动力。动力和压力往往是联系在一起的，很多情况下是压力转变为动力。因此，致力于增加动力的思想政治教育实际上也是在增加人的压力，力图使这种压力变成动力。

思想政治工作的这样一种功能模式或工作模式，有其历史的缘由和合理性。计划经济体制下，需要从精神层面调动人的积极性。这样就需要时时做人的思想政治工作，做大量的鼓动和动员工作，通过给人们施加一定的外部压力和内部压力，把他们的工作热情和工作动力调动起来。

在改革开放以后情况不同了。市场机制和物质利益直接挂钩。对许多人来说，工作积极性已经不需要用思想政治教育来调动了，而直接由物质利益驱动。面对激烈的市场竞争和强烈的物质利益，人们的压力越来越大。"今天工作不努力，明天努力找工作！"这是许多公司墙上的标语。人们担心失去工作，担心挣不到钱，从而，心理上承受着巨大压力。

在这样的情况下，思想政治教育应该在不削弱人们工作动力的同时，尽可能帮助人们减轻压力，减轻人们心理上、精神上、思想上的压力。

一定的压力是必要的，它可以转变为动力。如果没有任何压力，人可能就会失去进取的动力。但是，压力也不能太大，否则一旦超过了人们能够承受的极限，就可能导致人的精神的变态或崩溃。这样，在新的时代条件下，减压的问题就提出来了，思想政治工作的减压功能问题也就成为一个重要的问题。

（二）"减压"是思想政治教育功能的应有之义

思想政治教育之所以要发挥减压作用，首要依据就在于这是人民群众的需要。思想政治工作是为人民服务的，是以自身的方式来满足人民群众的需要的。当人民群众需要我们为他们鼓劲的时候，我们就要做鼓劲的工作；当人民群众需要我们为他们减压的时候，我们就要做减压的工作。

而且，思想政治教育的减压功能与党的性质和马克思主义的精神并不矛盾，而是一致的。也许有人会疑惑，觉得这不符合我们党的思想政治教育的传统或性质。我们党是一个进取的党，我们的思想体系也是以积极进取为基调的。但是这并不妨碍我们在不改变我们基本哲学的前提下，去做多方面的思想政治教育，不妨碍我们去做着力帮助人们减轻心理压力以保障人们精神健康的工作。因为，我们并不是通过让人放弃生活和事业的执着来求得心理压力的缓解，不是劝人消极避世以躲避矛盾，而是在让人们正视现实的前提下，通过切实的多方面的渠道去帮助人们减轻心理压力，使他们更好地去认识和改造世界，去追求和建设美好的生活。

其实，在党的思想政治教育的历史上，我们有一定的帮助人们减压的经验。以前我们讲"放下包袱"，放下个人名利的包袱，就是帮助人减轻精神压力和心理负担。特别是对于一些犯过这样那样错误因而内心承受着很大压力的人，我们的思想政治教育一直是让他们"放下包袱"，轻装上阵。尽管这些做法和经验在历史上不算是主流，也不算是基本的经验，但今天看来也是值得借鉴的。这说明，帮助人们减轻压力，并不违背我们进取的世界观和革命精神。

改革开放以后，中国社会处于急剧转型过程中，经济持续高速发展，社会变动异常迅猛，人们工作和生活节奏加快、压力不断增大。许多人在难以承受精神压力的情况下，出现了心理变态、精神崩溃和行为失常，给自身和家庭造成了悲剧，也给社会带来了严重的后果。所以，关注社会的心态，关注人们的心理健康和精神状态，为人们适当地减少思想上和心理上的压力，是时代的要求、现实的呼唤。

思想政治教育要注重人文关怀和心理疏导，其意不在于增加人们的心理压力，而是着眼于心理抚慰和精神减压。如果说人文关怀侧重的是对人们的心灵抚慰，那么心理疏导则侧重于帮助人们释放心理压力。强调思想政治教育的减压功能和职责，是符合时代要求的。

（三）思想政治教育能够从多方面发挥减压作用

首先，思想政治教育有助于从外部减少人们承受的压力源。人们承受的心理压力和精神压力，很多来自外部环境。比如工作业绩上的压力、个人升迁上的压力、工作环境和人际关系不佳的压力等。而工作业绩和个人升迁上的压力与经济收入上的压力直接相关。人们大多承受着或多或少的经济上的压力。对此，思想政治教育工作能做什么呢？思想政治教育工作虽然不能直接解决经济压力的问题，但它确实可以在不同程度上帮助人们改善工作和生活环境。包括理论工作者在内的广大思想政治教育工作者，大声疾呼要求解决社会分配不公的问题，大力倡导社会公平正义，呼吁关注和救助弱势群体等等，这些都直接间接地起到减轻人们外部压力的作用。

其次，思想政治教育可以帮助人们增强心理和精神上的抗压能力。心理压力总会有的，重要的是要增强抗压能力。如果抗压能力强了，就能承受住更大的心理和精神压力，而不至于被压垮。思想政治教育工作中很重要的一项教育就是马克思主义哲学，特别是辩证法和关于矛盾的学说的教育。它告诉人们，世界处于不断变动中，人们应积极适应世界和社会的变化。而且世界上时时处处充满着矛盾，人就生活在这种矛盾的世界，想回避矛盾和逃避矛盾，是不现实的。唯一需要的是以积极的态度看待和对待生活、直面矛盾、认识矛盾、努力解决矛盾。因而，矛盾观点和矛盾分析方法，不仅是一种工作的方法，而且也是一种人生的态度。如果形成了唯物辩证的世界观，心中有矛盾观点，就有了思想上的抵抗力和承受力。

思想政治教育还可以开阔人的眼界，从而在一定程度上提高人们经受心理冲击的能力。生活在比较封闭和偏僻环境中的人，当突然见到外面的世界的时候，遇到新的环境压力的时候，会产生极大的心理冲击，有时甚至导致原有的僵硬的世界观崩塌，从而出现严重的心理和精神问题。而随着人们眼界更加开放，心胸更加开阔，他们在心灵上建构起来的世界观就会更为牢固，具有更强的适应和调整能力，从而更能应对节奏加快和压力增大的现实生活。在社会变动过快和生活工作压力过大的今天，之所以有些人出现了心理和精神上的失常，其中一个原因就是原有的心理准备不足和调整能力不够。

再次，思想政治教育可以采取多种方式帮助人们释放心理和精神的压力。心理压力郁结于心，需要释放和排解。为此可以有多种多样的减压方法，现在社会上兴起和流行的就不少。尽管并不是每一种减压方法都能够成为思想政治教育工作方法，但是有些确实可以纳入思想政治教育工作方法之中。比如，2011年在深圳举办的世界大学生运动会有一个引人注目之处，就是设立了音乐减压中心，帮助运动员们舒缓紧张情绪，放松心情，减轻心理压力。这就是一种很好的思想政治教育工作方式，体现了思想政治教育工作服务于人的本色。思想政治教育要为人民群众服务，这个服务本身就是目的。如果我们找到了既能帮助人们释放压力，同时又能给人们以教育的途径，那自然是很好的。也许红色旅游就是这样的途径，可以深入研究。

最后，思想政治教育可以帮助人们保持平和理性的心态。"培育奋发进取、理性平和、开放包容的社会心态"，这是对思想政治教育提出的要求。思想政治教育工作要把这一要求作为开展工作的一个重要内容。在这方面，我们不但要向人们广泛地说明养成良好心态的重要性，而且要从自身做起，发挥思想政治教育工作者的人格影响力。思想政治教育工作者应该具有怎样的公众形象和影响力呢？这是新形势下所需要研究的问题。至少有一点可以肯定，思想政治教育工作者应该是心平气和、平心静气的，让人感觉如沐春风。这样，人们与思想政治教育工作者接触就没有压力了，反而会放松，也就更有利于开展思想政治教育工作。

四、思想政治教育的话语转换

话语问题是思想政治教育的内生性问题，这个问题处理得好不好，直接影响思想政治教育的效果。为了更加贴近受教育者的需要，教育者要自觉地对自己的话语方式进行调适和转换，以实现与受教育者的话语对接。

(一) 思想政治教育话语转换的特殊重要性

思想政治教育在通常情况下是用话语来进行的，而个别情况下的非话语的运用也必须与话语相联系。话语的运用是一个复杂的过程，其中一个重要的问题是话语的转换。思想政治教育的话语转换，就是教育者根据时代背景和教育情景的特点和要求，根据受教育者的需要和习惯，调适和改变自己原有的话语方式，用受教育者更愿意和能够接受的话语来表达和传递教育内容，以增强思想政治教育的吸引力和实效性。

话语转换是思想政治教育话语运用的应有之义。因为，思想政治教育者用话语来表达和传递思想时，它的表达已是属于思想的"第二次"表达，即经过了转化的表达。思想理论观点的形成需要话语表达，这个表达属于"第一次"表达，它的唯一要求是清晰准确地表达出思想观点本身。它所面对的是思想本身，它要处理的是特定思想与其语言表达的对应关系。而思想政治教育的话语是在此基础上的第二次表达，即将已经形成的思想理论经过话语的转化，来向教育对象进行传播或传递，因此它所面对的主要不是思想本身，而是教育对象，它所要处理的是思想内容、受教育者的需要和话语表达三者之间的关系。好的教育者不能简单地照本宣科，而是必须根据受教育者的情况和需要，调整表达思想的方式，实现从第一次表达的原初话语向第二次表达的新话语转换。

思想政治教育的原初话语是作为其教育内容的思想理论本身的话语，比如理论著述的话语、政治文献的话语、学科体系的话语等。在宣传教育过程中，这种话语需要根据教育教学的需要作出调整和改变，改变后的就是教学话语或新话语。沈壮海提出过思想政治教育的"内容Ⅰ"和"内容Ⅱ"，以及从前者向后者的转换[1]。他认为，学科内容有其内在的逻辑结构，据此逻辑而呈现的内容是原有内容即"内容Ⅰ"，出于教育教学需要而编写的讲义内容则是转换后的内容即"内容Ⅱ"。

---

[1] 沈壮海. 思想政治教育有效性研究. 武汉：武汉大学出版社，2008.

第四篇　思想政治教育的时代创新发展

将这样的提法运用到思想政治教育的话语及其转换中来，就可以将思想政治教育的原初话语称为"话语Ⅰ"，将面向教育对象而转换过的话语称为"话语Ⅱ"。其实，从思想政治教育的"内容Ⅰ"向"内容Ⅱ"的转换本身就包含从"话语Ⅰ"向"话语Ⅱ"的转换，而且某种意义上可以归结为这种话语的转换，因为内容本身毕竟是更稳定的。

从理论上讲，思想政治教育的话语转换有两种：一种是由于内容本身的转变而引起的话语转换。如果思想政治教育的内容发生了重大转变，特别是内容体系发生了重大转变，那么话语当然也随之改变。这种话语的转换本身就是内容转换的一部分。恩格斯曾经说过，科学上的每一次划时代的发明和发现，都伴随着术语上的革命。这其实就是话语上的转换。这种转换往往具有根本性。另一种是在内容本身没有发生大的改变的情况下，出于教育教学的需要而实行的话语转换即调适性转换。这种转换实质上是教育者所施行的话语调整，以更加适应当下教育的需要。

在这两种情形中，对我们来说更重要的是第二种。因为，我们这里所讲的话语转换有一个前提，那就是话语所表达思想内容本身的稳定性，话语转换是在共同的思想内容的基础上选择更好的话语表达。因此，在这里话语转换并不意味着抛弃原有的话语。这里有一种程度上的区别和伸缩空间。而程度上的大小是与宣传教育的直接与间接有关的。在直接教育的场合，完全可以适用第一种话语。比如，对于党内的教育特别是干部教育来说，原原本本地学习马克思主义，学习党的领袖的有关论述，这里基本不存在话语转换的问题。因为其本身的目标就是让党员干部原原本本地掌握马克思主义的基本话语和我们党的基本话语，并用这套话语来表达思想和认识。但如果是对党外普通民众的宣传教育，特别是对那些不熟悉和不习惯马克思主义和党的语言系统的群众，只能进行间接的甚至渗透式的教育。在这样的情况下，思想政治教育者就不能照搬原有话语，而必须加以转换，使之成为更容易为人们所接受的话语。

但是，不论是直接宣传还是间接宣传，不论是在何种程度上需要话语转换，对于思想政治教育工作者来说，首先必须熟悉掌握原有的话语系统，在此基础上才能谈话语的转换，也才有可能实现从这种话语向另外话语的转换。

(二) 思想政治教育话语转换的基本路径

谈到话语转换，必须涉及从什么话语向什么话语转换的问题。这个问题属于话语转换的路径问题。转换的路径多种多样，并不是只有一种路径。对于不同的路径可以有不同的概括，笔者认为基本的路径主要有三个方面。

1. 政治话语学理化

思想政治教育是一种以政治思想为核心的宣传教育活动。不论思想政治教育的内容多么广泛，政治内容都在其中居于核心地位。政治内容当然是由政治话语来表达的，因而在思想政治教育话语中，政治性话语是不可缺少的，也是不能回避的。

政治话语本身也有存在的价值和独有的魅力。政治话语表达政治话题和政治内容最直接，最明确，也是自然而然的。对于关注政治特别是热心于政治的人们来说，使用政治话语是理所当然的，他们并不排斥。我们党有自己的一套政治话语，它是我们党的性质、宗旨、纲领、路线、方针、政策的直接表达。这套话语系统十分严谨讲究，只要看一下党的文件，看一下领导人的讲话，就会发现这种政治话语有其自身的逻辑和艺术，具有自身的魅力。文件中每一句话，每一个表达，都经过反复推敲和打磨，力求最准确而又最恰当。可以说，党的文献在文字表达上所下的功夫，远远超过普通人的写作和学者的著述。因此，党的政治话语并不是粗糙而没有魅力的东西。只要去翻看一下就会发现，其中有一些十分精彩的表达。

那么，为什么又要对政治话语进行转换呢？

首先，并不是所有的群众对政治都密切关注，事实上多数群众对政治不太关注，不太敏感。对于那些并不关注政治，与政治有距离的人来说，只用政治话语开展教育就很不够了，而且存在着一定的话语错位。他们认为政治与己无关，因而对于政治话语提不起兴趣。政治是社会公共生活的领域，政治话语与日常话语有所不同，对许多人来说有相当的距离感。很多人只是用日常话语来表达思想，而对于政治化的说法难以准确地理解。

其次，政治话语相对于日常生活而言确实有其枯燥的一面。这是因为，政治话语表述讲究全面性，以避免实际工作中的片面性，因此，不仅要讲一些新话，而且也要讲许多旧话，讲一些经常需要讲而讲过许多遍的话。这样，新话套话一起说，四平八稳，当然不会太生动。而且，政治话语讲究准确，没有权威出处的话不能随便说，以避免误解和误会。因此，在政治话语上，准确性是第一位的，生动形象是第二位的。

最后，政治宣传重复得多了，人们会失去新鲜感和兴趣，甚至导致厌烦和逆反[1]。任何宣传，包括政治宣传，都不可避免地会有一定的重复。这种重复有两种目的和作用，一是能够加深受众的印象，使其有更多的了解和接受；二是有助于扩大受众覆盖面。某种程度的宣传对有些人来说是合适的，但对另一些人来说就已经过多了。对于这些人来说，没有必要再次重复政治话语，而最好进行话语转换。

另外，有些人对政治宣传往往有某种戒备心理甚至偏见，认为出于政治需要进行的宣传教育往往有一定的水分，并不完全可靠。对于一些政治观点完全不同的人来说，更可能对政治话语有直接抵触。

那么，政治话语应该向什么方向转换呢？我们首先想到的是向日常生活转换，即实现政治话语的生活化。也就是说，打通公共生活与私人生活两个领域。这当然是对的，对许多人来说是适宜的。公共领域并不是与私人生活无关的领域。我们说政治是经济的集中体现，并不是虚言。它与个人的经济利益及其实现密切相关。孙中山说过，政治是众人之事。只要把政治加以生活化的还原，就会发现它就是人群中实实在在的生活问题。由于有这种内在联系，只要把政治话语加以生活化的表述，就易于让受众了解政治。

但我们这里要重点强调的还不是这个方面，而是政治话语的学理化或学术化。之所以如此，一方面是因为政治话语的生活化已经是大家的共识，不必多讲；另一方面，是考虑到现在的受众已经有较高的文化水平，特别是对大学生和知识分子来说，政治与生活的联系不成问题，仅仅从生活上去讲政治，他们会觉得不满足。他们会从学理上去思考更深层次的东西，想弄清为什么。因此，政治话题如果是让专家来发表意见，从学理上解说，用学术语言来阐释，就会收到好的效果。这一方面是因为专家是内行，他们是讲道理的，另一方面是因为人们相信专家更

---

[1] 刘建军，杨巧. 创新思想政治工作的四个思路. 思想政治教育研究，2012（4）：14-19.

为公正和客观。近年来，电视节目中经常有专家出现，讲解人们所关心的问题。特别是当有重大政策推出的时候，或者发生突发性的事件而使人们感到困惑的时候，就会请相关方面的专家来讲解。

专家的解说中总会出现一些学术名词和学术表述，这是不可避免的，这也是专家话语的重要特征。人们通过这些术语明白了事情本身的道理，就自然而然地信服了。当然也可能似懂非懂，但这并不妨碍听众的信赖。专家的学术术语不能太多，因为毕竟专家不是在向同行说话，而是在向公众说话。如果专家的话语完全是听众听不懂的学术话语，那就妨碍了听众的理解，进而影响人们对专家的信任。

2. 学理性话语通俗化

学理性话语或学术话语在说理上具有优势，但是这种话语本身也具有两面性，某些情况下它本身需要做一定的话语调适，甚至向其他话语转化，特别是向通俗性话语转化。

在思想政治教育中通常会包含一定的学理性内容和话语。思想政治教育是讲道理的，而道理不仅有普通人在生活中得到的那种经验性质的道理，也有由思想理论家提出并经专家学者研究过的更深刻的道理。这样的道理具有学术和理论的形式，呈现为学理性话语。我们党的思想政治教育，不只是有一些政治话语，也有理论话语和哲学话语，体现出很强的学理性。这主要表现为马克思主义的理论话语。具有理论性和学术性话语的教育内容，是我们党的思想政治教育的一大优势。思想政治教育内容以这样的学理性为基础，为我们增强思想政治教育自信提供了重要的支撑。而对于受教育者来说，能够学会一定的学术话语，并用以分析和解决问题，是他们学习乐趣和成就感的重要来源。

但是，学理性话语在面向大众时，有其局限性。一是不够通俗，不易为人们所理解。有些术语过于抽象，群众不易掌握。二是不够生动，有一定的枯燥性。学术话语首先讲究的是严谨，要有一定的概括性；它的表达要尽可能完整严密而没有漏洞。这样，它的生动性和形象性就必然受到影响。尽管它会有一种严谨的美或逻辑的魅力，但普通群众是感受不到的。三是不够亲和，它是冷静的，但又是冷漠的，感性和情感不足，有时甚至还有一种高高在上的傲慢。特别是长篇大论的学术话语，似乎有一种要拒人于千里之外的味道。四是不够透明。有的人出于私人目的，故意把本来比较明了的问题弄得云山雾罩。由于这些方面的原因，学术话语对思想政治教育又有不利的影响。

学理性话语最初也是来源于实际生活，但它经过了学术共同体的加工和提炼，与生活语言拉开了一定的距离。当这种距离不断拉大时，就可能使这些术语成为学院小圈子中的语言，而与生活之间形成一道鸿沟。比如哲学语言，特别是西方哲学派别的哲学语言，已经成为普通人根本无法看得懂的行话。马克思当年就尖锐批判过德国古典哲学的唯心主义思辨语言。马克思说："哲学，尤其是德国的哲学，喜欢幽静孤寂、闭关自守并醉心于淡漠的自我直观……从哲学的整个发展来看，它不是通俗易懂的；它那玄妙的自我深化在门外汉看来正像脱离现实的活动一样稀奇古怪；它被当做一个魔术师，若有其事地念着咒语，因为谁也不懂得他在念些什么。"[①] 这样的话语就成为隔绝学术与生活的高墙。

学理性话语有必要向通俗化方向转换。这种转换有两种情况：一是对这种话语做出通俗性的解释和说明，以便人们学习和掌握这种学理性话语。比如马克思主义唯物辩证法中有些术语，在教育教学过程中需要老师做出一定的解释，以便人们能更好地理解。显然，这种转换是一种局部性的转换。二是直接用通俗性话语替代学术话语，将学术话语消解于无形。这是一种全面性的话语转换。不论是哪种情况，都需要将学理性话语通俗化。

通俗化就是将深奥晦涩的学术语言转化为受教育者所熟悉的简单明了的语言，使人们明白和掌握其中的道理。这种转换主要是将学术语言转换为非学术语言，特别是转换为生活化的日常语言，用人们日常生活中所熟悉的道理和语言来解说理论和学术的话语。当然，并不是所有的学术术语都很难懂，也并不是要避免所有的学术术语。有些必要的和无法避免的学术术语，也可以为人们所接受，并成为人们日常话语的一部分。

通俗化不只是一个简单的语言替换问题，还是一个对学术成果进行重新表述的问题。这首先需要对学术成果有透彻的整体性的理解，只有在此基础上才能真正实现通俗化，同时又避免庸俗化。在这种转化中，思想的本质没有改变，思想的品格也没有变异，但它的形态改变了。而

---

① 马克思，恩格斯. 马克思恩格斯全集：第1卷. 北京：人民出版社，1956：120.

思想依赖于表达,当表达改变了的时候,思想本身也很容易一起跟着改变。因此,通俗化伴着庸俗化的危险性。通俗化与庸俗化虽只有一字之差,但具有性质上的不同。其基本区别在于,在对学术成果进行生活化和简单化的重新表述的时候,是否因此而降低了思想理论的品格,是否矮化和歪曲了原有的理论观点。通俗化的结果虽然降低了表述的复杂性和难度,但没有降低理论应有的品格和品质;而庸俗化则是将高级思想变成低级思想,将高水平的东西变为低水平的东西,将高价值的东西变成低价值的东西。经过庸俗化的转化,正面的价值可能变成了负面的,崇高理想的东西变成了低俗的东西。使通俗变成庸俗,以此嘲弄崇高、亵渎神圣,是需要注意的。

3. 通俗性话语趣味化

通俗性话语自然是有益的,它特别有助于人们的理解和接受。但正像任何一种话语类型都有其优点和不足一样,通俗性话语也是如此。它缺少一定的权威性。平常的东西,简单的道理,往往不容易引起人们的注意。它平淡而无味,像白开水一样,虽然也能解渴,但总是没有什么味道。要对通俗化话语进行转化,特别是实现通俗性话语的趣味化。

我们看到,有些著名的演讲家和具有高超思想教育艺术的人,他们的话语都不是平淡无味的,而是具有很强的趣味性。比如毛泽东,他的讲话和文章一般都通俗易懂,但同时也很有趣味,让人爱听爱看,具有很强的吸引力。

那么,这种语言的趣味性来自哪里呢?其中包括什么要素呢?大致说来,一是思想性,有一定的思想内涵,这样思想的魅力就会体现在话语上。语言是思想的表达,离开了思想本身,话语就没有了灵魂。而只要是有灵魂的话语,即使再平凡和平淡,也是淡而有味的。我们传统文化中写文章,追求一种隽永的风格,就是淡而有味。二是幽默感,能使人发出会心微笑。幽默感是什么,不容易说得清,但它不是一种小的语言技巧,不是玩世不恭,而是生活智慧的体现。三是形象化表达,运用形象思维来配合抽象思维,把抽象道理形象化。这其中包括故事性叙述,有一定情节,能说明一定道理。比喻也是一种生动形象的表达方式。古代的思想家们善用比喻来讲述哲理,留下很多名篇名言。毛泽东也善用比喻,他的著述和讲话中有大量的精彩比喻,给人以深刻启迪和教育。

不论是思想性、幽默感，还是形象化表达，都是既可学又不可学的。一方面它们有不可学的一面，要有一定的天赋。并不是所有的人都具有思想家的潜质，或都具有比较深刻的思想能力；并不是所有的人都具有幽默感，许多很有才华的人，其实也并不幽默；也并不是所有的人都能够做到形象化表达，因为有的人并不擅长形象思维。但这并不是说，我们没有学习进步的余地。多学理论多思考，自然有助于提高思维能力和思想水平；开阔胸怀，更深刻地体验生活，多接触幽默好玩的作品，自然也能增强自己的幽默感。至于形象化思维和表达的能力，也可以通过学习而有所提高。

（三）思想政治教育话语转换的其他路径

以上是话语转换的一些基本路径。除了基本路径之外，还有一些非基本的路径，也是需要注意的。比如书面话语口语化、刚性话语柔性化、熟悉话语陌生化等。

1. 书面话语口语化

书面话语与口头话语有明显的区别。书面话语是写在书上或文章里的话语，尽管也有人用口语化语言来写作，特别是文学作品，但作为正式的论著，通常其语言有规范性的要求，是与日常口语明显不同的。它要求用规范的术语和语式来表达，它讲究表达的专业性、逻辑性和严谨性等。教材虽然不是论著，但它的编写通常也是规范性的，使用的是书面化语言。可以说，它是一种特殊的书面化语言，主要用大家公认的语言来严谨地表达理论知识，并顾及教学的需要。有人称这种语言为"教材语言"或"教材话语"。这种教材语言不可以直接用于课堂讲授。如果照本宣科，把教材语言在课堂上重复一遍，不会有好的教学效果。为此还必须进行口语化的表达，实现教材语言向口语的转换。

这种转换当然不仅限于课堂。在其他场合的宣传教育中，特别是面对面的宣传教育中，包括利用媒体的宣讲中，都不能照搬书面化语言，而必须转换为口语表达。口语化表达具有多方面的优点：一是简明通俗。书面语通常比较冗长，话语构造比较复杂，而口语通常句式简短，容易理解；二是生动活泼。书面语通常是比较严肃的，而口语则相对灵活,又带着口语语气,现场感强,便于与对象互动,能够活跃气氛;三是具有个性化风格。如果说书面语往往是统一的、规范的,那么口头语则往往是多样化的。不同的人说话风格不一样,这些自然地都反映在口语表达中。而这些多样化的风格中,肯定会有一些特别受人欢迎的风格。另外,在用于宣传教育的书面材料的写作上,也可以采用口语化的方式。比如理论读物、辅导材料、报纸文章等,都可以口语化表达。当然在这种表达中,也要注意一定的规范性要求和艺术性。

2. 刚性话语柔性化

话语还有刚与柔的区别。我们也许不容易从理论上去界定和划分这两类话语,但人们在实际生活中通常能够感受到二者的区别。这两种话语并无好坏之分,不能说某种绝对好,另一种绝对不好,可以说其各有其优点和不足,而且二者也可以相互补充、相辅相成。问题是要把握好各自的度。刚性话语比较严谨严肃,比较正规,比较理智,也比较有力量,但如果用得多了,人们就会觉得不够温暖,缺少亲和力。同样,柔性话语给人以心灵的慰藉、感情上的温暖,能够抚慰人的心理,但如果用得太多了,也会让人觉得缺少阳刚之气,缺少穿透力。在实际的思想政治教育过程中,究竟用什么样的话语更合适,取决于当时当地的情况,取决于所面对对象的特征和需要。

从通常的情况看,我们的教育内容表达还是刚性话语较多。因为我们在思想上是社会本位,不是个人本位,所以关于社会方方面面的理论观点的论述,特别是那些追求理论严谨和严肃性的内容,往往显得刚性十足,给人以生硬的感觉。党的文件是思想政治教育内容的重要来源,由于其自身的属性,往往也是严肃性有余,个性化不足。特别是其中结论性和要求性话语较多,而论证性和说明性的话语较少。更不用说国家的法律条文了,那更是严肃严谨。因此,为了有效地开展这些相关内容的宣传教育,就需要对刚性话语做适当调适和处理,实现从刚性话语向柔性话语的转换。当然不是所有的刚性话语都要转换成柔性话语。这既没有必要,也没有可能,而且事实上也有害无益。而是说,对某些表述进行适当程度的柔性化,使理性和感性,阳刚之气和温柔体贴之间有一个平衡。现在我们已经可以看到,党的一些文件开始出现某些柔性的话语,虽然不多,但很突出亮眼,给人一种温暖感。比如在培育和践行社会主义核心价值观的文件中，就有一个很好的柔性词汇"涵养"。当我们说"打造核心价值观"时，显得过于生硬，而当我们说"涵养核心价值观"时，就感觉舒适多了。

3. 熟悉话语陌生化

话语的熟悉和陌生也是一对矛盾。一般来说，思想政治教育需要讲人们所熟悉的话语。这一方面是教育者熟练表达自己思想观点的需要，因为只有用自己最熟悉的语言才能达到最好的表达效果。另一方面，这也是受教育者所需要的。只有使用受教育者熟悉的语言和话语，才能使他们更容易理解。因而，要尽可能避免一些大家觉得陌生的话语。

但是，这并不是绝对的。过于熟悉的话语缺少新鲜感，不容易引起人们的关注。而在熟悉话语中适当地增加一点陌生词语，就会起到很好的作用。对一些人们熟悉的说法加以改变，用另一种说法来表达，也能起到这样的效果。值得注意的是，陌生化有一种效果，就是能够拉开认识主客体之间的距离，使主体能以新的眼光重新审视那些司空见惯的东西。在太熟悉的环境中，人们往往对许多事情习焉不察。而适度的陌生化则能使人们警醒，恢复判断力。

因此，有些情况下，更换表达形式，由熟悉话语向陌生话语转换，用一些并不太常用的新语汇，新说法，来表达已有的思想观点，能从语言上令人耳目一新。有的人认为，只要我们的观点没有改变，就没有必要用不同的话语来表达同样的东西。这当然并非完全没有道理，因为更重要的是思想更新，而不是人为地变换新名词，但我们不能总是用相同的话语来表达相同的意思，而是要适当地注意话语更新，用话语的陌生化来激起人们的新鲜感和好奇心，从而提高人们的兴趣。

（四）社会主义核心价值观：一种新的话语系统

培育和践行社会主义核心价值观主要包含三个方面的内涵：一是观念体系，二是话语体系，三是活动体系。其中，作为活动体系，主要指的是社会主义核心价值观的培育和践行是一种宣传、教育和实施的社会活动系统；而作为观念体系和话语体系，则是指社会主义核心价值观本身具有的两方面含义。一方面，社会主义核心价值观为我们提供了一套思想观念，这就是以"三个倡导"为主要内容的价值观念，它不仅丰富和充实了思想政治教育的内容，而且由于其具有先进性和前沿性，还为思想政治教育的内容创新提供了指引；另一方面，社会主义核心价值观又为我们提供了一套话语系统，从而对思想政治教育的话语创新具有重要的启示意义。

今天，我们要有一种自觉的话语意识，从话语角度去观察和分析社会主义核心价值观，找出它作为一种新的话语系统的因素构成和主要特点，并进一步把它放到我国意识形态工作话语系统中去考察，放到党的思想政治教育话语系统中去考察，确定其方位和意义。这样，我们不仅能够以更加自觉有力的话语方式去培育和践行社会主义核心价值观，而且能够以此为契机，为党的思想政治教育工作和国家意识形态工作的话语创新和探索提供启示。

社会主义核心价值观作为一种新的话语系统，主要由三个部分构成：一是它的形式话语，它是由"价值""价值观""核心价值观""社会主义核心价值观""社会主义核心价值体系""核心价值观教育"等概念所组成的一组概念话语。二是它的内容话语，它是由"富强、民主、文明、和谐，自由、平等、公正、法治，爱国、敬业、诚信、友善"的十二个核心价值理念，以及与之相类似或相关联的其他价值理念所构成的话语。三是它的教育话语，它是由"培育""涵养""弘扬""践行"等构成的一组行为性话语。这三个方面的话语构成了社会主义核心价值观的话语系统，使其形成了一种不同于传统意识形态话语的新话语。这种话语可以简称为"价值观话语"。

在社会主义核心价值观话语的三个层面中，第一个层面具有总体的首要的意义。我们对社会主义核心价值观话语的分析，就是从这个层面开始的。从形式上看，社会主义核心价值观作为一套新话语，首先是以哲学价值论的概念术语来称谓和表达的。在这里，最基本的概念是"价值"。"价值"这个概念，在我们以往的思想政治话语中并不常用。在马克思主义理论研究中，"价值"通常只是作为政治经济学的一个概念来使用，指的是商品的价值，或商品交换价值的实体。"价值"作为一个马克思主义哲学的概念，还是在改革开放和社会主义现代化建设新时期的研究进展中逐步确立起来的。我们曾经对西方学者的价值哲学长期持抵制态度，把"价值"看作唯心主义的哲学概念而拒绝使用。改革开放以来，经过这些年的研究，"价值"已经成为马克思主义哲学的重要概念，并形成了马克思主义哲学价值论，从而为价值观话语的出现奠定了理论基础。

"价值观"概念，以及"核心价值观"概念，是社会主义核心价值观话语的基本词汇和核心词汇。它表达了人们对于与自身有关的事物的意义和价值的基本看法。价值观无疑是一种认识，但它是从一定主体立场上得到的带有评价性质的认识，具有主体的倾向性，体现了主体的利益和愿望。所谓"核心价值观"，顾名思义当然是一定社会或社会群体中占主导地位的价值观。价值观问题涉及广泛的领域，并由此演化出一系列与"价值"或"价值观"相关的概念术语。比如，价值立场、价值取向、价值观念、价值理念、价值体系、价值观、核心价值观、共同价值观、传统价值观、现代价值观、西方价值观、中国价值观等等。这样一些术语已经进入人们的日常生活语言和某些社会科学语言，并在思想政治教育领域流行起来，带来一种新的话语气象。

（五）用价值观话语来表述思想政治教育话题

话语问题是思想政治教育的重要问题，近年来引起了人们的关注和探讨。大家越来越清醒地认识到，话语的运用对教育的效果具有重大的影响。同一个道理用不同的话语来表达，在受教育者那里会产生不同的感受和效果。因此，当前思想政治教育创新的一个很重要的方面，就是在话语上做文章，进行话语转换或话语创新。社会主义核心价值观所带来的价值观话语，为我们探索思想政治教育的话语创新，实现思想政治教育的话语转换提供了新的启示。

话语问题当然是一个复杂的问题。既有新话语与旧话语的关系问题，又有不同类型的话语之间的关系问题。价值观话语既是思想政治教育领域的一种话语类型，又是一种思想政治教育新话语，具有现实的适用性。我们可以在必要的时候用价值观话语来表达思想政治教育的传统话题，甚至可以用价值观话语来对"什么是思想政治教育"进行界定和解说。

"究竟什么是思想政治教育呢？"这是我们在面对社会公众时经常遇到的问题。对这个问题的回答，往往会影响到人们对思想政治教育的印象和态度。而这种回答除了思想内容方面的界定外，还有一个话语方式的问题，即用什么话语来界定思想政治教育。我们可以从这两个方面来看一下传统的定义:"思想政治教育是指一定的阶级、政党、社会群体,用一定的思想观念、政治观点、道德规范,对其成员施加有目的、有计划、有组织的影响,使他们形成符合一定社会、一定阶级所需要的思想品德的社会实践活动。"从思想内容上讲,从思想政治教育本质规定上讲,这样的定义是没有问题的。它真实地反映了思想政治教育的社会性本质,也符合我们长期以来从事思想政治教育工作的经验性感知。但是,从话语角度来看,特别是从当今中国的社会心理和语境来看,它的话语表述值得进一步推敲。

显然,上述定义用的是传统的社会政治性话语,特别是以"阶级"概念为核心的话语。这样的话语本身没有问题,因为它是马克思主义基本理论和我们党的文献中常用的语言,现在也不能说已经过时,但是这样的话语表述在当前中国,不容易引起普通的社会公众对思想政治教育的认同。首先,上述定义所用的社会政治类话语已经是人们习以为常的传统话语,不易引起人们的新鲜感受;其次,社会政治类话语由于突出了阶级性话语,也不易引起人们的亲切感和共鸣。因为现在毕竟不是以阶级斗争为中心的时代了,虽然阶级和阶级斗争也在一定范围内继续存在,但是在社会公众面前,毕竟这不是流行的话语。再次,上述定义中的"施加有目的、有计划、有组织的影响"的说法,也体现着计划经济时代的话语特征,给人一种整齐划一而又颇为强势的印象。这些当然都不利于社会公众对思想政治教育的正确感知和认同。

如果用价值观话语来表达,我们大致可以说:思想政治教育就是一定社会或社会群体传播其主流价值观的活动。这样一种定义虽然未必全面和系统,但是对于当前人们正确把握思想政治教育是有帮助的。这种话语表述有许多优点。

首先,这种话语具有新鲜感,它不是简单地重复以前的用语和表述,而是作出了新的尝试,表现出新的姿态和面貌,易于引起人们的关注和兴趣。这至少迈出了理解和认同思想政治教育的第一步。

其次,这种话语是目前流行的话语,易于为人们所理解和接受。现在,不论是研究者还是普通群众,都会或多或少地关注和谈论价值观问题。人们都能理解,一个社会应该有其主流的价值观。这几乎是不用论证就能接受的观点。而且,价值观不只是一种公共性话语,还是一种个人性话语,在私人交流中也是经常使用的。人们大多都能很好地理解:

一个人应该有正确的价值观，一个社会应该有核心的价值观。

最后，这种话语便于进行国际交流和沟通。今天，价值观话语具有国际性，是不同的国家都采用的一种话语。这样，就可以形成交流的平台，从而有利于国际交流的开展，有利于思想政治教育学科的国际化发展。与"思想政治"和"思想政治教育"这两个概念相比，"价值观"和"价值观教育"在国际上更为通行。因此，我国思想政治教育学界召开的为数不多的国际学术会议，通常用"价值观教育"或"道德教育"，而不用"思想政治教育"。相比之下，"价值观教育"比"道德教育"更恰当些，因为后者内容过窄。

而且，这种话语并没有回避意识形态的性质。"价值观"话语可以是通行的，但不同社会的人们所赋予的含义则可以不同。

（六）思想政治教育应掌握自由、平等的话语权

社会主义核心价值观作为一套话语系统，不仅是形式上的，更是内容上的。从内容上看，"三个倡导"所包含的十二个概念构成了一系列话语词汇，形成一种思想政治教育的特定话语。富强、民主、文明、和谐，自由、平等、公正、法治，爱国、敬业、诚信、友善，这些概念充实了思想政治教育的内容，而且是一些具有新鲜感的话语词汇。

在"三个倡导"的内容中，最引人注目的是其中明确出现的"自由""平等""民主""公正"等字眼。这是因为，长期以来"自由""民主""平等"等是西方社会常讲的话语，这些话语无疑具有西方社会和文化的特定内涵。西方国家利用这些话语对我们进行意识形态的渗透，引起了我们的警觉。这对我们的思想政治教育十分不利，似乎"自由""民主""平等"等，都只是西方社会和文化的专利，而我们不讲这些东西，不承认这些东西，也不追求它。其实并不是。"自由""民主""平等"并不是西方专利，它是人类文明的共同成果。只是它们为西方所采用和强调，并赋予了特定的含义而已。对此，我们要有辩证的态度。既要肯定其中所包含的人类共同价值观的成分，又要注意到其中所反映的西方价值观的特定局限。如果只是简单地套用这些概念，有可能落入西方话语圈套，但如果我们完全回避这些概念，甚至反对这些概念，则带来的负面效果更大。

总之，以"三个倡导"为基本内容的社会主义核心价值观，明确地

把"自由""民主""平等""公正"这些西方常用的价值观术语纳入其中,具有重要的意义。从这个方面来讲,社会主义核心价值观对思想政治教育有一个很重要的话语启示,那就是通过使用自由、平等等话语,来争夺国际话语权。我们完全可以大胆地使用这些概念,理直气壮地坚持和弘扬自己的价值观,不卑不亢地与西方学者进行交流和探讨。这反映了我们的价值观自信,也是真正能够抵御西方价值观渗透的重要策略。当然,对于这些概念我们要做出符合我们价值观的阐释,使之成为我们自己的价值观概念。

(七)思想政治教育应发挥柔性话语的亲和力量

在党中央提出以"三个倡导"为基本内容的社会主义核心价值观并作出战略部署后,全国兴起了培育和践行社会主义核心价值观的热潮。这个过程与以往我们对许多重大战略思想的宣传有共同之点,但值得注意的是,它显示出一种柔性话语的特征。也许这种特征还不是特别明显和突出,但它确确实实是存在的,只要我们仔细体察,就会发现它。它反映了我国思想政治教育近些年来在话语方式方面正在逐步发生着新的变化。

党的十八大报告首先提出社会主义核心价值观。值得注意的是,它的提出方式是温和的,是提倡性的,协商性的,用语也是温和的。"倡导富强、民主、文明、和谐,倡导自由、平等、公正、法治,倡导爱国、敬业、诚信、友善,积极培育和践行社会主义核心价值观。""倡导"一词值得注意,它带有提倡和引导的意思,但并不是一个强势的要求。因此,大家至今还常说"三个倡导",感受很亲切自然。

在社会主义核心价值观的培育和践行过程中,还有一个引人注目的新词集中体现出柔性话语的特点,这就是"涵养"一词,作为一个动词,它是一个很柔性的词。习总书记在谈到中华优秀传统文化与社会主义核心价值观的关系时说:"使中华优秀传统文化成为涵养社会主义核心价值观的重要源泉。"中办印发的《关于培育和践行社会主义核心价值观的意见》中,也有一部分专门讲开展涵养社会主义核心价值观的实践活动。可见,"涵养"一词不是偶然出现的,而是党和国家领导人和党的重要文献中的正式用语。那么,"涵养"究竟是什么意思呢?词典上说是"蓄积并保持(水分)"。前些年我们搞退耕还林还草,讲"涵养水源",就是这个意思。总之,它是一个水性的、比较温润的词语,给人以自然体贴的感受。从学理上分析,"涵养"具有"充实""滋养",使之发育成长的意思,它具有以下特点:第一,它是一种正向的有益的作用,是有益于而不是有害于对象的作用;第二,这种正向有益的作用表现出有机性的特征,是根据对象的特性和需要而提供的有益帮助,是一种养护;第三,这种养护是以温柔的方式传递给对象的,具有间接的、渗透性的特点,而不是依靠强势甚至粗暴的方式。总之,通过"涵养",可以使社会主义核心价值观更加充实丰满。

习近平总书记有许多关于社会主义核心价值观的讲话,是贴近对象的亲切话语。比如为了让大家更容易理解核心价值观,他从"德"上加以阐释:"核心价值观,其实就是一种德,既是个人的德,也是一种大德,就是国家的德、社会的德。国无德不兴,人无德不立。"他还解释说,社会主义核心价值观的概括,是"经过反复征求意见,综合各方面认识"而提出来的,是全国各族人民共同认识的"最大公约数"。这些话语使人感到亲切温暖。

思想政治教育应该注意柔性话语的使用,在话语转换上迈出新的一步。所谓柔性话语,顾名思义无非是话语比较亲切温柔,不那么生硬,是在温柔中包含着力量。其背后是一种商量、建议、沟通、劝慰的理念。它是相对于刚性话语而言的,刚性话语作为一种比较客观、强硬、有力的话语方式,它的背后往往体现出一种下命令、提要求、出重手的理念。刚性话语通常来自行政领域,体现着行政工作雷厉风行、讲求效率、发布规定、提出要求的强势特点。思想政治教育本身不是一种行政行为,而是一种说服教育。对说服教育来说,柔性的力量更能发挥作用。有一则关于风和太阳的寓言很生动地说明了这一点:风和太阳打赌,看谁能更快地让路上的行人把外衣脱下来。风先开始,它一阵阵刮起强风,但行人不仅未脱外衣,反而把外衣裹得更紧了。太阳不急不躁,柔柔地发出温暖的阳光,过了一会,行人就把外衣脱下来拿在手上了。

那么,为什么温和柔性的话语能起到更好的教育作用呢?

首先,柔性话语体现出一种态度和立场,就是对受教育者的尊重,是与受教育者站在一边的,至少是愿意考虑他们的意愿和诉求的。这样,柔性话语一开始就建立起与受教育者的沟通平台和信任关系,这种信任关系是一切有效的说服教育工作的基本前提。这种立场和态度似乎是无言的，似乎是在教育内容之外的，但是它却对宣传教育能否成功起着决定性的作用。

其次，柔性话语具有亲和力，能拉近双方距离。温柔的话语比较亲切入耳，润物无声。当然，柔性话语也不能过度，否则会走向反面。

最后，柔性话语具有渗透力，更能深入人的内心世界。表面看来，柔性话语似乎力量不大，作用也往往不是立竿见影，但它是一种渗透性的力量，它能够穿透人的外在防护而打开人的心扉，为人的内心世界所接纳。思想政治教育无疑要增强效率，提高实效性，但绝不能一味地讲究直接效力和现场效果，而要着眼于内心世界，着眼于长远效果。

总之，思想政治教育话语的运用要刚柔相济，以达成一种平衡。

五、改革开放以来思想政治工作的十八个转变

改革开放以来，特别是实行社会主义市场经济体制以来，我国思想政治工作的环境、对象和任务有了很大改变，要求思想政治工作实现转型。现在这个转型虽然还未完成，但一些方面的转变已经表现出清晰的苗头和趋向。本书概括出十八个方面的转变，以揭示这种转型的若干方面。

（一）从实施领导向注重服务的转变

领导与服务是一对矛盾，也是思想政治工作角色定位的一对矛盾。毛泽东关于思想政治工作很著名的一段话就包含这两个方面："思想工作和政治工作，是完成经济工作和技术工作的保证，它们是为经济基础服务的。思想和政治又是统帅，是灵魂。只要我们的思想工作和政治工作稍为一放松，经济工作和技术工作就一定会走到邪路上去。"[1] 一方面是服务和保证，另一方面又是统帅和灵魂，这两方面尽管从本质上来讲是统一的，它们共处于思想政治工作的统一体中，但它们本身并不天然等同。从"服从"一面讲，它的定位就是"围绕中心，服务大局"，

---

[1] 中共中央文献研究室. 毛泽东文集：第7卷. 北京：人民出版社，1999：351.

也就是说，它本身既不是中心，也不是大局，而是处于中心的外围并为大局服务。而从"领导"和"灵魂"一面讲，它的定位应该是"中心"和"领先"，也就是说它处于比经济和技术工作更高和更重要的地位，掌握着经济和技术工作的前进方向。如何把握好这两个方面的关系，是思想政治工作的一个难点。总的来说，以前的思想政治工作侧重于实施领导，强调它是党的领导的一部分，突出"政治挂帅"和"思想领先"，甚至一度把思想政治工作放在可以"冲击一切"的地位上。这当然是不正确的。改革开放以来，我们给思想政治工作进行重要定位，一方面肯定和重申了它的"生命线"地位，同时进一步明确了它的服务职能，这就体现了思想政治工作的一个重大转变。对此，我们要有全面正确的认识，即强调思想政治工作的服务功能并非完全排斥它的领导意义，而是把这种意义包含在服务之中。在现有的条件下，更加注重服务，在服务中实现领导功能。

（二）从"以事为本"向"以人为本"转变

"以人为本"是科学发展观的核心和实质，它也应是思想政治工作的核心理念。思想政治工作应该改变"以事为本"或"以任务为本"的理念，向着"以人为本"转变。事和人，本来是联系的。任何工作都会涉及这两个方面。事与人之间应该有一个侧重点，侧重点不同，思想方法和工作路向就不同。计划经济条件下，思想政治工作以完成任务为核心，当人们一心想去完成任务时，心里考虑的就是任务和事情，而不是人。只想怎样动员人们来干工作，而对人本身考虑不够。而且，大力加强思想政治工作的时候，往往是"出事"的时候，于是围绕处理和平息事态来做思想政治工作。其中心还是"事"，而不是"人"。在新的历史条件下，要实现思想政治工作的现代转型，就必须将关注的重点从"事"转向"人"，关心人、尊重人、教育人。

（三）从泛政治化到以政治为核心的综合文化转变

这可以说是思想政治工作内容的转变。思想政治工作很大程度上是宣传教育，其教育内容应该是非常广泛的。但其中最核心的内容，还是党的基本理论、纲领、路线、方针政策的宣传教育。这些内容无疑具有明确的政治属性，是政治性内容。除了这些内容之外，应该还有很多其他方面的内容,包括世界观、人生观,关于道德修养、法律意识、心理健康以及日常生活中各种情绪和思想上的问题等。

有政治内容并不奇怪,但是,如果把这一点极端化,就易于损害思想政治工作的形象和效果。在计划经济时期,我们用政治教育代替全面的思想政治教育,用对政治的狭隘理解代替政治的丰富内涵,造成思想政治教育的泛政治化。

新的历史条件下,对于教育内容的把握也要有一个转变。首先,要认识到政治内容并不是思想政治教育的唯一重要内容,更不是唯一的内容。思想政治教育的目的不是培养政治家,因而不能搞纯而又纯的政治化。思想政治教育的内容非常丰富,根据不同时代条件和单位的具体情况而有所不同。政治内容是其中的一个方面,要把政治内容和其他内容结合起来,展现出丰富的内容和视野。这可以逐步改变人们对思想政治工作的偏见。其次,其他的非政治性内容,不要政治化处理。对于其他非政治性的内容,要就事论事,不要像以前那样作政治化处理,动辄上纲上线,把简单问题复杂化、尖锐化。对于有些群众的某种政治言论,要有分析和了解,可能讲的是另外的意思,并不一定就是政治问题。再次,对政治的理解也不能脱离当前的时代和我们面临的重大使命。建设时期,建设事业本身就是最大的政治。在当前,推进中国特色社会主义事业,发展我国的经济和社会事业,建设社会主义和谐社会,提高人民生活水平和全面素质,实现民族复兴,就是这个时代最大的政治。最后,要把政治体现在文化中,渗透在文化中。政治性内容并不一定体现为政治语言,而是要把政治体现在文化中。

(四)从"小政工"向"大政工"格局转变

这可以说是思想政治工作总体思路和工作格局方面的转变。政工格局有大有小,效果也有大有小。搞小政工,仅仅依靠政工部门那几个人做工作,能有多大效果呢?这是显而易见的。要想有大的效果,就要有大的政工。政工的大小,不是指规模,并不是说思想政治工作规模越大效果就越好,摊子铺得越大就越好,而指的是总体思路,指的是工作格局,也指的是战略层面。思想政治工作要搞得好,要有战略规划,有宏大的格局,即通常所说的全员育人、全方位育人、全过程育人。

全员育人是从思想政治工作者角度讲的,指的是人人都是思想政治工作者。首先,思想政治工作不仅是党组织和政工部门的职责,也是政府行政部门和各业务部门的职责。一般来讲,可以分为党组织、政府部门、业务部门三个方面,其中党组织负责思想政治工作,政府部门负责行政工作,业务部门负责业务工作。这大体上是合理分工、各司其职。但是,思想政治工作不单纯是党务部门的工作,政府和业务部门对此也有不容忽视的工作责任。其次,思想政治工作不仅是少数专职政工人员的职责,也是其他非专职人员的职责。政工队伍不仅包括专职人员,也包括非专职的或兼职的人员在内。非专职人员也有很大责任,特别是他们由于不脱离实际工作,因而更有条件在实际工作过程中发挥思想政治影响。再次,思想政治工作不仅是领导同志和管理者的职责,也是广大员工和普通群众的职责;不仅是官方机构和人员的职责,也是民间机构和民间人士的职责;等等。在民间,在普通群众中,蕴藏着一些从事思想政治工作的积极性,我们在新闻中经常见到普通农民或市民,自发地宣传党的创新理论和党的好政策,取得了很好的效果。把一些这样的人才吸取过来,加以扶持,发挥他们的积极性,是一种很好的资源。

在全员育人方面,毛泽东有过明确的论述。在《关于正确处理人民内部矛盾的问题》中说:"思想政治工作,各个部门都要负责任。共产党应该管,青年团应该管,政府主管部门应该管,学校的校长教师更应该管。"① 毛泽东的思路,就是"大政工"的思路。他对党员和干部抓得非常紧,时刻注意他们在人民群众中的影响。他全盘考虑我们的政工格局,甚至把反面教员也算在内,把蒋介石、日本军国主义等都看作是从反面发挥教育作用的"反面教员"。他在这方面的论述很多,讲过一些让人吃惊的话,例如,"感谢蒋介石、感谢日本侵略者"之类,都是从反面教员和反面教材的角度讲的。只有毛泽东这样有气魄的人,才能得到这么大的政工格局,把敌人也包括进来。这可以说是"超大政工"的思路。

全方位育人是从空间概念上讲的,在每一个地方,都有思想政治工作的信息和影响力存在,使人们无不于这样的影响之下。就一个社会来说是这样,就社会中的某一个局部或单位来讲也是这样。单位中的人们不仅从社会整体中吸取思想营养和价值观,而且更能从自己所处的小环

---

① 中共中央文献研究室. 毛泽东文集:第7卷. 北京:人民出版社,1999:226.

境中，从本单位的企业文化和价值观中吸取思想营养。单位里的每一栋建筑物，每一个办公室，每一个厂房，每一个车间，都可以有一些标语、口号、提示语等等。这样就形成一个有影响力的环境，发挥环境潜移默化的影响作用。不论是工作环境、生活环境，还是自然环境，都可以承载这样的思想信息。

全过程育人是从时间上讲的，是说在不同的时期和阶段，都有思想政治工作在起作用。在每项工作中，在不同的流程和阶段，都有相应的思想政治工作。开头有动员，中间有鼓励，结束有总结和评比等等。有始有终，善始善终，而不是虎头蛇尾，半途而废。

（五）从孤立地解决思想问题，向解决思想问题与解决实际问题相结合转变

人的思想的产生，不是无缘无故的，而是对实际生活过程的反映。思想问题的出现，往往是由于存在着实际的问题，以及这些实际的问题没有得到解决。这里所说的"实际问题"，指的主要是人们生产和生活中实际存在的问题，特别是生活方面遇到的实际困难。这些实际困难的存在，时刻影响着人们的情绪和思想。如果不帮助解决实际问题，光讲些空道理，是无济于事的。

许多思想问题其实直接就是实际生活问题没有解决而引起的，如果实际问题不解决，思想问题就难于解决。这当然并不是说，实际生活不解决，思想问题一定不能解决，也许少数人会靠思想境界来解决思想问题，但对多数人来说，对普通群众来说，则办不到。因此，解决思想问题不能孤立地进行，而应找到产生思想问题的实际原因，通过解决实际问题来帮助解决思想问题。

要解决实际问题，需要调动多方面的资料和力量。有的事情比较小，可能几个专职政工人员就能够帮助解决，但也可能仅靠几个政工人员不能解决。而且一个单位里存在的实际问题，很可能不只是个别情况，而是有一定普遍性。这样的问题需要单位领导出面解决。这其实就是大政工的思路了。

只要尽力地帮助人们去解决实际问题，那么不论实际问题解决得怎样，都会有助于思想情绪问题的解决。人们不仅看重结果，也看重过程，看重解决问题的人的态度。只要真是尽心尽力了，即使由于客观条

第四篇 思想政治教育的时代创新发展

件没有完全解决问题，人们也会谅解。不能因为问题棘手，不容易解决，就用冷漠的态度对待。

（六）从单纯工作视野向工作与生活视野的融合转变

过去的思想政治工作，往往更多地关注工作领域，为了完成工作任务和实现工作目标而去教育和要求受教育者。这本身没有什么大错，但容易忽视人的生活领域。仅仅把人的生活领域看作附属于工作的私人领域，认为工作是主要的，生活是次要的，工作是重要的，生活不重要，甚至说什么"个人的事再大也是小事，工作的事再小也是大事。"这种观点是错误的。人的生活领域对人影响很大，直接或间接地影响工作情绪和工作状态。

因此，思想政治工作者眼睛不能只看着工作，在工作领域打主意，而是要把关注的目光延伸到人们的生活领域，把工作领域和生活领域联系起来考虑。特别是政工部门和人员，他们不是单位领导，不用像单位领导那样一天到晚想着单位的工作任务，而要把目光更多地转向职工本身及其生活。表面上看似乎离开了工作，而实际上则是走近了工作。因为职工的工作状态是与生活紧密相关的，生活和工作是互相影响的。

现实中有许多这样的例子，说明生活领域和工作领域之间的互动和影响。例如，山东济宁电业局，因为职工总跟电打交道，所以安全生产特别重要，思想政治工作把抓职工的安全意识放在很重要地位，但没有好的办法使人们始终保持高度的安全警觉。后来有一个女职工提了个建议：在一线班组中悬挂"全家福"照片。建议很快得到实施，一张张洋溢着幸福笑脸的"全家福"挂在了每个班组的墙上。"全家福"犹如一支强心剂，一下子唤醒了大家的安全意识。青年职工说："每次去现场，看到照片上的双亲，我就告诫自己，一定要安全地把工作做好。"中年职工说："看到照片上妻儿的笑脸，我就知道，他们在盼我安安全全地回家。"老职工说："望一眼照片，看到儿孙满堂，心中常想着，工作可不能出什么闪失。"[①] 这就是生活场景对工作的影响，就是生活与工作的互动。

---

① 中宣部宣教局. 思想政治工作新方法100例. 北京：学习出版社，2000：133－134.

(七) 从超功利教育向关照物质利益与引导精神追求相结合转变

以前的思想政治工作，我们强调精神追求比较多，讲的是思想道德水平和境界，相比之下讲物质利益比较少，这是与当时的实际相联系的。那时在计划经济条件下，人们的物质利益不取决于个人的追求，而往往由领导来操心安排。所以，人们就往政治上和精神上去努力。

但在市场经济条件下，再对物质利益做淡化处理就不行了。市场经济是利益驱动，物质利益被摆到了首位。这就迫使思想政治工作要重视这个问题。其实，道理并不复杂。物质利益原则是马克思主义的一条基本原则。马克思说，"人们为之奋斗的一切，都同他们的利益有关"[①]。这虽然是马克思年轻时说的一句话，但具有很深刻的道理。如果说，弗洛伊德揭示了人在自然属性上的隐私，认为人受本能的性欲望支配，那么可以说马克思揭示了人在社会属性上的隐私，即人在社会生活中的行为，很大程度上受利益支配，其中物质利益对人的思想行为有支配性的影响。特别是在市场经济条件下，人们的物质利益占有非常突出的地位。

关注物质利益，并不等于一切强调物质利益，似乎有了物质利益就有了一切。思想政治工作还要引导人们摆正物质利益和非物质利益的关系，摆正物质追求与精神追求的关系，着眼于让人们通过利益追求而得到幸福感。人的利益是全面的，不只是物质利益，还有政治上的利益、交往上的利益、文化上的利益等。物质利益与幸福的关系也很复杂，它包括物质因素，但绝不只是物质因素。在一定的物质基础上，还要引导人的精神追求。在物质利益得到基本满足的情况下，人的精神追求才是幸福的更大源泉。这种精神追求在一定意义上是超功利的，不局限于个人的物质利益。当然，这样的追求不是外界强迫人来达到的，而是从人们自身的生活过程中生长起来的。

(八) 从单纯增动力向增动力与减压力相结合转变

以前的思想政治工作，历来讲调动人的积极性，增强人们的工作动力。这当然是对的，但在市场经济条件下，情况有些不同了。一方面，

---

① 马克思，恩格斯. 马克思恩格斯全集：第1卷. 2版. 北京：人民出版社，1995：187.

由于利益机制的驱动，人们的工作动力已经很大程度上调动起来了，不必像过去那样开一大堆动员会，来鼓动大家的工作动力；另一方面，市场经济条件下，特别是在我国市场经济潮流中，人们压力很大。压力本来也是一种动力，没有压力人是不能进步的。但是人承受压力也是有限度的。压力太大，不能摆脱，就会带来思想和行为上的严重问题。

现代社会有各种各样的减压方式。有些当然是好的、有益的，但也有许多是有害的。那么，人们既然有这种需要，思想政治工作就可以在这方面想想办法，发挥一些作用。搞一些健康的减压活动，不一定有什么直接的教育意义，但是只要能起到减压的作用，也是有意义的。

文武之道，一张一弛。思想政治工作也并不总是给人鼓劲，让人紧张。思想政治工作者的风度和形象，不应该是心急火燎的工作狂样子，而应该是心平气和，平心静气，从容不迫，让人们如沐春风。现代社会节奏快，压力大，利益矛盾多，很多人心理严重不平衡，甚至心理焦躁愤懑，就像鞭炮一样，一点就燃。在这样的情况下，思想政治工作者不能火上浇油，而应该起到一种降温和缓冲的作用。

（九）以集中型、运动式思想政治工作为主向日常性、渗透式思想政治工作为主转变

以前我们搞思想政治工作，往往采取集中教育的方式，发动一场场的群众运动。这在战争条件下、在计划经济条件下，是易于进行，也易于奏效的。例如在部队里，大家本身就处于聚集状态，召集一起开会，很容易。在计划经济下，召集开会也容易，可以利用工作时间开会、搞运动，而不会占用人们太多的私人时间和生活时间。

但在市场经济条件下，就难于进行且不易收到效果了。因为在市场经济下，社会生活多样化了，人们更加分散，要大家集中到一起开会，不像过去那么容易。一方面，不能在工作时间开大会，"时间就是金钱"，停工停产是很大的损失；另一方面，也不能随意占用员工的业余时间，影响大家的生活。所以，即使一个单位的人，长期见不着面也是常事。另外效果也不好，大家好不容易见一次，光顾聊天问候，没有心思听领导讲话。

过去还经常用搞运动的方式做思想政治工作，很有声势，在一个时期搞一个轰轰烈烈的运动，也有教育意义。但现在环境变了，搞运动的

方式现在也不大适用。所以,大量的思想政治工作要做在日常工作和生活中,要变运动式为渗透式。工作点点滴滴分散着做,似乎没有那么大的声势,也不太容易看出成果,但是不是没有效果,反而往往效果更好。这就像杜甫的诗所说,"好雨知时节,当春乃发生。随风潜入夜,润物细无声。"

(十)从单向灌输向双向对话转变

以前的做法是"我讲你听""我打你通",是一种由上而下的、单向式的宣教方式。其中一种表现就是领导长篇大论地讲话、做报告。邓小平曾引用过一句部队里的话:"不怕飞机和大炮,就怕首长做报告"。这说明,长篇讲话效果并不好。但有些情况下,长篇讲话以及做报告,也是必要的,在这样的情况下,就要把话讲生动一些。如果我们的很多领导讲话能学一学毛泽东的风格,那就太好了。《毛泽东文集》中一些讲话,例如党的七大上毛泽东做的口头报告就非常生动,应该看作领导讲话的最高典范。最关键的一点,是用自己的语言表达,不要用秘书写稿子,语言就会更加生动。

这种灌输的方式是一种独白式,它单方面地强调了思想政治工作者的主动性,凸显了教育者高高在上的姿态,而轻视甚至忽视了受教育者的发言权。所以,在新时期,尽管一些灌输方式很有必要,但还是要更多地采用双向对话的方式。对话是双向的,对话的形式不拘一格,讨论的问题也各式各样,一次对话少则十几人,多则百十人。每个人都可以有自己的立场、态度和见解。群众会向思想政治工作者提出各种各样的问题。倘若从提问的出发点来分类,可分为四种:问问你,考考你,求求你,将将你。所谓"问问你",就是人们面对社会变革出现的各种问题开始思考,但一时理不清头绪,就提出来请你解答;所谓"考考你",就是有些人对思想政治工作者持有一定程度的怀疑态度,他们总想亲自试一试,看看教育者理论有多深,水平有多高;所谓"求求你",就是有些人的要求和意见得不到相应的重视,他们的希望得不到理解与支持,因而他们的提问,带有求助的性质;所谓"将将你",即"将你的军",是指有的人在对话时,或对思想政治工作者有抵触,或对某一事理有反感情绪,有逆反心理,因而在对话中,有意找碴,专门发难,想借以难倒对手。对此,思想政治工作者更要以诚相待,热忱相答,切忌以牙还牙,以势压人，失却了教育者应有的风度，失去了对话应有的效应。①

（十一）从常规被动型向主动创造型转变

以前做思想政治工作，往往是上级布置，基层落实，上面布置了任务，提出了要求，下面就照着去做。这种方式是自上而下地做思想政治工作，信息也往往是由上级提供，然后就一层一层向下传达，缺少自下而上的过程。这种常规的思想政治工作方式，形成了一种固定的模式，时间一长，可能僵化，没有新的刺激，缺乏创新性。思想政治工作者只是被动地去落实任务，完成任务，在工作过程中和结束后得不到多少成功的体验，久而久之，就会出现倦怠。而且，这也是一种被动型的思想政治工作模式，既没有调动基层思想政治部门和人员的积极性创造性，更没有调动群众参与思想政治工作的积极性。

在市场经济条件下，这种方式要改变。人常说：计划经济是由上面喂食，市场经济则是自己出去找食，这是有道理的。这就在极大的范围内和极大的程度上，调动起人们的积极性和主动性。思想政治工作也应从中受到启发。改变那种上面布置、下面落实的常规模式，鼓励思想政治工作者主动出击，探索创新。虽然也会有上级布置任务和提出要求，但这不再是单一的自上而下，而是上级给基层思想政治工作者留出充分的自由空间，提倡和鼓励他们去根据实际情况进行积极的探索，对于他们的创新给予肯定和鼓励。思想政治工作像任何其他工作一样，最原初的创新因素往往是出现在群众中，出现在基层中，然后才能总结和推广。

（十二）从外部实施教育向发动群众自我教育转变

思想政治工作不仅是教育者的事情，也是受教育者的事情。只有领导的积极性，没有群众的积极性；或只有思想政治工作者的积极性，没有工作对象的积极性，"剃头挑子一头热"，思想政治工作是搞不好的。必须调动群众参与思想政治工作的积极性，发挥他们自我教育的作用。

让群众自我教育，不是放任不管，而是要为群众自我教育提供平台、条件，营造环境和气氛。江苏油田在"学雷锋树新风、学铁人立新

---

① 华琪．思想工作创新谈．北京：解放军出版社，2000：164-165．

功、学大庆上水平"活动的总结评比中，开展了万人讲故事活动，大家讲了一万一千个故事。开始时大家"讲不出"，后来就"讲不完"了。通过讲故事，涌现出一大批先进人物和典型。① 2010 年 8 月，北京市搞"百姓宣读团"，有 50 名普通百姓组成宣读团，5 万多名干部群众受到教育，效果很好。还有的农村搞村民道德评议会，由书记、老党员、老干部、老教师、老农民组成，村里遇到什么事情，到评议会上大家评，产生很好的效果。天津市还搞过"老人聊天站"，低价供应茶水，大家天上地下地聊，解除了寂寞，也起到了教育作用。在群众自我教育的过程中，思想政治工作也可以参与其中，起到引领作用。

（十三）从权威指令式向平等商量式转变

在部队里，思想政治工作有时不可避免地带有一定的指令性。据说某连队某班长发现在吃饭时有的战士有浪费现象，把没有吃完的倒进了厕所，并影响了下水。于是，命令全班人端着饭碗进到厕所里吃饭。这也许会有效果，算一种特殊的警示教育。但这里面有很强的命令成分。计划经济体制下免不了指令性，因为那时的计划很大程度上是指令性计划，思想政治工作因而不可避免地带上这样的色彩。

在市场经济条件下，情况发生了变化，过去的等级制受到很大冲击，人们的主体意识凸显，平等意识也在成长。这就要求思想政治工作改变指令性的方式，改为平等商量的方式。特别是在知识分子聚集的单位，工作方式更需要和风细雨。在高校，在研究院所，都是这样。有些转业到地方搞思想政治工作的人，往往受到挫折，原因之一就是没有改变过去在部队里的那种命令式、训导式教育方法。

（十四）从政治优势向政治优势与专业优势相结合转变

思想政治工作者当然不是事事处处比人强，但他们既然从事思想政治工作，那就应该有自己的优势。这种优势在过去集中体现为政治优势，他的政治立场、政治水平等很强，也有一定的政治地位，是一个小小的政治家。而在新的历史条件下，思想政治工作要走专家化道路，凸显专业优势，在具有政治家水平的同时，成为一个专家。

---

① 中宣部宣教局. 思想政治工作新方法 100 例. 北京：学习出版社，2000：137-138.

思想政治工作者要加强学习，走专家化道路，不限于做一般的政工师，而要成为思想家、理论家、心理咨询师、法律顾问、人力资源专家、生涯规划专家等。中国航天科技集团公司原一院党委书记梁小虹讲，"党委书记要当思想家"，要出思想。这是很有见地的。当然，思想家也好，理论家也好，不是为思想而思想，为理论而理论，不是专门做学术研究，而是结合本职工作，进行思想理论的思考，成为站得高、看得远，懂理论、有思想的思想政治工作者。如果说当思想家、理论家还有点高、有点虚的话，那么成为心理咨询师、法律顾问等则是很实在的，这些对于思想政治工作都会很有用处。

当然，人的时间精力是有限的，并不是每个思想政治工作者都能成为这样的"家"，但向这方面努力是应该的。同时，发挥本单位外的各类专家的作用，让他们参与到思想政治工作中来，也会起到好的作用。

（十五）从只允许一种道理向引领各种不同思想转变

从事思想政治工作，难免会说理、说服。而说理的思路和方式也要有所转变。以前我们是在相对封闭的环境中进行思想政治教育。那时社会的思想也比较单一，所以往往只允许一种主流思想存在，稍微有些不同声音，就如临大敌。现在社会开放了，又进入了信息化的时代，完全开放的多元价值观和海量的信息环境对思想政治工作有很大影响。

在现代社会中，多样化的思想观点的存在是社会生活的常态。思想政治工作就是在这样的环境中生存和发展的。思想政治工作者必须调整自己的理念与方法，适应这样的环境，并找到在这样的环境中发挥自身作用的方式方法。要允许并尊重人们持有不同的看法和观点。在此基础上，发挥主流思想的影响力，对多元多样的思想观点和社会思潮进行引领。在这里就有一种转变，即从一味地讲道理，到大家共同来探讨道理、找共识。

（十六）从注重说理向情理交融转变

理性主义是西方的传统，也是马克思主义的传统。相信真理的力量，注重用科学的理论来说服人、武装人，这是马克思主义思想政治教育的重要特征。它与那种诉诸感情、热衷冥想、追求狂热，并千方百计避开人们的理性判断，使人深陷其中而不能自拔的歪理邪说和迷信宣传的非理性主义有着本质的区别。

但是，注重说理教育并不是只承认说理教育，反对非理性主义也并不等于忽视人们的非理性因素和需要。我们中国自己的传统是情理结合，讲究"入情入理""合情合理"。对中国人来说，感情和理性往往是分不开的。对于思想政治工作来说，它面临的问题并不总是纯粹的思想和理性的问题，很大程度上是情绪和感情的问题，是价值观和价值感的问题。帮助人们解决一些感情上的困扰，有助于解决其思想上的困惑。

此外，情理交融，有时要把情绪和要求区别开来。例如有的职工以很强烈的情绪提出某种要求，显然是不合理的。你可以不接受他的要求，但要接受他的情绪。要求可以不合理，但情绪总是有来由的。人并不能控制自己的情绪，对别人的情绪要容忍。

（十七）从只讲大道理向大小道理相结合转变

思想政治教育当然要讲道理，但道理又有大道理和小道理之分。大道理是党和国家的道理，是社会和单位的道理；小道理是个人的道理。从理论上讲，从集体主义的价值导向讲，当然是大道理高于小道理，小道理服从大道理。但是，这并不是集体主义的全部，在集体主义中也包含有个人利益和人的个性空间，讲究的是集体利益与个人利益的统一。因此，思想政治工作要全面正确地把握大道理与小道理的关系。以前的思想政治教育，往往是只讲大道理，不讲小道理，这是有偏颇的。

在市场经济条件下的思想政治工作中，重视小道理的作用，把大道理和小道理结合起来。要认识到，关于个人利益、个人前途方面的小道理，对于人自身来说，也是很重要的道理。思想政治工作要关注个人的利益和个人的需要，关心个人的前途和个人的发展。当然，在讲小道理的时候，在把小道理摆在比原来更突出一些的地位上时，也不能走到另一个极端。似乎大道理都是空洞无用的，只有小道理才能贴近对象。这显然也是不对的。邓小平说过，大道理要管许多小道理，小道理虽然也有道理，但如果没有大道理，就不行。这就告诉我们：大道理该讲还要讲，而且要理直气壮地讲，但同时不能忽视小道理的存在。要把大道理与小道理联系起来，把讲大道理与讲小道理结合起来。

(十八）从主要依靠传统媒体向更多地利用新兴媒体转变

思想政治教育需要一定的载体。传统的载体主要有文件载体、会议载体、群众运动载体等。这些载体在当时的历史条件下发挥了重要作用。但是，新的历史条件下，思想政治工作要讲载体创新。载体创新主要包括五种载体：一是管理载体，强调把思想政治工作融入管理的制度和过程中；二是文化载体，强调把思想政治工作融入企业文化和文化建设中；三是活动载体，强调把思想政治工作融入各项群众活动特别是文明创建活动中；四是传媒载体，强调把思想政治工作融入现代传媒中，发挥现代大众传媒，包括网络以及手机等新媒体的积极作用；五是环境载体，要求把思想政治工作融入生产生活的环境中，通过环境潜移默化的影响，改善人们的思想行为和社会风气。

主要参考文献

1. 马克思，恩格斯．马克思恩格斯全集：1—50卷．北京：人民出版社，1956—1986.
2. 马克思，恩格斯．马克思恩格斯选集：1—4卷．3版．北京：人民出版社，2012.
3. 列宁．列宁全集：1—60卷．北京：人民出版社，2013—2020.
4. 列宁．列宁选集：1—4卷．3版修订版．北京：人民出版社，2012.
5. 斯大林．斯大林选集：上、下卷．北京：人民出版社，1979.
6. 毛泽东．毛泽东选集：1—4卷．2版．北京：人民出版社，1991.
7. 中共中央文献研究室．毛泽东文集：1—8卷．北京：人民出版社，1993—1999.
8. 邓小平．邓小平文选：1—3卷．北京：人民出版社，1993—1994.
9. 江泽民．江泽民文选：1—3卷．北京：人民出版社，2006.
10. 胡锦涛．胡锦涛文选：1—3卷．北京：人民出版社，2016.
11. 中共中央文献研究室．毛泽东邓小平江泽民论世界观人生观价值观．北京：人民出版社，1997.
12. 习近平．习近平谈治国理政：1—4卷．北京：外文出版社，2017—2022.
13. 中共中央文献研究室．习近平关于社会主义文化建设论述摘编．北京：中央文献出版社，2017.

14. 习近平．论党的宣传思想工作．北京：中央文献出版社，2020.

15. 张耀灿，郑永廷，刘书林，等．现代思想政治教育学．北京：人民出版社，2001.

16. 张耀灿，郑永廷，吴潜涛，等．现代思想政治教育学．北京：人民出版社，2006.

17. 张耀灿，等．现代思想政治教育学前沿．北京：人民出版社，2006.

18. 郑永廷．思想政治教育学原理．2版．北京：高等教育出版社，2018.

19. 陈秉公．思想政治教育学原理．沈阳：辽宁人民出版社，2001.

20. 张澍军．德育哲学引论．北京：人民出版社，2002.

21. 罗洪铁．思想政治教育学专题研究．重庆：西南师范大学出版社，1997.

22. 罗洪铁，董娅．思想政治教育原理与方法基础理论研究．北京：人民出版社，2005.

23. 骆郁廷．思想政治教育贯通论．北京：人民出版社，2023.

24. 孙其昂．思想政治教育学前沿研究．北京：人民出版社，2013.

25. 王学俭，等．新时代思想政治教育学基本问题研究．北京：人民出版社，2021.

26. 孙其昂，等．思想政治教育现代转型研究．北京：学习出版社，2015.

27. 沈壮海．思想政治教育有效性研究．3版．武汉：武汉大学出版社，2016.

28. 沈壮海．新编思想政治教育学原理．北京：中国人民大学出版社，2022.

29. 熊建生．思想政治教育内容结构论．北京：中国社会科学出版社，2012.

30. 刘建军，张智．马克思主义经典作家论思想政治教育．北京：人民出版社，2023.

31. 刘建军．寻找思想政治教育的独特视角．北京：中国人民大学出版社，2017.

32. 李辉．现代思想政治教育环境研究．广州：广东人民出版社，

2005.

33. 万美容．思想政治教育方法发展研究．北京：中国社会科学出版社，2007.

34. 刘新庚．现代思想政治教育方法论．北京：人民出版社，2008.

35. 项久雨．思想政治教育价值论．北京：中国社会科学出版社，2003.

36. 项久雨．思想政治教育方法导论．武汉：武汉大学出版社，2021.

37. 邱仁富．思想政治教育话语论．上海：上海交通大学出版社，2013.

38. 杨威．思想政治教育发生论．北京：中国社会科学出版社，2009.

39. 徐志远．现代思想政治教育学范畴研究．北京：人民出版社，2009.

40. 石书臣．现代思想政治教育主导性研究．北京：学林出版社，2004.

41. 王习胜．思想政治教育人文关怀的理论与方法研究．北京：人民出版社，2018.

42. 毕红梅．全球化视野中的思想政治教育．北京：中国社会科学出版社，2006.

43. 黄志斌．当代思想政治教育方法论．合肥：合肥工业大学出版社，2012.

44. 李合亮．思想政治教育探本：关于其起源及本质的研究．北京：人民出版社，2007.

45. 侯勇．社会视野中的思想政治教育系统研究．北京：人民出版社，2016.

46. 侯勇．思想政治教育学理论前沿问题研究．北京：中国社会科学出版社，2018.

47. 卢岚．社会结构转型期思想政治教育创新研究．北京：科学出版社，2020.

48. 卢岚．思想政治教育的空间转向研究．北京：学习出版社，2022.

49. 张苗苗．思想政治教育本质论．北京：社会科学文献出版社，2017.

50. 张智，等．马克思恩格斯列宁思想政治教育思想考论．北京：中国人民大学出版社，2023.

51. 钟启东．马克思恩格斯思想政治教育理念论．北京：人民出版社，2023.

后　记

2024年是思想政治教育学科设立40周年。为庆祝和纪念这一重要事件，中国人民大学出版社的徐小玲编辑找我商量，决定策划和出版一套"新时代思想政治教育理论研究丛书"，从一个侧面展现本学科学术研究的成就。我的这本《思想政治教育基本理论研究》是其中之一。本书汇集了我多年来的相关研究成果，能够体现我在本学科基本理论方面的基本思考。思想政治教育是一个理论与实践相统一的综合性学科，学界关于思想政治教育的研究范围是非常广泛的，我本人的研究也比较宽泛。虽然基本理论研究也是我的兴趣之点，但惭愧的是研究成果并不多，也不集中。回顾以往，我最初学习思想政治教育是从基本理论开始的，但自己的研究则是从一些重要问题开始的，比如理想信念、爱国主义等，只是近年来才较多地关注思想政治教育的一些基本理论问题，这应该算是一种回归吧。我的学生梁天卓协助我搜集资料和整理了文稿，并做了校对工作。

感谢中国人民大学出版社对思想政治教育学科成果的重视，感谢小玲编辑付出的辛劳。

2024年2月于中国人民大学